国家社科基金
后期资助项目
GUOJIA SHEKE JIJIN HOUQI ZIZHU XIANGMU

中国新型职业农民务农稳定性研究

Study on Stability of New Vocational Farmers Engaged in Farming in China

沈 琼 著

中国财经出版传媒集团

经济科学出版社
Economic Science Press

国家社科基金后期资助项目
出版说明

后期资助项目是国家社科基金设立的一类重要项目，旨在鼓励广大社科研究者潜心治学，支持基础研究多出优秀成果。它是经过严格评审，从接近完成的科研成果中遴选立项的。为扩大后期资助项目的影响，更好地推动学术发展，促进成果转化，全国哲学社会科学工作办公室按照"统一设计、统一标识、统一版式、形成系列"的总体要求，组织出版国家社科基金后期资助项目成果。

全国哲学社会科学工作办公室

前　言

2012 年，在《关于加快推进农业科技创新　持续增强农产品供给保障能力的若干意见》中首次提出培育新型职业农民之后，农业农村部、财政部启动实施国家新型职业农民培育计划，中央财政每年投入数十亿元支持各地培育新型职业农民。此后每年的农业相关文件都强调加快推进新型职业农民培育，政府也出台一系列的政策措施来推动该项工作。2020 年，全国新型职业农民总量已突破 2254 万人。全国新型职业农民发展报告显示，68.79% 的新型职业农民对周边农户起到辐射带动作用，平均每名新型职业农民可带动 30 户农民。新型职业农民的农业生产经营人均纯收入达到 3.30 万元，相当于同期城镇居民人均可支配收入（4.24 万元）的 78%，是农村居民人均可支配收入（1.60 万元）的 2.06 倍。

近年来，新型职业农民数量规模不断壮大、队伍结构不断优化，初步解决了谁来种地、怎么种地的问题。但如何使得新型职业农民固农、让农村留得住人、让农业吸引人才成为了现阶段农业发展所面临的问题。实践已证明，新型职业农民是促进乡村振兴、实现农业现代化建设的主力军和建设者。但是，如果高素质的新型职业农民培育完以后不愿意持续务农，那么新型职业农民培育工作的价值就很小了。已有的文献仅涉及收入增长与务农稳定性这些影响新型职业农民队伍建设的重要问题，但并没有对新型职业农民务农稳定性及其影响因素的深入探讨。本书拟从新型职业农民的职业特征与职业稳定出发，分析影响新型职业农民务农稳定性的因素有哪些，探讨要素获取、风险冲击、营商环境等因素与新型职业农民务农稳定性之间的因果关系。

本书以新型职业农民务农稳定性为研究对象，采用文献研究法、案例分析法、随机抽样调查法、计量模型分析法等方法进行研究。具体内容如下：第一，在总结前人研究的基础上，指出为什么要研究新型职业农民务农稳定性，从农业高质量发展要求关注新型职业农民发展质量、务农稳定性是新型职业农民培育质量的关键指标、新型职业农民务农稳定性已成为当前需要重点关注的问题等方面进行了阐述，论证研究新型职业农民务农稳定性的必要性和重要性；第二，从职业选择匹配理论、劳动力转移理论、人力资本理论、马斯洛需求层次理论、离职结构理论出发，梳理了新型职业农民的职业分类、职业特征，提出新型职业农民职业稳定的含义；第三，系统梳理我国新型职业农民发展现状。从我国新型职业农民培育情况、发展结构特征、不同类型新型职业农民务农现状、新型职业农民发展环境情况、培育工作总体安排、相关扶持政策、存在问题等视角对我国新型职业农民发展进行阐述分析；第四，为解决新型职业农民能否显著地促进区域农业高质量增长、多大程度地影响区域农业高质量增长这两个问题，运用《中国统计年鉴》《中国农村统计年鉴》中的相关数据，建立多元线性回归模型分析实证分析新型职业农民对区域农业经济增长与区域农业结构升级的影响；第五，开展了新型职业农民务农稳定性及影响因素的调查。以 2015～2018 年在河南省主要的新型职业农民培训机构（河南农业大学、河南省团校、夏邑县农广校）培训过的新型职业农民群体为调查对象，按照学号随机抽样的原则，从 2674 位新型职业农民中抽取 700 位发放调研问卷，回收有效问卷 686 份。调研问卷共分为 5 个部分、49 个题目，全面阐述了新型职业农民的基本情况、新型职业农民持续务农意愿、新型职业农民的经营风险、新型职业农民的生产要素获取情况、农业农村的营商环境等内容；第六，在调研数据的基础上，以新型职业农民本人持续务农意愿和是否愿意子女从事农业的意愿作为因变量，以新型职业农民个人特征、家庭特征和要素获取情况为主要解释变量，并对解释变量进行指标细分，构建二元 Logistic 模型，分析要素获取能力对新型职业农民自己持续务农及让子女务农意愿的影响；第七，从文献基础、新型职业农民面临的农业风险特征出发，结合新型职业农民的调查数据，构建二元 Logistic 回归模型，系统分析了农业风险对新型职业农民是否愿意持续从事农业的意愿的影响，也分析了农业风险对新型职业农民是否愿意让子女从事农业的意愿影响，并对各变量进行了交叉分析；第八，分析营商环境对新型职业农民务农稳定性的影响。以"您是否愿意一直从事农业"作为因变量来表示新型职业农民能持续务农意愿，主要解释变量分为三个维度，即产品市场情况特征（含产品市场、情况特征）、政府扶持政策特征（含政府支持、金融支持、技术指导）及基础设施情况特征变量（含基础设施、资源丰裕度、运输服务系统），以受访者个体基本特征、职业评价及农业生产经营特征三个方面作为控制变量，建立二元 Logistic 模型进行实证分析，研究营商环境对新型职业农民务农稳定性的影响程度；第九，基于计划行为理论依次探讨行为态度、主观行为规范和知觉行为控制的形成过程，整合以个人、家庭层级因素及土地供给层面的因素，尝试构建新型职业农民持续务农意愿形成路径的整合模型；第十，整合武汉市、郎溪县的新型经营主体调查数据，遴选已经获取新型职业农民资格证书的新型经营主体，尝试构建从意愿到行为的实证模型。分析地权稳定性对新型职业农民务农稳定性行为的影响，选择对农地的保护性投资作为新型职业农民务农稳定性的行为指标，运用计量模型验证稳定的农地经营权如何影响新型职业农民的投资行为。最后，针对影响新型职业农民务农稳定性的风险因素、要素因素、营商环境因素、政策因素提出新型职业农民高质量发展的制度设计方向。

本书的创新点体现在三个方面：一是研究对象创新。当前我国新型职业农民培育工程由中央政府进行顶层设计，中央财政资金每年投入13.9亿元用于新型职业农民培训和26亿元用于支持各地加强基层农技推广体系改革，同时带动地方每年投入近10亿元。截至2020年，我国新型职业农民超过2254万人，新型职业农民队伍正处于规模扩张阶段。国家对新型职业农民寄予重望，投入了大量的人力财力。新型职业农民务农稳定性关系着我国农业现代化进程和农业的高质量发展。已有的文献主要集中在如何培育新型职业农民，并没有对新型职业农民收入和务农稳定性及其影响因素进行深入探讨。已培育的新型职业农民能否根植农业农村？他们愿意持续务农吗？愿意将自己的产业传承给子女吗？是什么影响了他们的务农稳定性？本书从这些现实问题出发，选择新型职业农民务农稳定性作为研究对象，结合农民的职业特征和管理学中的职业稳定理论，提出新型职业农民务农稳定性的内涵，并通过调查分析方法，实证分析新型职业农民务农稳定性意愿及影响因素，拓展了新型职业农民的研究领域。二是观点创新。本书在界定新型职业农民务农稳定性问题时，采取新型职业农民能够持续从事农业来表达其务农稳定性。新型职业农民能够持续从事农业取决于两个方面的因素，一方面是新型职业农民持续务农意愿，包括自己持续从事农业的意愿和让子女从事农业的意愿；另一方面是客观条件是否支持新型职业农民持续从事农业。在实证研究的基础上，提出具有较乐观产品或服务发展前景的新型职业农民更可能选择持续务农。政府扶持政策方面，政府支持、金融扶持、技术指导同新型职业农民持续务农意愿具有显著正相关关系。就基础设施情况而言，拥有较完善的基础设施与丰裕的原材料将显著增强新型职业农民的持续务农意愿。职业评价方面，新型职业农民的社会认可度和个人匹配度同样具有显著正向促进作用。社会认可度和个人匹配度越高，新型职业农民持续务农意愿更强烈。地权稳定能显著促进新型职业农民的农地保护性投资行为，主要通过强化新型职业农民对农地进行保护性投资的态度和信贷获取能力发挥作用，等等。上述学术观点均属于新的研究发现。三是数据资料创新。以往文献缺乏对新型职业农民微观数据集的构建和使用，因此无法展开严格的定量研究检验。为了研究的需要，在国家社科基金项目（19FGLB051）和河南省高校科技人才支持计划（2021－CX－018）的资助下，建立了1270份新型经营主体调查数据和678份新型职业农民调查数据，可以供国内学者研究使用。相应的研究成果已经有五篇文章在国内核心期刊上发表，部分研究结论已经运用到新型职业农民培育体系中，另外一些政策建议已经被地方政府采纳，进入当地新型职业农民扶持政策中。

2022 年 5 月

目 录

第1章 引　言

1.1　为什么要研究新型职业农民务农稳定性

1.1.1　农业高质量发展要求关注新型职业农民发展质量

在党的十九大报告中，习近平总书记指出，我国经济已由高速增长阶段转向高质量发展阶段，必须坚持质量第一、效益优先，以供给侧结构性改革为主线，推动经济发展质量变革、效率变革、动力变革，提高全要素生产率。这一重要论断，明确了我国经济发展的阶段特征、方向路径和主要任务。高质量发展是大形势、大格局、大逻辑。

当前，我国农业农村发展已进入新的历史阶段，农业的主要矛盾、发展的主要任务、改革的主攻方向都在发生改变。我国农业发展已经具备了由增产导向转向提质导向的物质基础和社会条件。新形势下推进现代农业规模化、集约化、专业化发展，要求培育出与之相适应的高素质现代农业从业者队伍，他们要爱农业、懂技术、善经营，要努力成为发展农业新产业新业态的先行者、应用新技术新装备的引领者、创办新型农业经营主体的实践者。

2012 年我国首次在《关于加快推进农业科技创新　持续增强农产品供给保障能力的若干意见》中提出培育新型职业农民之后，新型职业农民队伍规模不断扩大。截至 2020 年，全国新型职业农民总量超过 2000 万人，占第三次全国农业普查农业生产经营人员总量的 4.78%。其中，40.6% 的新型职业农民为务工返乡人员、退伍军人、科技研发推广人员、大中专毕业生等新生力量。新型职业农民的人均农业经营纯收入达到 2.78 万元，27.7% 的新型职业农民人均农业经营纯收入超过城镇居民人均可支配收入。新型职业农民的培育取得了一定的成就。但是，当前新型职业农民培育的关注点不应仅在于新型职业农民数量的扩张。在农业高质量发展的大背景下、我国劳动力红利即将消失的情况下，关注新型职业农民的发展质量，提升新型职业农民的收入水平和务农稳定性是新常态下的必然要求。

1.1.2 务农稳定性是新型职业农民培育质量的关键指标

当前我国新型职业农民培育工程由中央政府进行顶层设计，各地创新性地形成了各具特色的实践模式。中央财政资金每年投入 13.9 亿元用于新型职业农民培训和 26 亿元用于支持各地加强基层农技推广体系改革，同时带动地方每年投入近 10 亿元。2020 年，全国新型职业农民总量已突破 2254 万人，新型职业农民队伍正处于规模扩张阶段。研究新型职业农民收入与务农稳定性能够帮助政府更加关注新型职业农民队伍的质量和持续发展问题，提升培育工程的效率。

新型职业农民务农稳定性包括了自己持续稳定的意愿、对子女务农的意愿等以及影响实际务农的客观条件。新型职业农民务农稳定性是反映新型职业农民培育质量、职业竞争力的关键指标。务农稳定性一方面能够反映新型职业农民具有适应现代农业发展的特征；另一方面是农民成为有吸引力职业的体现。本课题利用计量模型和个案分析法，探索影响新型职业农民务农稳定性的关键因素，侧重从风险影响、生产要素供求匹配的视角分析新型职业农民的务农稳定性。由于新型职业农民培育涉及到教育培训、相关扶持政策等，本书选取新型职业农民试点县——河南省夏邑县，开展营商环境、扶持政策等因素对新型职业农民务农稳定性的影响。以上内容能够拓展学界关于新型职业农民成长质量研究领域。

1.1.3 新型职业农民务农稳定性已成为当前需要重点关注的问题

2018 年 8 月 19 日，受台风"温比亚"影响，山东省"蔬菜之乡"寿光市遭遇了自 1974 年以来的最大洪峰。遭遇风险冲击，农民破产极端事件时有发生。但是，农业风险普遍存在，受自然灾害影响，农民损失惨重，甚至影响到全国蔬菜价格上涨也是客观事实。据统计，2018 年我国农业生产受灾面积占总播种面积的 12.55%，较 2009 年的 30.35% 有所下降，过去十年平均受灾率为 17.66%。郭熙保（2018）对武汉和郎溪 607户家庭农场的实地调查发现，家庭农场经营状况受到自然灾害影响比较大。武汉因受到暴雨影响共有 52 家家庭农场出现亏损情况，平均亏损额高达 38.88 万元；郎溪因受到暴雨和高温等恶劣天气的影响，亏损家庭农场为 85 户，平均亏损额高达 30.17 万元，其中粮油种植类家庭农场亏损更为严重。

新型职业农民与普通农民相比，经营更有效率，能够获得更高的收入。但是，新型职业农民由于投资较大，也面临着更大的自然风险和市场风险。譬如，2020 年中国农民的可支配收入为 17131 元，来自于农业的仅仅是 6077 元。对于普通农民而言，对农业生产的投入比较小，基本处于简单再生产状态，即使农业遭遇到风险，其收入损失也相对较小。而农业风险对于新型职业农民而言，情况发生了改变。新型职业农民全职从事农业，收入也来自于农业经营，对农业的土地、资本、技术等要素投入相应较多，生产型新型职业农民普遍具备规模化经营的特征。统计显示，2018年 1700 万新型职业农民的人均农业经营纯收入达到 2.78 万元，27.7% 的新型职业农民人均农业经营纯收入超过城镇居民人均可支配收入。51.6%的新型职业农民销售农产品总额达到 10 万元以上，31.2% 的新型职业农民的土地经营规模超过 100 亩①。当遭遇风险冲击时，对其产业和收入的影响往往是致命的。当农业组织处于小农状态时，由于分散化、小规模的经营分散了农业风险，所以风险冲击对普通农民务农稳定性的影响并不显著。然而对于新型职业农民而言，风险冲击对于其稳定务农将是一个重要的影响变量。

农业的自然风险和市场风险对新型职业农民收入影响较大，再加上新型职业农民中有 40.6% 为务工返乡人员、退伍军人、科技研发推广人员、大中专毕业生等新生力量。因风险导致的收入降低甚至是亏损将影响新型职业农民持续从事农业的意愿，甚至是离开农业。这将影响到农产品的市场供给稳定和新型职业农民培育质量。

1.2　相关研究进展

迄今尚无直接以新型职业农民持续务农意愿为研究内容的学术论文或著作，而与之间接相关的文献资料则有一些。经梳理，与本书主题最接近且较具代表性的研究大体可归纳为四类：一是对成为新型职业农民的职业选择问题的研究；二是对农户持续务农积极性问题的研究；三是对农业劳动力要素经济效率（配置效率、生产效率）问题的研究；四是对意愿和行

---

① 《2019 年中国高素质农民发展报告》。

为关系问题的研究。

1.2.1　关于新型职业农民职业选择的研究

已有研究发现，大多数人对成为新型职业农民的职业选择意愿不高。当前，有相当比例的返乡新生代农民工出于对前工作职业声望低、职业层次低等因素的考虑而被动选择返回家乡务农（龚文海，2015）。对于农村劳动力而言，影响其不愿意成为新型职业农民的原因主要包括两方面：一方面是受其对农业农村固有认知的影响，大多数新生代农民工认为农业收入少、干农活辛苦（方华等，2012）；另一方面受资源禀赋和政策条件的限制约束，将近 60% 的农村劳动力不愿意成为新型职业农民（钟涨宝等，2016）。此外，通过对 992 名新型职业农民调研发现，仅有 17.40% 的新型职业农民希望自己的子女成为新型职业农民，从事农业生产经营活动；而82.60% 的受访新型职业农民希望自己的子女从事非农工作（吴易雄等，2017）。

研究发现，提升新型职业农民职业吸引力的关键是使从事该职业的人得到符合全社会发展水平的收益报酬（陈池波等，2013）。虽然已有研究证实新型职业农民培育具有正向收益效应（李宝值等，2019），但受生产成本不断增大、融资难度加大、市场风险波动较大以及政府补助效果甚微等因素影响，新型职业农民增收面临着非常多的阻碍（朱启臻等，2016）。

1.2.2　关于农户务农稳定性的影响因素研究

农户持续务农积极性即农户持续从事农业生产经营活动的热情程度，直接关系到农业现代化发展质量，且与国家粮食安全息息相关。影响农户持续务农积极性的主要因素包括农地产权制度、市场价格、政策导向、劳动力转移、基础条件等因素（刘顺国，2009；李宁等，2017）。

1. 农地产权制度对农户务农稳定性的影响

产权制度界定了经济活动参与组织或个人的利益，其最终目的是为不同行为主体提供行为准则以及行为边界（姚洋等，2002），进而对经济活动产生重要影响。土地要素作为重要的农业生产要素，其产权制度变革对农户从事农业生产经营活动有着深刻的影响。对于不发达国家而言，明晰的土地产权制度，可使得农业全要素生产率提高 82.50%（Chen，2017）。同时，农户对其所属农地使用权稳定性的预期会受已发生和将要发生的农地政策调整的影响（Kung and Liu，1996；Krusekopf，2002）。近年来，中国农地产权制度变革以及土地承包期延长等政策制度，通过排他性约束手段减少了土地要素的不确定性，稳定了农户农地经营预期，提高了其持续务农的积极性（李宁等，2017）。同时，农户农地收益排他性的增强，一方面，促进了家庭内部劳动力的分工和流动，即农地对劳动力流动收入效应的增强（Li and Yao，2002）；另一方面，加强了农户对家庭劳动力在农业生产经营投入以及经营质量上的有效配置（林毅夫，2010）。

农地确权激励了规模农户对土地流转的参与和耕地生产保护性行为，提高了其持续务农的积极性（沈琼等，2020；胡新艳等，2018；周力等，2019）。当从事农业工作的边际收益小于从事非农工作的边际收益时，理性农户倾向于参与土地流转交易、收取农地租金（Kung，2002；金松青等，2004）。一方面，土地流转租金为农户提供了资产性收入，为农户创业提供了可能（Blanchflower and Oswald，1998；Mccormick and Wahba，2001）；另一方面，土地流转增大了交易能力突出的农户规模经营的可能性，促使其成为追求利益最大化的新型农业经营主体（蔡颖萍等，2016）。这些因土地转入而扩大经营规模的农户被认为是未来农业规模化发展的中坚力量（贺雪峰等，2015）。土地流转作为农户配置土地资源的重要方式，可以降低农地细碎化程度、促进农户适度规模经营、提高农业生产效率，进而能够提高农户收入，达到减贫效果（Deininger and Jin，2004；陈训波等，2011；陈海磊等，2014；冒佩华等，2015）。此外，通过土地流转而改善规模经济性，可以有效激励农户进行长期生产投资，采纳化肥减量、培肥土壤等绿色农业生产技术（郜亮亮等，2011；Gao et al.，2018；贾蕊等，2018；张建等，2019）。

2. 农产品价格对农户务农稳定性的影响

农产品价格波动风险是农户在农业生产经营过程中所遇到的主要风险（许庆等，2008），价格因素则是影响农户持续务农积极性的重要因素之一（周清明，2009；龙方等，2012；靳庭良，2013）。农产品价格受国内市场价格和国际市场价格的双重约束，波动性较大。早期，在粮食收购数量被强制决定的背景下，农户持续务农积极性受收购价格的影响不明显（Sicular，1988）。随后，1985 年统购政策取消，1993 年粮食购销价格实行"随市就价"，以及 2000 年之前中国农业生产商品化率较低等情况的发生，逐渐加剧了农户对粮食价格的不敏感性（陈志刚，2006；Byrd，1989）。

随着农产品最低收购价格政策逐渐演变为市场定价、价补分离的目标价格政策后，农业产品市场价格变动风险加剧，价格变动直接影响到农户收益，进而对农户持续务农积极性产生影响。为确保农户收益，国家进行了不同类型的政策尝试。一方面国家出台多层次的农业补贴政策，调节农户粮食种植的决策行为，提高其持续务农的积极性（袁宁等，2013；谭智心等，2014）；另一方面国家出台托市收购政策，稳定农产品价格和农户收入。然而受农产品价格长期下行压力的影响，引致挤出效应（郑风田，2015）。此外国家也针对单一类别的农产品出台价格保护政策，如2007年玉米临时收储政策的实施，起到了保护农户利益、稳定粮食生产的作用（程国强，2016）。

3. 新型农业经营主体对农户持续务农积极性的影响

新型农业经营主体在"三权分置"改革初期被寄予厚望，期望其通过土地流转成为规模经营主体，来改变传统农户小规模经营的状况（钟真，2018）。然而实践证明，通过农地流转形成新型农业经营主体替代传统农户来解决农业规模化经营的问题，不仅时间成本较高，还会因"非家庭经营"而恶化小农户的生存环境，打压其经济发展空间，引发诸多现实问题（贺雪峰等，2018；尚旭东等，2015）。由此，国家意识到对新型农业经营主体社会化服务功能的强化问题。

新型农业经营主体在生产和服务等领域的示范作用，一方面能够实现形式多元的规模经营；另一方面能够引领和帮助传统农户实现与现代化农业的顺利对接（张红宇，2018）。同时新型农业经营主体凭借其较高的人力资本水平，在获取信息、技术要素等现代化生产要素以及商业机会等方面具有绝对优势，因此提高了与农民、农村和农业主体交换过程中发生涓滴效应的可能性（阮荣平等，2017）。同时新型农业经营主体以合同为载体，通过产品收购、劳动力雇用等方式为周边农户提供了生产机会，从而提高了周边农户持续务农的积极性（Ito et al.，2012）。

1.2.3 关于农业劳动力要素经济效率的研究

1. 农业劳动力要素的配置效率

收入是影响农业劳动力要素配置的关键性因素。农业产出收益的绝对程度和非农就业预期价格差异是引致农业劳动力迁移的动力，其比值决定了农业劳动力结构的转变（李宁等，2017）。随着非农产业、劳动力市场以及城市公共服务水平的发展和提升，大量农业劳动力进行了非农就业转移（钟甫宁，2016；王有兴等，2018）。非农就业成为农村劳动力提高收入的重要途径（冒佩华等，2015）。由于非农就业的不稳定性以及土地社会保障的功能属性，农村劳动力配置更多表现为兼业性，即兼顾农业与非农产业的劳动时间投入（纪月清等，2016；杨涛等，1991；陆文聪等，2011）。

近年来，随着农地处分权排他性的增强，一方面有助于农业生产中高素质劳动力的固着和刺激非农就业劳动力的回流，提高农业劳动力素质和优化农业劳动力要素结构；另一方面，农地实际交易在形成土地集约经营状态的同时，增加了农户家庭劳动力的务农时间，降低了农村劳动力隐性失业的程度（黄宗智，2010）。同时，由农地处分排他性增强带来的农地规模经营和新型职业农民培育使得熟练农业劳动力价格提高，进而降低了非农就业的比较优势，由此引致劳动力资源配置效率的提高（李宁等，2017）。此外，随着农地经营规模的扩大，农业生产的季节性特点将引发劳动力配置在时间上过剩与不足的结构性矛盾，因此进一步内生出农业雇工经营与农业劳动力要素市场的发育（朱文珏等，2016）。

2. 农业劳动力要素的生产效率

农业要素生产效率是度量主体在既定生产技术水平下对投入到农业领域生产要素的实际使用程度（Farrell，1957）。人地紧张的农耕国情导致我国农业早期发展呈现出内卷化趋势，即通过高度密集的劳动力投入实现耕作精细度与复杂度的提升，以此消解劳动力的增长并避免经营收入的降低（黄宗智，1986）。农业劳动力内卷导致劳动力要素投入规模效益的边际贡献率递减。

随着农业经营外部环境尤其是农业土地市场的逐步放开，学界关于农地使用排他性的增强对劳动力要素生产效率的影响有两种观点：一种观点认为受禀赋效应的影响，农地使用权排他性的增强会固化原有农地的配置状态并且会减弱劳动力配置结构的合理性（罗必良，2013），进而抑制农业生产效率的提升；另一种观点认为农地使用权排他性的增强可以促进土地集约经营的实现，而集约经营效益能对农业劳动力产生生产性激励，实现劳动力要素配置效率的增长（盖庆恩等，2020）。当农地经营规模超出农户自有经营能力时，会形成劳动力要素的刚性约束。一部分农业经营主体通过在劳动力市场雇工进行补充；另一部分农业经营主体出于对农业劳动力市场价格不断提升的考虑，倾向于通过农业机械等现代化生产要素的引入来替代劳动力要素，以提高有限劳动力的生产效率（王建英等，2015）。

1.2.4 关于意愿和行为关系的研究

1. 外显意愿与行为关系研究

目前，学界主要围绕意愿与行为的一致性、相关性和相互作用形式如意愿指引行为、行为影响意愿、意愿与行为动态相依等问题，展开探索性分析研究。关于意愿与行为之间对应关系的研究，主要有两种观点：第一种观点认为意愿与行为两者属直接关系，即意愿对实际行为有预测作用，意愿可以直接指引实际行为的发生。该观点对应的理论模型为"态度—行为"模型（Attitude-Behavior Consistency，ABC），该模型表示意愿是行为的潜在表示，行为是意愿的外在反映，即意愿本身包含着行为的潜在意向，可以直接通过意愿对行为进行预测（章志光，1998；Feather，1988）。然而通过调查研究发现，陈述性意愿只能对行为选择起到预测作用，所表述的意愿并没有真正地转化为实际行为，即意愿与行为之间存在着显著的差异（靳明等，2008）。同时实证研究表明，意愿与行为的直接相关程度非常低，其相关系数约为 0.30 ~ 0.50，甚至低于 0.30（Wallace et al.，2005；Wicker，1969）。

第二种观点认为意愿与行为两者属间接关系，即意愿与行为均受到多种因素影响且存在差异，两者之间有中介变量在起作用。此观点对应"态度—中介—行为"理论模型。该模型由理性行为理论模型和计划行为理论模型组成。其中，理性行为理论认为意愿不能直接转化为行为，而是通过行为意图发挥作用（Ajzen，1988）；计划行为理论则由理性行为理论发展而来，主张个体行为意图受感知行为的约束，即意愿并非可用于预测行为的唯一因素（Ajzen，1988；Payne et al.，2008）。在计划行为理论应用过程中，为增强行为态度、主观行为规范和知觉行为控制对主体意愿解释的强度，学者尝试在理论模型中增加新的变量，如考虑预期收益和风险等因素对意愿的影响、补充过去行为相关变量对当前意愿的预测（刘健等，2014；王昶等，2017）。然而随着行为研究理论不断发展，个体行为除了受主观因素的影响，其他越来越多的影响因素被发现，如"态度—情境—行为"理论（Attitude-Context-Behavior）认为，个体行为是在态度和外界环境综合作用下发生的；人际行为理论（Theory of Interpersonal Behavior，TIB）认为，个体行为受意愿和习惯在外部条件调解下的共同影响而产生。

有关学者还进一步探寻了关于影响意愿和行为差异的众多因素，可概括为个体特征、测量时间因素（需求测度和行为测度在时间上是否同步）、意愿属性因素（如稳定性、显著性、易得性）、社会环境因素（如社会规范、地域差异、风俗习惯等）、主观约束因素以及收入水平差异因素等（佐斌，2011；Azevedo et al.，2003）。

2. 内隐意愿与行为关系研究

早期研究重点关注"外显意愿"与行为间的相关性。随着学界探索研究的不断深入，提出了"内隐意愿"这一新概念。内隐意愿是个体无意识、自动的、难以被察觉的、不可被控制的即刻反映（Parra et al.，2011）。伴随着新概念的提出，不少研究开始关注"内隐意愿—外显意愿与行为关系"这一前沿理论。研究发现，内隐意愿受其他因素影响较小，与外显意愿相比具有更强的稳定性；内隐意愿和外显意愿双重作用于行为决策的理论比内隐意愿单一作用于行为决策的理论更全面，且预测某种环境下个体行为决策的有效性更强（Kam，2007；魏知超等，2009）。

1.2.5　文献评述

研究视角上，已有研究对农业生产对象的关注从农业劳动力要素到农户再到新型职业农民不断深入，逐渐重视农业劳动力主体的异质性对其农业选择和农业决策的影响。新型职业农民作为拥有一定生产规模、懂经营、善管理的农业现代化发展先行者、实践者，以及促进小农与现代化农业有机耦合的引领者，是现阶段农业发展的优质生产力，吸引了大量学者的关注。因此本书将在以往研究的基础上，以新型职业农民务农稳定性意愿为研究视角展开研究。

研究内容上，已有研究发现，新型职业农民对农业职业选择意愿并不强烈。遗憾的是，这些研究结论仅为调研结果的分析展示，并没有进一步剖析影响新型职业农民职业选择意愿不强烈的原因有哪些。因此本书将在已有研究的基础上，深入探究影响新型职业农民务农稳定性意愿的因素，试图解答农业职业吸引力的问题。

研究方法上，已有关于行为意愿的研究大多在管理学、心理学等理论启示的基础上，从经济学角度展开讨论。因此，已有研究对本书理论框架的搭建有着重要的启示意义。但已有研究的具体研究主体和内容与本书契合度较弱。因此借鉴已有研究理论体系，对新型职业农民务农稳定性及影响因素进行尝试性探索研究。

1.3　相关概念界定

1.3.1　新型职业农民的界定

1. 新型职业农民内涵

新型职业农民是以农业为职业、具有相应的专业技能、收入主要来自农业生产经营并达到相当水平的现代农业从业者。

新型职业农民是相对于传统农民和兼业农民而言的。在此概念出来之前，国家曾提出新型农民和职业农民的说法。新型农民是在 2005 年十六届五中全会中提出的。为适应现代农业发展和建设社会主义新农村的需要，切实提高农民文化素质和技能水平，培养有文化、懂技术、会经营的新型农民。新型农民强调的是时代性、现代性；职业农民强调的是农民职业属性，突出农民的专业特点。职业农民是为了区别身份概念的农民，是专门从事农业生产和经营的农业从业者。

新型职业农民将新型农民和职业农民有机地结合起来，是适应我国农村劳动力结构变化和现代农业发展新形势的需要，体现了农民从身份向职业转变、从兼业向专业转变、从传统农业生产方式向现代农业生产经营方式转变的特点。

2. 新型职业农民分类

新型职业农民主要包括生产经营型、专业技能型和社会服务型职业农民三类，如表 1.1 所示。根据 2020 年中共中央组织部办公厅、农业农村部办公厅、人力资源和社会保障部办公厅、国家统计局办公室联合开展的全国农村实用人才统计，截至 2020 年，全国新型职业农民 2254 万人，其中生产经营型 2028 万人、专业技能型 90.2 万人、专业服务型 135.8 万人。

表 1.1   新型职业农民的主要类型

主要类型	定义
生产经营型	以农业为职业、占有一定的资源、具有一定的专业技能、有一定的资金投入能力、收入主要来自农业的农业劳动力
社会服务型	在社会化服务组织中或个体直接从事农业产前、产中、产后服务，并以此为主要收入来源，具有相应服务能力的农业社会化服务人员，主要是农村信息员、农村经纪人、农机服务人员、统防统治植保员、村级动物防疫员等农业社会化服务人员
专业技能型	在农民合作社、家庭农场、专业大户、农业企业等新型生产经营主体中较为稳定地从事农业劳动作业，并以此为主要收入来源，具有一定专业技能的农业劳动力，主要是农业工人、农业雇员等

1.3.2 新型职业农民务农稳定性的内涵

新型职业农民务农稳定性是指经过培育获得新型职业农民资格证书的经营者、服务人员和技术人员能够持续地从事农业，保持职业的相对稳定性和连续性。一般而言，新型职业农民是否能够持续从事农业需要建立长时间的追踪调查，譬如在其职业生命周期内，是否存在着职业转换。但是由于新型职业农民培育工程 2012 年才启动，到 2020 年中国仅培育了 2000 多万新型职业农民。由于新型职业农民培育经费来自于中央财政，所以新型职业农民数量较为均衡地分布在全国各地。另外，新型职业农民培育仅仅是起步阶段，仍处于数量扩张时期，国家层面的新型职业农民调查数据仅仅是当年参加培训的新型职业农民的经营情况，缺乏相应的长时间的追踪数据。因此，本书只能依靠样本调查获得新型职业农民的经营稳定性资料。考虑到专业技能型和专业服务型的新型职业农民职业稳定性比较高，而经营型的新型职业农民更多的是大学生、专业军人、农民工等返乡创业人员，因此本项目新型职业农民务农稳定性更多的是考察经营性新型职业农民。

新型职业农民的务农稳定性包括持续务农的意愿和客观条件。本项目团队通过访谈发现，新型职业农民务农意愿并非是不变的职业兴趣或者职业偏好，而是会受到收入水平、农业风险情况、农业要素可获得性、营商环境等因素的影响。当然，本项目团队也试图借鉴消费者信心指数等构建包括众多因素的量表来刻画新型职业农民务农稳定性意愿，但是经过调查发现并不理想。于是，本书采取了询问"是否愿意终身从事农业项目"和"是否愿意子女从事农业项目"来刻画新型职业农民务农稳定性意愿，尝试打开该领域的研究。国内部分学者在做农民职业意愿调查时，也采取了是否愿意从事农业、是否愿意子女从事农业等问题。这样，可以更好地与国内其他学者的调研进行对比分析。当然，研究团队对新型职业农民务农稳定性保持跟踪调查。2019 年开展第一次调研，计划每两年对同一调查对象进行追踪调查。长时间的连续性和累积性数据，能够科学地反映新型职业农民务农稳定性问题。

1.4　研究的视野和方法

1.4.1　研究的视野

本书的逻辑框架如图 1.1 所示。首先，从新型职业农民的职业特征出发，从农业生产和农产品市场运行规律出发，探讨新型职业农民与普通农民相比，是否具有更高程度的务农稳定性，以及影响新型职业农民务农稳定性的因素；其次，考察新型职业农民面临的农业风险新特征。通过微观层面的调研和访谈，运用计量模型测算风险冲击对新型职业农民务农稳定性的影响。从土地、资本、劳动、技术等农业生产要素的供求出发，探讨新型职业农民能否获得持续发展所需的相关要素以及这些要素的获取能力是否影响其务农稳定性。关注农村发展的营商环境，从新型职业农民产品市场情况、政策支持情况、新型职业农民群体规模、水电路等公共基础设施建设方面探讨营商环境对新型职业农民务农稳定性的影响程度；再次，运用随机干预试验评估新型职业农民培育工程以及相关扶持政策对新型职业农民务农稳定性的影响；最后，针对影响新型职业农民务农稳定性的风险因素、要素因素、营商环境因素、政策因素提出新型职业农民高质量发展的制度设计方向。

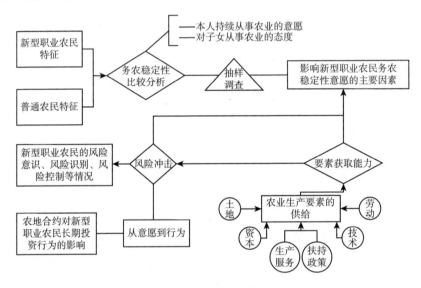

图 1.1　研究框架

围绕上述思路，本书重点聚焦五个方面问题的研究。

1. 新型职业农民的特征与其务农稳定性的分析

新型职业农民是以农业为职业、具有相应的专业技能、收入主要来自农业生产经营并达到相当水平的现代农业从业者（农业部，2017）。本研究界定的新型职业农民的务农稳定性包括本人持续务农意愿和让子女务农的意愿。新型职业农民的高素质、专业化、市场化、规模化、组织化等特征都是有别于普通农民的。在劳动力资源流动和经济绩效的约束下，新型职业农民比普通农户具备更高的农业农村根植性。但是如果考虑风险因素、农村的创新创业环境，新型职业农民务农稳定性反而比较脆弱。本部分通过理论文献的梳理，系统全面比较分析新型职业农民与普通农民的务农稳定性。

2. 新型职业农民务农稳定性情况与影响因素的调查分析

在理论分析的基础上，计划开展 10 县（从 2014 年我国首批 100 个新型职业农民培育试点县中抽取）700 位新型职业农民务农稳定性及影响因素的调查。结合新型职业农民务农意愿和持续务农时间调查，从收入增长、务农年限、职业认同、从业环境、子女教育、养老保障、晋升通道、社会地位等方面分析当前制约新型职业农民务农稳定性的关键因素。

3. 风险冲击对新型职业农民务农稳定性影响的模型分析

《中国农业保险市场需求调查报告》（2017）显示，虽然 59.2% 种植户和 73.71% 养殖户的灾后补偿或救助来自保险公司赔偿，但大多数受访农户认为农业保险赔偿过低、赔款不足以弥补损失的五成，且超半数农户认为保额偏低、不能满足风险转嫁需求。相关文献表明，风险冲击影响农民生产要素获取行为，进而影响务农稳定性。毛慧等（2018）调查江苏省 345 个规模养殖户，发现风险厌恶程度越高的农户越愿意参与契约农业，而契约农业有助于农户采纳技术。当前国内尚无针对新型职业农民的风险研究文献。在调查数据分析的基础上，选择近两年新型职业农民遭遇严重风险冲击的样本，运用模型分析方法，聚焦风险意识、风险识别、风险影响、风险规避等问题，得出风险冲击对新型职业农民务农稳定性的影响。

4. 要素获取与新型职业农民务农稳定性的相关性分析

新型职业农民之"新型"体现在比普通农民具备更高的收入水平，获得较高的收入需要更多的生产要素参与。新型职业农民不仅需要更多的资本、土地、雇用劳动力投入农业，更需要技术、经营管理等知识要素运用到农业。当前，国家层面和绝大多数农业大省出台了新型职业农民扶持政策。扶持政策主要体现在土地流转、财政补贴、信贷资金、农业保险、社会保障、人才奖励、创新创业服务等方面，但是大多数扶持政策表述为"向新型职业农民倾斜"，扶持政策较为"虚化"。本部分考察新型职业农民成长中生产要素（土地、资本、劳动、技术、生产服务、制度）的市场供给情况，探讨新型职业农民对现代生产要素的需求（包括意愿和能力），找出制约新型职业农民成长中的要素瓶颈，为新型职业农民培育的制度设计提供依据。

5. 营商环境与新型职业农民务农稳定性的相关性分析

对于新型职业农民而言，营商环境主要指其从事市场经营活动的外部环境条件（沈琼、陈璐，2019）。与城市和非农产业比较，当前农业农村的营商环境建设尚处于薄弱环节。随着新型职业农民队伍的不断扩大，将成为影响其扎根农业农村、持续务农的一大难题。与传统农民不同，新型职业农民更加注重"现代化""时代化""专业化"和"职业化"。关于新型职业农民务农意愿的研究，学者较多关注于个体层面因素，而忽视外部环境条件对其影响，尤其是营商环境对于新型职业农民持续务农意愿究竟由哪些因素影响，以及影响程度有多大，仍然有待进一步研究。

1.4.2　研究方法

1. 随机抽样调查方法

对于新型职业农民务农稳定性意愿和影响因素部分，采取问卷调查的方式开展研究。调研问卷共分为 5 个部分、49 个题目，包括新型职业农民的基本情况、新型职业农民持续务农意愿、新型职业农民的经营风险、新型职业农民的生产要素获取情况、农业农村的营商环境等。调查范围集中在 2015 ~ 2018 年在河南省主要的新型职业农民培训机构（河南农业大学、河南省团校、夏邑县农广校）培训过的新型职业农民群体。按照学号随机抽样的原则，从 2674 位新型职业农民中抽取 700 位发放调研问卷，回收有效问卷 686 份。有效问卷中 646 份来自河南省（占 94%），40 份来自于河南省外。

2. 计量模型分析法

在调研数据基础上，广泛运用现代计量经济研究方法，通过构建计量模型进行实证研究。譬如在测算新型职业农民对区域农业经济影响的实证分析中，利用 Eviews 8.0 计量软件，对新型职业农民发展的数量和质量两个方面进行回归分析，分别设立两个多元线性回归模型进行分析，全面而深入地探明新型职业农民对区域农业经济发展的显著性影响；在测算要素获取、农业风险、营商环境对新型职业农民务农稳定性的影响时，通过构建二元选择模型的研究方法。譬如分析要素获取对新型职业农民务农稳定性的影响，主要从新型职业农民自己继续从事农业的意愿以及让其子女从事农业的意愿，这是二分类型变量而非连续型变量。传统回归模型由于因变量的取值范围在负无穷大与正无穷大之间，在此处并不适用。因此采用二元 Logistic 回归分析方法建立回归模型，将因变量的取值限制在 [0，1] 范围内，并使用极大似然估计法拟合模型回归参数。在测算农业风险对新型职业农民务农稳定性的影响时，除了采用二元 Logistic 回归分析方法建立回归模型外，还采用交叉分析的方法对损失原因和因变量的相关关系进行进一步分析。

第2章 职业稳定性的相关理论与农民的职业特征

2.1 职业稳定性的相关理论

2.1.1 职业选择匹配理论

大部分的职业选择理论都指出人们在进行工作选择时，无论是否有意识，都会选择那些与自己独特的需要、动机、价值观和才能相"匹配"的工作。其中比较典型的是帕森斯的特质因素论和霍兰德的职业个性理论。

帕森斯是最早研究职业选择理论的学者。1909年在其《职业选择》一书中，他提出了职业选择的三大要素：一是自我了解，即对自己的兴趣、价值观和人格特质等有清晰明确的认知；二是获得有关职业的知识，如关于要选择职业的描述、职业分类以及职业所要求的特质和因素；三是整合有关自我和职业世界的知识。在进行职业选择之前，首先，要对个人能力进行评估，个人特质与特定行业的要求是否匹配。其次，进行职业调查，也就是说要对工作情况进行细致分析，比如与现有的工作人员交谈、研究工作情形等。最后，以"人职匹配"作为职业指导的最终目标。职业与人的匹配主要包括两种类型：一是条件匹配，择业者掌握的专业知识和具备的技能与职业所要求的技术和专业知识相匹配；二是特长匹配，某些职业需要从业人员具备一定的特长，如择业者比较敏感、独创性较强，是理想主义，则比较适合从事艺术创作类型的职业。

1971年约翰·霍兰德在他最著名也最有影响的"个性—工作适应性"理论中指出，职业选择是职业与人相匹配的过程。人们是否能在一个职业领域中稳定地工作，取决于其个性类型与职业环境是否适应或匹配，并编制了能帮助人们发现和确定自己的职业兴趣，进而进行求职决策的霍兰德职业人格能力测验。霍兰德具体对个性和职业的分类见表2.1。

表2.1 霍兰德的职业分类

类型	特点	职业
现实型	喜欢从事户外工作或操作机器，而不喜欢在室内工作。这种人通常比较现实，身强力壮，擅长机械和体力劳动	倾向于选择制造、渔业、野生动物管理、技术贸易、机械、农业、技术、林业、特种工程师和军事工作等职业
研究型	喜欢那些与思想有关的研究活动，如数学、物理、生物和社会科学等，喜欢研究那些需要分析、思考的抽象问题。研究型的人通常聪明、好奇、有学问，具有创造性和批判性、具有数学和科学天赋的特征。这一类型的人虽然常隶属于某一研究团体，但他们喜欢独立工作	实验室工作人员、生物学家、化学家、社会学家、工程设计师、物理学家和程序设计员等
艺术型	喜欢自我表达，喜欢在写作、音乐、艺术和喜剧等方面进行艺术创作。他们通常会尽力避免那些过度模式化的环境，喜欢将自己完全投注在自己所制定的项目中。这样的人通常善于表达，有直觉力，具有想象力和创造力，具有表演、写作、音乐创造和讲演等天赋	主要有作家、艺术家、音乐家、诗人、漫画家、演员、戏剧导演、作曲家、乐队指挥和室内装潢等
社会型	喜欢与人合作，积极关心他人的幸福，喜欢给人做培训或给大家传达信息，愿意帮助别人解决困难。他们喜欢的工作环境是那些需要与人建立关系、与群体合作、与人相处以及通过谈话来解决问题和困难的工作环境。社会型的人通常易合作、友好、仁慈、随和、机智、善解人意	职业主要有教学、社会工作、宗教、心理咨询和娱乐等
管理型	喜欢领导和控制别人，或为了达到个人或组织的目的而去说服别人。他们追求高出平均水平的收入，喜欢利用权力，希望成就一番事业。这样的人多从商或从政。管理型的人通常精力充沛、自负、热情、自信，具有冒险精神，能控制形势，擅长表达和领导，大多会在政治或经济领域取得一定成就	职业主要有商业管理、律师、政治领袖、推销商、市场经理或销售经理、体育运动策划者、采购员、投资商、电视制片人和保险代理人等
常规型	喜欢规范化的工作或活动，希望确切地指导别人，希望他们怎么样和让他们干什么，喜欢整洁有序。大多具有细心、顺从、依赖、有序、有条理、有毅力、效率高等特征	典型职业有会计、银行出纳、图书管理员、秘书、档案文书、税务专家和计算机操作员等

资料来源：作者收集整理。

2.1.2 劳动力转移理论

著名发展经济学家刘易斯在《劳动力无线供给条件下的经济发展》一文中指出，发展中国家一般都存在着二元经济结构，一是部门生产率低、劳动报酬低、只能够维持最低生活水平，且含有大量剩余劳动力的农业部门；二是劳动生产率和工资水平较高、以现代化方法进行生产的城市工业部门。由于农业部门与工业部门之间收入水平的明显差异，必然会出现农业剩余劳动力向工业部门转移的现象。只要农业剩余劳动力继续存在而又无人为的障碍，农业剩余劳动力将由农村源源不断地流入城市，城市现代工业部门在现行固定工资水平上能够得到它所需的任何数量的劳动力，其劳动力供给具有完全的弹性。随着农业剩余劳动力不断向工业部门转移，农业部门的劳动边际生产率将得到逐步提高，农民收入与工业工资水平的差距不断缩小，农民的生活水平得到很大改善，从而改造了传统农业部门，二元经济结构的痕迹慢慢消失。

拉尼斯和费景汉通过对刘易斯模式的研究，指出该模式存在两个缺点：一是没有足够重视农业发展对促进工业增长的重要作用；二是没有认识到农业劳动力向工业部门转移的先决条件是因农业生产率的提高而出现了剩余产品。在他们看来农业劳动力转移分为三个阶段：第一阶段是劳动边际生产率等于零的阶段。农业部门劳动力丰富，但土地资源有限。受到边际生产力递减的影响，劳动边际生产率很低甚至为零，农业部门出现大量的剩余劳动力。只要工业部门给出的工资略高于农民从事农业的收入，就会有大量的劳动力从农业部门流向工业部门。第二阶段是劳动边际生产率大于零但小于不变制度工资的阶段。此时，以隐蔽性失业形式存在的农业过剩劳动力仍然会流入工业部门，但农产品的产量增长却不能与工业部门的劳动力同步增长，农业部门向工业部门提供的剩余农产品减少，引起粮食短缺，进而造成农产品价格相对增加，工农业产品之间的贸易条件变成有利于农业，因此工业部门不得不提高相应的工资水平。这一转变点被称为"粮食短缺点"。第三阶段是劳动边际生产率大于不变制度工资的阶段。这一阶段，二元经济结构改造完成，农业部门没有剩余劳动力的存在，由传统农业发展成了现代农业，部门的边际生产力决定着各部门的工资水平，工农业之间的劳动力流动根据两部门的边际生产力决定。这一转变点被称为"商业化点"，因为传统农业部门已转化为商业化农业，二元经济结构的特征完全消失。

托达罗基于对农村人口不断流入城市与城市失业同步增长的矛盾现象

的分析，在 20 世纪 60 年代末 70 年代初提出了劳动力流动模式，主要观点有以下几个：（1）基于理性人的假设，劳动力流动最根本的原因在于人们对所从事行业的比较收益与成本的现实考虑，这种考虑还涉及到心理因素的影响；（2）农业部门劳动力决定离开农业部门、流向工业部门，是受到收入水平和就业概率影响的预期城乡收入差异水平。假如在城市工作的收入是在农业部门收入的一倍，只要城市失业率不超过 50%，人口就会不断向城市流动；（3）农村剩余劳动力流向城市后，在城市获得工作机会的概率与该城市的失业率成反比；（4）人口流动率超过城市工作机会的增长率不仅是可能的，而且是合理的。在城乡收入差异很大的条件下，情况必然如此。在许多发展中国家，城市高失业率是城乡经济发展不平衡和经济机会不均等的必然结果。

2.1.3 人力资本理论

美国经济学家舒尔茨第一次明确提出了比较完整的人力资本理论。在《改造传统农业》一书中，他指出人力资本对经济增长的拉动作用要强于传统物质资本的作用。要想实现传统农业向现代农业的转变，必须对农民进行人力资本投资，必须要引进现代农业生产要素。对农民进行人力资本投资的形式主要包括以下几种：一是通过开展培训班，教会农民最新的耕种技能和农场技术；二是在正常农业生产不受影响的前提下，组织一些针对性和实效性强的在职培训；三是建立初等、中等和高等院校以便进行规模化和系统化的培训；四是重视农业从业人员的身体健康，加大对健康方面的投资力度。

人力资本理论分析了人尤其是具有专业知识和技术的人才在物质资料生产中的重要作用。新型职业农民培育是对农村进行人力资本投资的重要组成部分，它所构建的"三位一体"教育培育体系使农业从业人员了解了先进的农业经营理念、掌握了现代化的农业生产技术，其本质就是对农民特别是新型农业经营主体的人力资本投资，这对于农业现代化的实现和城乡一体化发展具有重要作用。人力资本投资理论是新型职业农民培育的重要理论基础，它从理论上证明了新型职业农民培育工作是有重要意义的。

2.1.4 马斯洛需求层次理论

美国心理学家马斯洛在《人类激励理论》一书中指出人类需求可分为五种层次：生理需求、安全需求、社交需求、尊重需求和自我实现需求。

只有低层次的需求被满足后，才会产生更高层次的需求。

生理需求是最基本的需求，也是最低层次的需求，如对食物、水、空气等的需求。新型职业农民通过从事农业获得收入，首先满足最低层次的生理需求，才有可能追求更高层次的需求。

安全需求是追求人身安全、财产安全、生活稳定以及免遭痛苦、威胁或疾病的需求。新型职业农民在实际从事农业生产过程中，容易受到自然风险和市场风险的威胁，收入不稳定性较大，安全需求尚不能得到完全的保障。因此，需要经过培训进一步掌握市场信息，进而调整生产决策，满足自身安全需求。

社交需求是与人交往的需求，包括对友情、爱情以及隶属关系的需求，这与前两个需求层次截然不同。对于新型职业农民而言，在从事农业生产时会碰到各种各样的问题，如技术问题、资金问题等，他们迫切需要有人关心、帮助自己解决实际农业生产中出现的问题，从而会产生强烈的社交需求。

尊重需求既包括对成就或自我价值的个人感觉，也包括他人对自己的认可与尊重。一方面新型职业农民是经过培训、实际从事并且能够从事农业生产的群体，即自身有实力、能够胜任农业方面的工作；另一方面新型职业农民把农业作为终身职业，通过农业生产为整个社会提供农产品，是农业现代化建设的主力军，理应受到社会他人的肯定和尊重。

自我实现需求是最高层级的需求，是能够实现自身价值和个人理想的需求。具体表现为能够接受自己也接受他人，解决问题能力增强，自觉性提高，善于独立处事，完成与自己能力相称的一切事情的需求。只有满足了前面四个层级的需求，人们才会产生自我实现需求，才会为实现自身价值和个人理想而进行奋斗。因此在新型职业农民培育过程中，要加强对农民各项素质的培养，使其成为有文化、懂技术、会经营、具有高度社会责任感和现代观念的农业生产者。

2.1.5 离职结构理论

马奇（March J. G.）与西蒙（Simon H. A.）通过研究员工的离职事件发现员工的离职意愿和行为是多方面因素综合影响的结果，进而提出了用于解释员工离职意愿与行为的离职结构理论。该理论认为造成员工产生离职意愿和行为的主要原因有四个：一是员工对现有工作的满意度；二是员工工作的收益预期；三是劳动力市场上的就业机会；四是其他偶然因素。具体内容见表2.2。

表2.2	离职结构理论的内容
离职意愿和行为的主要原因	主要内容
员工对现有工作的满意度	能否在工作中获得最大程度的满足是其是否会产生离职意愿与行为的根本性影响因素。工作满意度是一个综合性的主观性指标，是员工对自身所处职业一种全方位的心理感受与评价
员工工作的收益预期	每一个员工在获得该工作之初都会对所获得的工作有较为明确的收益预期。这种收益预期包括经济收入、自身的发展机会、职业价值观的实现程度。该理论认为如果员工在他们的收益没有达到或者实现最低预期的时候，就会产生离职的意愿和行为
劳动力市场上的就业机会	劳动力市场上的就业机会是影响员工离职意愿与行为最重要的外在因素。当外部劳动力市场就业机会越多，而且可能获得的职业其收益要大于现有职业的时候，劳动者就会产生离职意愿和行为
其他偶然因素	主要是指一些非职业价值观的影响因素。这些因素所造成的离职意愿与行为同现有的工作没有必然关系。这些因素主要是指员工在工作中一些偶发事件所产生的离职意愿与行为，如受伤、迁移、求学等

资料来源：作者收集整理。

2.2 新型职业农民的职业特征与职业稳定

2.2.1 新型职业农民的职业类别

1958 年颁布的《中华人民共和国户口登记条例》，第一次明确将城乡居民区分为"农业户口"和"非农业户口"两种不同户籍，并对人口自由流动实行严格限制和政府管制。因此，农民在我国既是一种身份又是一种职业，让农民真正回归到职业，应该是从新型职业农民的培育开始。新型职业农民在改变自身命运的同时，也在让农民成为有尊严、有吸引力的职业。

《中华人民共和国职业分类大典》是依据《中华人民共和国劳动法》规定"国家确定职业分类，对规定的职业制定职业技能标准，实行职业资格证书制度"编制，由中国劳动社会保障出版社出版。《中华人民共和国职业分类大典》编制工作于 1995 年初启动，历时 4 年，1999 年初通过审定，1999 年 5 月正式颁布。2010 年逐步启动了各个行业的修订工作。2015 年 7 月 29 日，国家职业分类大典修订工作委员会召开全体会议，审议、表决通过并颁布了新修订的 2015 版《中华人民共和国职业分类大典》。2015 新版《中华人民共和国职业分类大典》职业分类结构为 8 个大类、75 个中类、434 个小类、1481 个职业。职业分类有四方面作用，一是为开展国民经济信息统计和人口普查、进行劳动力需求预测和规划、了解行业或部门经济现状的全貌等提供主要依据；二是以职业分类为基础，开展就业人口结构变化和劳动力供求状况研究分析，是制定人力资源市场政策的重要基础；三是在职业教育培训中具有引导作用；四是可以统一规划、有效规范职业资格的设置，有利于国家职业资格框架体系的建立和国家职业资格目录清单管理制度的实行。

农民相关的职业在第五大类"农、林、牧、渔业生产及辅助人员"，包括农业生产人员、林业生产人员、畜牧业生产人员、渔业生产人员、农林牧渔业生产辅助人员和其他农林牧渔业生产及辅助人员等 6 个中类；包括 24 个职业小类、52 个职业。如农业生产人员 5－01（GBM 50100）是指从事农、牧、园艺作物种苗繁育和种植生产的人员，其具体职业描述详细。譬如，作为农作物生产人员之一的园艺工（5－01－02－02）是使用农机具、工具和设施，改良、耕整园地土壤，栽培、收获园艺作物的人员，其主要工作任务在于使用机械器具进行土地的翻耕平整、种苗的培育播种、人工修剪嫁接、采摘包装以及农机具和设施的维护保养等；再如，中药材种植员（5－01－02－05）是从事药用植物种植、采收、产地加工工作的人员，其主要任务在于鉴别中药材种子及种苗的优劣、选种育苗、翻耕播种、进行田间管理等。具体见表 2.3。

表 2.3　　　　　　　　　　　　农民职业类别

职业类别	职业涵盖
农业生产人员	种子繁育员、种苗繁育员、农艺工、园艺工、食用菌生产工、热带作物栽培工、中药材种植员、林木种苗工
林业生产人员	造林更新工、护林员、森林抚育工、林木采伐工、集材作业工、木材水运工
畜牧业生产人员	家畜繁殖员、家禽繁育员、家畜饲养员、家禽饲养员、经济昆虫养殖员、实验动物养殖员、特种动物养殖员
渔业生产人员	水生动物苗中繁育工、水生植物苗中繁育工、水生动物饲养工、水生植物栽培工、水产养殖潜水工、水产捕捞工、渔业船员、渔网具工
农林牧渔业生产辅助人员	农业技术员、农作物植保员、林业有害生物防治员、动物疫病防治员、动物检疫检验员、水生物病害防治员、水生物检疫检验员、沼气工、农村节能员、太阳能利用工、微水电利用工、小风电利用工、农村环境保护工、农机驾驶操作员、农机修理工、农机服务经纪人、园艺产品加工工、棉花加工工、热带作物初制工、植物原料制取工、竹麻制品加工工、经济昆虫产品加工工、水产品原料处理工

2.2.2 新型职业农民的职业特征

1. 收入水平相对较高

农民选择从事非农行业最根本的原因还是在于农业收入较低。二元经济结构理论也说明了非农劳动生产率更高时，农民会选择离开农业和农村，进城务工。离职结构理论中，当员工认为收益未达到自己的预期时会产生离职意愿。农业生产周期较长，农业劳动较为辛苦，农业收入低，就会造成农业后继无人的现象发生。然而我们也看到，随着新型农业经营主体培育以及农村土地流转相关政策的实施，农业生产的规模化效应凸显出来，农民家庭经营性收入在不断增长。一系列促进农民增收的措施在不断地吸引着农民。在农村如果能获得不错的收入水平，农民就会选择留在农村从事农业行业，这也符合经济学中所说的理性人决策。国家大力培育的新型职业农民是解决无人种地的主力军，是现代农业的建设者，是农业高收入群体的代表。新型职业农民应具有较高的收入水平，而且收入主要来源于农业生产经营。朱启臻（2016）调查了3417名新型职业农民，发现50.02%的新型职业农民个人年收入低于4万元；14.45%的新型职业农民个人年收入为4万~6万元；11.15%的个人年收入为6万~8万元；2.31%的个人年收入为8万~10万元；22.07%的收入超过10万元，新型职业农民年收入水平达到5.9万元。2017年全国新型职业农民发展报告数据显示，51.6%的新型职业农民销售农产品总额达到10万元以上；27.7%的新型职业农民人均农业经营纯收入超过城镇居民人均可支配收入。

2. 规模经营程度高

土地是农业生产的第一要素。传统小农经济的典型特点是分散经营、土地规模较小，难以实现规模化生产，抵御风险能力较弱。农业生产仅是作为一项自给自足的常规性工作而存在，传统农民对农业生产缺乏足够的热情。与传统农民相比，新型职业农民更加强调现代农业生产的规模化经营，从而实现传统小农向社会化大生产的变革。农业作为国民经济的基础产业，为了适应市场经济的发展需要，提高农业生产率，必须实行农业的产业化经营，走适度规模经营的道路。与此相应，新型职业农民必须能够适应现代农业生产适度规模经营的要求。目前，我国正在加快培育新型农业经营主体。作为主要推动力量的新型职业农民需要逐步适应"家庭经营＋合作组织＋社会化服务"的新型农业经营体系的组织化路子，才能实现保供增收的目标。同时，在推进农业产业化的过程中，追求规模经营，发挥区域优势与集聚效应，新型职业农民必定是其中的中坚力量。从长远来看，这将直接影响着我国农业现代化的进程。朱启臻（2016）通过对 3417 名新型职业农民调查发现，与小规模、分散经营的小农户相比，新型职业农民的户均经营面积达到了 103.7 亩。2017 年全国新型职业农民发展报告指出，我国新型职业农民发展呈现出"五高"的特点，其中一点就是规模化经营程度高。51.6% 的新型职业农民销售农产品总额达到 10 万元以上；31.2% 的新型职业农民的土地经营规模超过100 亩。

3. 面临的农业风险大

农业是弱质性产业。新型职业农民在实际从事农业生产时面临着较大的风险，这些风险主要体现在自然风险、市场风险、融资风险。自然风险主要体现在洪涝等恶劣天气或自然灾害等情况对农业的影响。郭熙保（2018）对武汉和郎溪 607 户家庭农场的实地调查发现家庭农场经营状况受到自然灾害影响比较大，武汉因受到暴雨影响共有 52 个家庭农场出现亏损情况，平均亏损额高达 38.88 万元；郎溪因受到暴雨和高温等恶劣天气的影响，亏损家庭农场为 85 户，平均亏损额高达 30.17 万元，其中粮油种植类家庭农场亏损更为严重。市场风险主要在农产品价格波动、销售受阻等方面。农产品价格既会受到供求关系的影响，也会因种植规模与结构、天气而发生变化，价格的不稳定增加了农民面临的市场风险。刘畅（2018）以 269 份家庭农场的数据为基础，构建了自然风险、市场风险、社会风险、融资风险、政策风险和技术风险为一级指标的家庭农场经营风险测度指标体系，实证结果表明家庭农场面临的经营风险主要是市场风险和自然风险；其次是社会风险和融资风险；最后是影响较小的政策风险和技术风险。融资风险是指能否获得外部资金帮助自己实现规模化经营。新型职业农民在规模化经营时需要购买固定资产，自有资金一般不能够满足经营需要，极需要外部资金的补充，同时资金来源、融资渠道、融资难易度等因素也会影响到新型职业农民的经营规模与务农稳定性。吴易雄（2017）调查的 1200 名新型职业农民中，34.5% 认为贷款问题是其农业生产经营中的最大难题。郭熙保（2018）研究发现，银行等金融机构在给予家庭农场贷款时大都比较保守。因受到农业高风险的影响，故在贷款时一般需要家庭农场主能够提供合格的抵押品。但现实情况是大部分的家庭农场主缺乏合格抵押品，故从银行等金融机构贷款的难度较大。除此之外，新型职业农民还会面临技术水平与农业经营不匹配等引起的技术风险、农业保险或涉农政策变动引起的政策风险。崔开昌（2018）指出我国目前的农业保险制度不健全，风险管理体系不完善。这主要体现在两方面，一方面是农业风险防控意识薄弱，保险深度不够；另一方面是风险补偿覆盖面低，抵御自然灾害能力较弱，农业收益损失高、保障水平低，农民继续从事农业生产的意愿较低。

4. 职业认同度较低

新型职业农民作为一个可供人们选择的职业，职业前景如何会影响到人们对这一职业的从事时间。结合马斯洛需求层次理论，只有农民真正认识到新型职业农民能够满足农民的衣食住行需求、农业这一职业具有很好的发展前景、有一定的职业保障、有与他人的社会交往及归属感、能够得到他人的认可与尊重，农民才会真正把务农作为终生的事业。吴易雄（2017）对1200名新型职业农民的调查发现，对于自己是否愿意终身务农，49%的新型职业农民愿意终身务农；36.8%的人愿意再从事10年左右；14.2%的人愿意再从事20年左右。88.3%的新型职业农民的孩子上大学选择非农或从事第二、第三产业。在他们看来，农业尚未是一种体面的职业选择。对于是否愿意自己孩子从事农业生产这一问题，1200名新型职业农民中只有17.4%愿意孩子从事农业生产，当好职业农民；剩下82.6%则希望孩子能够转岗或从事非农行业。不仅如此，我国农业类院校数量在逐渐减少，中等农业职业院校涉农专业招生人数连续几年一直锐减。农学类本科招生数量从3万人增加到6.7万人，绝对量虽然在增长，但占学校本科生招生的比例却呈现出下降趋势。中国农业大学前校长柯炳生指出，20年前我国农学专业的在校生规模占比是6%，现在该比例已锐减到1.7%，这么少的农学学生规模无法满足农业现代化对人才的需求。另外农林院校的学生在专业教育上呈现出教育离农倾向，学生对农业、农村陌生，相当一部分学生对农业农村缺乏感情，不愿从事农业，也不会从事农业，超过92%的学生毕业后选择在城镇就业。对于现有的新型职业农民来说，36.6%的人暂时不愿意吸纳农业类大学生。在他们看来，农业类大学生实践经验不足，而且受到自身农业产业经营能力限制，所给出的收入可能无法达到毕业生的预期收入（吴易雄，2016）。

5. 职业环境待完善

新型职业农民是以市场化为导向、以专业化为手段、以高素质为典型特征的农业从业人员。在其农业经营过程中需要一系列扶持政策，如构建良好的农业基础设施、规范土地流转、提高农业科技化水平。朱启臻（2016）发现政府补贴对新型职业农民增收作用不明显。新型职业农民目前获得补贴包括种粮补贴、良种补贴、农资综合补贴、农机具购置补贴以及其他补贴,新型职业农民2015年获得的农业补贴额大都低于200元。傅雪梅(2016)调查了成都市304名新型职业农民对农业扶持政策的满意度。根据李斯特五级量表法,构建了以性别、年龄、文化程度、是否为村干部、家庭人口数、外出务工人数、家庭人均年纯收入、家庭农业收入占比、扶持政策宣传方式、扶持政策支持力度、农业规模化水平、农业科技化水平、农业基础设施为初始变量,以产业扶持政策、科技扶持政策、金融支持政策、创业补贴政策、社会保险补贴为中间变量,以新型职业农民培育扶持政策满意度为因变量的多元Logistic回归模型。实证结果表明中间变量对新型职业农民培育扶持满意度都有显著影响,其影响大小从高到低依次为创业补贴政策、科技扶持政策、金融扶持政策、产业扶持政策和社保补贴政策。吴易雄(2017)研究发现新型职业农民在农业经营过程中面临着资金、农业技术、农业信息获取和土地资源等方面的困难,他们希望乡镇政府或其他农业机构能够从这几方面提供相应的帮助。

6. 职业教育正形成

无论哪一个行业都需要有终身学习的观点。在传统农业向现代农业的转变过程中更需要新型职业农民去学习更多的知识,不仅需要有扎实的专业知识和技能,而且需要有宽广的视野、综合的管理能力、优良的职业道德等综合素质。这一要求,意味着对新型职业农民的培育应该是全面而系统的农民职业教育,而不是简单的短期技能培训。新型职业农民的培育涉及多个方面的内容,包括专业认知的引导、实操技能的训练、综合能力的培养和职业道德的教育等。全面而系统的新型职业农民教育不仅告诉农民怎么做,而且告诉农民为什么这么做,从而在观念、能力和道德等方面全方位地提升新型职业农民的素质。朱启臻(2016)指出在一些发达国家,要想成为农民必须具备一定的条件,如通过农民资格考试。新型职业农民具有高度的责任感,未来要想从事农业不仅需要农民持有证书,还要满足一定的条件,接受农业教育和培训是新型职业农民"门槛"的重要内容。新型职业农民在农业经营过程中会涉及到农产品的生产、储存、加工与销售,农产品品牌建设与维护、土地流转与有效利用、农业资源与环境等内容。在实际的培训过程中,新型职业农民需要接受的是全面的农业教育,而不仅仅是农业生产方面的培训。为此,朱启臻(2016)提出对新型职业农民的培育至少要涵盖五个内容:一是以培养新型职业农民的责任感和职业自豪感为基础的农业性质的教育。通过这个培训让农民了解农业的特点、地位、作用以及新型职业农民所承担的社会责任;二是农业科技方面的培训。新型职业农民的典型特点是高素质、专业化,他们理应掌握最先进的农业科技知识。除了已有的农业实用技术和科学知识的培训外，还应了解农业最新的科技发展方向。他们是农业科技的使用者、创造者，也能推动农业技术发展；三是农业发展理念的培训。这一培训的目的在于农民观点的转变。通过农业发展理念的培训，让新型职业农民能够明确农业可持续发展和农业多功能性观念，在现代农业发展过程中要注意环境的保护、资源的合理有效利用，注重农业的生产、生态、生活、社会与文化功能；四是对农业文化的培训。这部分培训既包括传统农业中人与自然和谐共生的观点，也包括现代农业中农业法规与现行政策的普及；五是对家庭农场与合作社管理的培训。家庭农场是新型职业农民的重要载体与主要形式，是集生产—加工—销售于一体的组织。对其培训内容涉及到农产品生产、加工与销售三个环节在内的所有内容，如土地流转、资源配置、成本核算与控制、农产品生产、农产品品牌建设、产品营销、风险控制等内容。在培训方法的选择方面，根据当地农业发展状况与农业的实际情况，有针对性地选择有效的培训方法，如田间地头形式的实践教学、学校集中授课、远程教育等形式。

2.2.3 新型职业农民的职业稳定

职业稳定，从字面意思来看指的是劳动关系的稳定。具体来说是劳动者在就业后，其职业应该获得的稳定安全的保障。也就是说，劳动者不但可以工作，而且他们的职业应该能够保持下去，能够为劳动者提供稳定收入和职业安全的保障。职业稳定关注的是个体劳动者在就业后，其职业是否能具有持续性和稳定性，并进一步获得职业发展的可能。另外职业稳定不是绝对的，它并不是禁止流动。职业稳定和职业流动是辩证统一的，因为职业稳定能够使得劳动者获得职业发展的机会，从而进行合理的职业流动。

根据职业稳定的共性，即各职业领域的从业者对保障其职业稳定的要求是共通的，我们可由这共通的要求中得出新型职业农民职业稳定的概念和内容。新型职业农民职业稳定是说把务农作为终身职业，而且后继有人，以区别对农业的短期行为。若一位农民之前从事农作物生产，因某种原因不再从事农作物生产，而开始进行水产养殖，这种情况属于正常的职业流动，是在第一产业内部进行的，也是职业稳定的内容。

职业稳定要求具体包括：一是对新型职业农民这一职业社会意义和地位的尊重；二是对投身农业这一行业的科学技术水平和专业化水平的期待和要求；三是要求所从事的农业与自身的喜好兴趣相匹配；四是对新型职

业农民的工作条件和职业环境的意见和要求；五是对所获得的经济收入和物质待遇、职业保障的要求，如收入、交通、医疗保健和其他社会福利。

本课题在界定新型职业农民的务农稳定性问题时，采取新型职业农民能够持续从事农业来表达其务农稳定性。新型职业农民能够持续从事农业取决于两个方面的因素，一是新型职业农民持续务农意愿，包括自己持续从事农业的意愿和让子女从事农业的意愿；二是客观条件是否支持新型职业农民持续从事农业。根据访谈和问卷调研，发现影响新型职业农民持续从事农业的主要因素集中在土地、资本、技术、劳动等农业生产要素的获取情况、农业的风险冲击、农村的营商环境、新型职业农民的扶持政策等。

第3章 中国新型职业农民的发展现状

3.1 中国新型职业农民培育情况

3.1.1 新型职业农民构成情况

新型职业农民是以农业为职业、具有相应的专业技能、收入主要来自农业生产经营并达到相当水平的现代农业从业者。2012 年，中央首次提出新型职业农民概念，并部署安排各地区各部门组织实施新型职业农民培育工作；2016 年，中央督促各地区各部门加强对职业农民社会发展环境的改进和完善；2018 年，中央将新型职业农民的发展重点放在制度建设上，完善配套政策体系建设。随着新型职业农民培育工作深入开展和新型职业农民社会发展环境改进完善，新型职业农民总量不断增加，结构不断优化。新型职业农民是新时代农业供给侧结构性改革的主导力量，是乡村振兴的主体，对促进农业现代化建设和可持续发展具有重要意义。

随着全国新型职业农民培育工作的普及，同时在各项政府制度及政府政策倾斜保护作用下，更多人员选择返乡下乡到农村创新创业，原有农业相关工作人员也积极参与新型职业农民培训中。全国新型职业农民队伍不断扩大。根据农业部对新型职业农民的认定，新型职业农民由农村实用人才中生产型、经营型及技能服务型人才构成。截至 2016 年底，全国新型职业农民总量达到 1401 万人，较 2015 年末增长 10.15%，其中生产型 685 万人、经营型 372 万人、技能服务型 344 万人。根据第三次全国农业普查数据显示，2016 年全国新型职业农民数量占农业生产经营人员总量的4.46%。新型职业农民正在逐步渗透到适度规模经营主体的队伍中，为现代农业发展注入新的活力。

受传统农业文化影响，全国新型职业农民队伍中，男性仍然占有较大比重。根据《全国新型职业农民发展报告》，截至 2016 年，全国新型职业农民队伍中男性约 1069 万人，女性 333 万人，较 2015 年末分别增长 9.44%、12.48%；男女比例约为 3.21∶1，与 2015 年末相比（3.30∶1），男女比例差异呈小幅度缩小趋势。

与传统农业经营人员相比，新型职业农民整体年轻且文化程度高。2016 年底，全国新型职业农民队伍以 55 岁以下人员为主；55 岁及以上年龄段人员最少，仅占 11.76%。2016 年，农业生产经营人员中 55 岁及以上占比高达 33.5%。同时，2016 年末新型职业农民以初、高中文化程度为主，二者占比达 82.5%；大专及以上程度占 5.47%。根据第三次全国农业普查，2016 年农业生产经营人员中初、高中文化程度占 55.5%；大专及以上文化程度仅占 1.2%；小学及以下文化程度高达 43.3%。整体看来，新型职业农民队伍整体文化程度不高。但与农业经营人员相比，新型职业农民结构不断优化，是发展现代化农业、建设新农村、实施乡村振兴战略中发挥不可替代作用的人才智力支持。

3.1.2　国家对新型职业农民的培育

农民作为农业生产的主力军，在农业现代化发展中有着重要作用。2018 年《关于实施乡村振兴战略的意见》，对乡村振兴战略做出了全面而系统的部署。同时指出当前制约乡村振兴的最大问题在于乡村人才匮乏，传统农民不能满足现代化农业发展的需求。培育懂技术、有知识、会经营的新型职业农民成为推进乡村振兴战略实施的基础，也是乡村振兴战略的突破口。按照中共中央、国务院部署要求和各部委关于新型职业农民培育工作安排，各地以实施新型职业农民培育工程为依托，深入推进新型职业农民队伍建设工作。

我国新型职业农民培育模式目前以政府为主，以社会公共产品的形式出现。中央对培育工作进行宏观部署，地方政府积极响应中央号召，组织实施新型职业农民培训。中央和地方财政支持实施新型职业农民培育工程。2017 年，中央财政投入新型职业农民培育资金 15 亿元，比 2016 年增长 7.9%，带动省级投入资金超过 5.8 亿元。省级财政投入 1000 万元以上的有山西、上海、江苏、浙江、安徽、福建、山东、河南、湖北、湖南、广东、海南、重庆、陕西、甘肃、宁波 16 个地区，其中江苏财政安排专项资金 1 亿元；安徽、福建、山东分别投入 6550 万元、5600 万元、6000 万元。

在乡村人才振兴战略影响下，各地开展多渠道、多形式、多层次的新型职业农民技术教育培训，持续加快培养适应农业现代化发展需求的新型职业农民。针对不同类型的新型职业农民发展对象，国家组织实施了农业经理人培养、新型农业经营主体带头人轮训、创业创新青年培养和农业产业精准扶贫培训四个专项工程。自 2017 年起，新型职业农民教育培训专项工程实施范围扩大至全国，整省、整市、整县示范推进，截至 2018 年底已基本实现农业县全覆盖。

分析新型职业农民发展报告数据发现，当前新型职业农民总体已初步形成持续务农趋势。2015～2018 年，新型职业农民总量呈持续上升趋势，平均每年新增 142.75 万人。截至 2018 年底，全国新型职业农民总量约为 1700.46 万人，同比增长 9.24%，与 2016 年底和 2015 年底相比增幅分别达到 21.35% 和 33.66%。此外，2015～2018 年，平均每年培育新型职业农民约 92.18 万人（见图 3.1）。平均每年新培育人数远小于平均每年新增人数，说明新型职业农民的职业吸引力在逐步提升，越来越多的人主动选择成为职业农民。

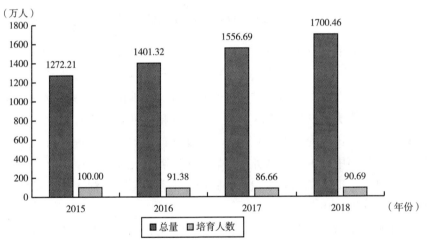

图 3.1 2015～2018 年新型职业农民总量及培育人数变化情况

资料来源：《2019 年全国高素质农民发展报告》。

3.2 全国新型职业农民发展结构特征

新型职业农民是农业劳动力中最具有主观能动性、最积极、最关键的决策者，同时也是现代化生产要素的核心配置者，其个人特质直接影响经营项目性质和农业生产经营活动发展状况。

3.2.1 受教育程度结构情况

农业劳动力人力资本水平的高低是决定农业经济发展的核心要素。随着城镇化水平的提升，农业从业者在数量和质量方面出现了明显减少的趋势，直接导致农业经营者短缺以及质量较低等问题的发生。随着新型职业农民教育培训工作持续深入普及，吸引了一大批返乡下乡人员到农村，如大学生、退伍士兵和科技人员等，使得新型职业农民队伍结构不断优化。从受教育程度看，2015～2018 年，新型职业农民受教育程度以初中为主，大专及以上受教育程度人数占比逐年上升，由 2015 年的 5.19% 增长到 2018 年的 6.13%（见图 3.2）。

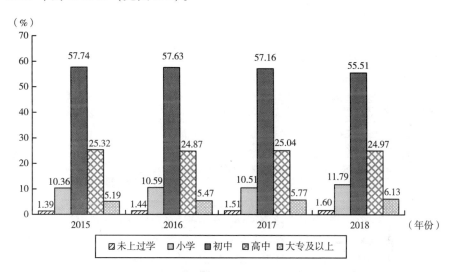

图 3.2 2015～2018 年新型职业农民总量变化及受教育程度结构情况

资料来源：《2019 年全国高素质农民发展报告》。

3.2.2 性别结构情况

劳动力要素存在着性别差异问题（Croson，2009）。新型职业农民作为重要的农业生产经营主体，对其性别发展趋势的研究有着重要价值。根据新型职业农民发展报告数据，2015～2018 年，新型职业农民性别构成以男性为主，且男女比例呈明显缩小趋势。截至 2018 年底，新型职业农民男女比例为 2.92：1。已有研究关于男女性别对农业发展的影响持不同观点，一种观点认为与女性劳动力相比，男性风险偏好程度更高且更具竞争意识（Croson et al.，2009）。照此结论，说明当前主要由男性构成的中国新型职业农民队伍在农业风险态度和市场竞争中的表现令人期待。而且更具风险精神和竞争意识的男性从业者更能推动农业规模化经营的实现，也更能推动具有现代化特征的农业发展；另一种观点则认为，女性劳动力在农业劳动力占比的增加，能够显示出现代化农业的职业化特性，进而引致农业从业性别比例逐渐趋同于其他产业部门（郜亮亮等，2020）。

3.2.3 年龄结构情况

随着第二、第三产业的发展以及城镇化水平的不断提高，世界各国基本都呈现出农业劳动力老龄化现象。国内学者将中国农业经营者老龄化现象称为"3860 部队"。然而与传统农民相比，新型职业农民的年龄特征有了新的突破。数据显示，2018 年 41～45 岁的新型职业农民约有 366.11 万人；46～50 岁的约有 353.02 万人，两个年龄段人数占总量的 42.29%（见图 3.3）。监测数据显示，2018 年新型职业农民重点构成群体之一的家庭农场的农场主，其老龄化速度较之岁月增加速度更慢，整体呈现相对年轻化趋势（郜亮亮等，2020）。

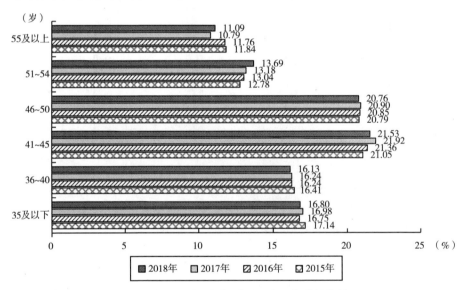

图3.3 2015～2018 年新型职业农民年龄结构情况

资料来源：《2019 年全国高素质农民发展报告》。

3.3 不同类型新型职业农民务农现状

为了更好地把握当前不同类型新型职业农民的发展情况，主要对种植大户、家庭农场经营者以及农民专业合作社负责人这三类重点群体的具体务农现状进行研究分析。

3.3.1 种植大户

新型职业农民发展报告数据显示，2018 年种植大户户均种植面积是一般农户的 1.45 倍，且种植大户偏好于种植粮食作物。同年，种植大户粮食作物户均种植面积是一般农户的 1.23 倍，其粮食作物户均种植面积分别为 10.23 亩和 8.33 亩；而种植大户经济作物的户均种植面积略低于一般农户，其经济作物户均种植面积分别为 4.18 亩和 4.51 亩。

种植大户粮食作物生产投入总成本和投入结构与一般农户相似。种植大户粮食作物生产投入结构中占比最高的分别为化肥投入、机械作业和种子投入，三类投入占比分别为 32.61%、20.53% 和 15.29%。而在经济作物生产投入上，种植大户投入总成本比一般农户高 37.07%，两者分别为 1309.64 元、955.49 元；在经济作物生产投入结构上，种植大户与一般农户也存在着较大差异。虽然两者投入比例较高的均为种子、化肥、农药和其他，但种植大户的农膜、雇工、农药和化肥费用投入分别比一般农户高 83.22%、80.39%、63.21% 和 43.67%。

种植大户和一般农户的产品销售渠道基本保持一致，但种植大户的户均经营收入明显高于一般农户（见表 3.1）。两类农户均以私人收购为主要销售渠道，因此种植大户和一般农户均倾向于选择即时洽谈为主要销售方式。以该种方式所收获的销售额占总销售金额比例分别为 99.48% 和 96.07%。此外，一般农户相较于种植大户对市场风险应对能力较差，3.93% 的一般农户通过合同销售来避免市场风险波动；而种植大户依靠合同销售金额仅占总销售额的 0.52%。

表 3.1　　　　2018 年种植大户和一般农户农产品销售渠道对比

农产品销售渠道	种植大户		一般农户	
	金额（元/户）	占比（%）	金额（元/户）	占比（%）
国有商业、供销社收购	158.19	0.66	229.35	2.41
外贸部门收购	602.40	2.51	279.42	2.94
集体和农民专业合作组织收购或代销	1343.32	5.59	434.14	4.56
集市贸易出售	5036.05	20.97	1724.94	18.14
私人收购	14639.16	60.96	5490.76	57.73
其他	2236.33	9.31	1352.72	14.22
合计	24015.45	100	9511.33	100

资料来源：《2019 年全国高素质农民发展报告》。

3.3.2 家庭农场经营者

数据显示，2018 年家庭农场户均经营面积 432.56 亩，其中种植类家庭农场户均经营面积达 403.36 亩。依据经营规模分析，2018 年经营规模在 50～100 亩的家庭农场占比为 66.77%；经营规模在 500 亩以上的占比为 21.10%，经营规模呈上升趋势。而且家庭农场主要通过土地流转实现规模经营。据农业部发布的数据显示，截至 2018 年底，农业农村部名录所记录的 60 余万家家庭农场有 71.70% 的土地来自土地流转，土地经营总面积达 1.60 亿亩，表明家庭农场逐渐形成基于土地流转的适度规模经营主体。

生产方式层面，种植类家庭农场经营者更注重经济效益和生态效益的提升，即在保护农业生态的基础上，尽可能地利用最小的成本获取利益最大化。数据显示，约 50% 的种植类家庭农场亩均化肥施用量和农药施用量均小于周边农户；73% 的种植类家庭农场使用节水灌溉的方式。同时种植类家庭农场经营者偏好于用更环保的生产方式进行农业生产废弃物处理，如农场作物秸秆的绿色化处理和地膜回收再利用。此外种植类家庭农场经营方式的选择与农场主个人基本特质有强关联性（见表 3.2），越年轻、受教育程度越高的农场主农业生态和环境保护意识越强。同样，接受过培训的农场主比没有接受过培训的农场主更注重对生态经营方式的采用。

表 3.2 2018 年种植类家庭农场经营者特征与生产方式

特征	分组	亩均化肥施用量低于周边农户占比（%）	采用测土配方技术（%）	亩均农药使用量低于周边农户（%）	作物秸秆再利用（%）	采用节水灌溉占比（%）	对农膜回收处理占比（%）
年龄	(0，40] 岁	50.15	54.82	56.19	87.44	74.52	82.70
	(40，50] 岁	48.05	58.21	55.21	88.06	74.48	82.44
	(50，60] 岁	46.10	58.23	51.30	89.61	75.46	84.00
	60 岁以上	49.16	56.20	53.78	87.61	70.00	79.76
教育水平	小学及以下	32.57	39.39	38.64	90.15	68.18	81.40
	初中	42.20	52.41	47.33	88.07	71.46	80.15
	高中、中专、职高	53.65	62.64	61.08	87.60	78.64	85.60
	大专及以上	58.14	65.07	65.17	90.08	75.21	83.15
接受培训	是	52.68	64.62	59.31	89.37	77.33	83.63
	否	25.78	21.24	30.44	82.89	60.31	76.57
本村户籍	是	46.45	55.46	52.05	87.66	72.97	81.57
	否	54.84	64.50	63.88	90.65	78.45	86.83

资料来源：《2019 年全国高素质农民发展报告》。

种植类家庭农场农产品主要销售渠道为农产品商贩或经纪人、国家粮库、农产品加工企业、批发市场、合作社、网络销售以及自营出口等，其中选择销往国家粮库的销售量占其总销售量比例最大。此外，受互联网普及和现代化销售方式多样化的影响，农业市场中网络营销方式也逐渐兴起。种植类家庭农场经营者也开始尝试通过互联网进行农资的购买和农产品的销售。数据显示，2018 年 32.01% 的种植类家庭农场使用互联网线上购买各类农资；35.85% 的种植类家庭农场经营者在线上进行农产品销售。

3.3.3　农民专业合作社负责人

农民专业合作社负责人是合作社生产运营的主要决策者，其生产经营情况就表征合作社整体的生产经营情况。截至 2018 年，我国共有 2532 家农民专业合作社示范社，全年经营收入总额达 380.07 亿元。

从国家示范社个体层面分析，合作社负责人的个人基本特质与合作社整体经营情况紧密相关。性别方面，男性负责人所负责合作社的平均经营收入和盈利略高于女性负责人；年龄方面，50 岁以上的负责人所负责合作社的平均经营收入和盈利相对较高；受教育程度方面，大专及以上的负责人所负责合作社的平均经营收入和盈利明显高于其他受教育水平的负责人；政治面貌方面，党员负责人所负责合作社的平均经营收入和盈利高于非党员负责人所负责的合作社；身份方面，负责人是企业单位人员身份的合作社，其社均经营收入和盈利方面表现较负责人身份是村干部兼任的合作社表现更好（见表3.3）。

表 3.3　　　2018 年国家示范农民专业合作社经营收益与负责人特征　　单位：万元

特征	分组	社均经营收入	社均盈利
性别	男	1541.15	225.33
	女	1270.45	180.23
年龄	≤30 岁	1180.93	190.63
	(30，40] 岁	1402.37	207.87
	(40，50] 岁	1407.25	217.11
	(50，60] 岁	1625.59	235.57
	>60 岁	1756.56	191.30
学历水平	小学及以下	1452.53	232.4
	初中	1300.43	179.97
	高中（中专）	1407.56	208.88
	大专及以上	1685.28	229.56

特征	分组	社均经营收入	社均盈利
政治面貌	中共党员	1621.02	219.2
	非党员	1392.81	218.15
身份	农民	1471.93	215.89
	村干部	979.87	215.06
	企业单位人员	2023.04	233.83
	社会团体人员	1397.03	199.53
	其他人员	1628.86	242.26

资料来源：《2019 年全国高素质农民发展报告》。

3.4 新型职业农民发展环境情况

新型职业农民的发展不是靠某一单一因素就可以推进，而是需要复杂的社会环境，与中央政府部署安排、农业农村经济环境、教育培训环境、产业发展环境以及社会发展环境有着千丝万缕的联系。一系列外生性因素为新型职业农民发展提供了条件，农业产业转型升级、农业政策制度的激励及社会发展环境的保障影响着新型职业农民的成长和发展。

3.4.1 中央总体部署

新型职业农民是一项关系"三农"长远发展的基础性、长期性工作。2012 年 8 月，农业部启动了新型职业农民培育试点工作。党中央、国务院也高度重视新型职业农民培育工作，加大了新型职业农民教育顶层设计，同时也巩固和加强了农业的基础地位。在中央战略部署安排指导下，地方政府也加大了对新型职业农民教育工作制度安排和政策跟进有效途径的积极探索。

自 2012 年中央提出大力培育新型职业农民以来，农业农村部等各部委先后出台多个文件对培育工作进行战略部署，以提升新型职业农民的自我发展能力、加快构建新型职业农民队伍为核心，对新型职业农民教育培训体系、培养理念、增收致富、绿色生产等方面不断深入，提出了明确要求（见表 3.4）。这些制度设计和政策扶持体系为新型职业农民发展创设了良好的政策环境，为地方推进新型职业农民培育工作、促进新型职业农民队伍不断壮大指明了工作方向，提供了基本遵循方针。

表 3.4　　2016～2021 年中央各政府部门出台关于培育工作文件汇总

时间	出台文件	主要内容
2016 年 3 月	《关于深化人才发展体制机制改革的意见》	从人才培养的角度提出要健全以职业农民为主体的农村实用人才培养机制
2016 年 10 月	《关于激发重点群体活力带动城乡居民增收的实施意见》	提出要从提高新型职业农民增收能力、挖掘现代农业增收潜力、拓宽新型职业农民增收渠道三个方面实施新型职业农民激励计划
2016 年 10 月	《全国农业现代化规划（2016-2020）》	明确要加快构建新型职业农民队伍，建立与政策扶持相衔接配套的新型职业农民培育制度，并对新型职业农民职业教育、职业培训和农业广播电视学校培训能力等方面提出具体要求
2016 年 10 月	《关于完善农村土地所有权承包权经营权分置办法的意见》	指出要依托现代农业人才支撑计划，健全新型职业农民培育制度
2016 年 11 月	《"十三五"脱贫攻坚规划》	提出要在贫困地区重点实施新型职业农民培育等专项工程，扩大贫困地区培训覆盖面
2016 年 11 月	《关于支持返乡下乡人员创新促进农业一二三产业融合发展的意见》	指出要将符合条件的返乡下乡人员纳入新型职业农民培育扶持范围
2016 年 12 月	《关于完善支持政策促进农民持续增收的若干意见》	对新型职业农民培育工作进行部署，要求健全培育制度、完善培育培训体系、实施培育工程、强化社保支持，通过强化就业创业扶持政策进一步拓宽农民增收渠道
2017 年 1 月	《国家教育事业发展"十三五"规划》	明确要加快培养现代农业领军人才、高技能人才和新型职业农民，同时为进城定居农民工、新型职业农民等重点人群提供学历和非学历继续教育，推进实施农民继续教育，支持农民通过半工半读方式就近接受职业教育和培训
2017 年 5 月	《关于加快构建政策体系培育新型农业经营主体的意见》	明确要依托新型职业农民培育工程，培养更多爱农业、懂技术、善经营的新型职业农民，促进新型职业农业经营主体发展
2017 年 9 月	《关于创新体制机制推进农业绿色发展的意见》	把节约利用农业资源、保护产地环境、提升生态服务功能等内容纳入农业人才培养范畴，要求培养一批具有绿色发展理念，掌握绿色生产技术技能的农业人才和新型职业农民
2017 年 10 月	《关于促进农业产业化联合体发展的指导意见》	中央决策以帮助农民、提高农民、富裕农民为目标，以发展现代农业为方向，以创新农业经营体制机制为动力，积极培育发展一批带农作用突出、综合竞争力强、稳定可持续发展的农业产业化联合体

时间	出台文件	主要内容
2018 年 4 月	《2018 年财政重点强农惠农政策》	推动新型职业农民培育以支持新型农业经营主体发展；将新型农业经营主体带头人、现代青年农场主、农业职业经理人、农业社会化服务骨干和农业产业扶贫对象作为重点培育对象，以提升生产技能和经营管理水平为主要内容
2019 年 4 月	《2019 年重点强农惠农政策》	在农业科技人才支撑上大力推动新型职业农民培育；以农业职业经理人、现代青年农场主、农村实用人才带头人、新型农业经营主体骨干、农业产业扶贫对象作为重点培育对象，提升其生产技能和经营管理水平
2020 年 4 月	《关于做好 2020 年农业生产发展等项目实施工作的通知》	重点实施高素质农民培育，实施新型农业经营服务主体经营者、产业扶贫带头人、农村实用人才带头人、返乡入乡创新创业者、专业种养能手等培养计划
2020 年 7 月	《2020 年重点强农惠农政策》	注重高素质农民培育，加快培养有文化、懂技术、善经营、会管理的高素质农民
2021 年 1 月	《关于全面推进乡村振兴加快农业农村现代化的意见》	构建现代乡村产业体系。依托乡村特色优势资源，打造农业全产业链，推动新型农业经营主体按标生产，培育农业龙头企业标准"领跑者"
2021 年 5 月	《社会资本投资农业农村指引（2021 年）》	鼓励智慧农业建设，推动新一代信息技术与农业生产经营、质量安全管控深度融合，提高农业生产智能化、经营网络化水平；为新型农业经营主体、小农户提供信息服务

资料来源：政策资料，作者整理。

3.4.2 农业农村经济环境

新型职业农民发展状况与宏观经济形势、农业农村经济环境联系紧密。2018 年，农业农村经济发展继续保持稳中向好态势，发展着重于保障粮食等重要农产品有效供给，进一步提升综合生产能力。

第一，农业生产保持稳定，全年粮食总产量达到 13158 亿斤。加强耕地质量建设，全年新建高标准农田 8200 万亩，高效节水灌溉面积超过 2000 万亩；加快现代种业发展，划定南繁科研育种保护区 26.8 万亩、核心区 5.3 万亩；稳定推进"菜篮子"产品生产，棉油糖、果菜鱼、肉蛋奶等供给充足。

第二，农业高质量发展，农民增收。农业结构不断调整优化，一二三产业融合发展。在科技装备支撑、信息化带动下，农村创新创业不断发展。农村"双创"蓬勃发展，返乡下乡创新创业人员超过 780 万人；新型职业农民超过 1500 万名；农产品加工业与农业产值比达到 2.3∶1。农民收入持续较快增长，休闲农业和乡村旅游接待游客超过 30 亿人次、营业收入超过 8000 亿元；返乡下乡人员发展"互联网 + 现代农业"，农产品网络销售额接近 3000 亿元。

第三，农业绿色发展有新突破，主要农产品质量安全检测合格率保持在 97% 以上。2018 年，各级农业农村部门着眼农业绿色发展，推进农业投入品减量增效，化肥、农药使用量实现负增长。农业废弃物资源化利用，畜禽粪污综合利用率达到 70%。强化农业资源养护，耕地轮作休耕试点超过 3000 万亩。

3.4.3 培训教育环境

培训教育是新型职业农民发展成长和队伍壮大的重要途径，是农业现代化发展的需要，是农村人口城镇化、农民职业化的需要。中央明确提出"将职业农民培育纳入国家教育培训发展规划"。近年来，国家有关部门不断从多个方面加强对新型职业农民培育工作支持力度，新型职业农民培育工作取得明显进展。截至 2020 年，我国新型职业农民数量超过 2000 万人。

对于新型职业农民培育问题，中央各部门及地方政府不断细化政策规范，出台诸多政策文件。文件就新型职业农民的内涵、培育对象范围、培育方式、认证资格、政策支持、经费来源等做了具体规范。新型职业农民的概念与内涵在不断丰富，国家对新型职业农民的内涵认识不断深化，同时反映出农业现代化对农民素质、技能提出的新要求。新型职业农民的主体来源在不断拓宽，突破了户籍与身份对农民的限制，使得农村劳动者、城镇劳动者均可以成为新型职业农民的培育对象。新型职业农民的培育体系也在不断完善。从整体上看，我国新型职业农民教育的内容由以下几个方面组成，一是提升农民非农技能与综合素质，推进农民市民化；二是对农民进行科技、文化、经营管理、生产技术等职业技能培训；三是提升农村干部领导管理能力及服务意识的教育培训；四是新型职业农民文化素质提升培训。同时，新型职业农民培育扶持政策也日渐全面。2012 年以来中央各部门及各级政府为了更好推进新型职业农民培育工作，针对农村土地改革、农民教育培训资金投入、培训成本补偿、创业补贴等推出倾斜的扶持政策。随后针对农民参与培训成本也建立专项成本补偿机制，明确补偿资金来源，完善补偿方式。

3.4.4　产业和社会发展环境

2016 年《关于落实发展新理念　加快农业现代化实现全面小康目标的若干意见》要求，"积极培育家庭农场、专业大户、农民合作社、农业产业化龙头企业等新型农业经营主体。完善财税、信贷保险、用地用电、项目支持等政策，加快形成培育新型农业经营主体的政策体系。建立健全职业农民扶持制度，相关政策向符合条件的职业农民倾斜，鼓励有条件的地方探索职业农民养老保险办法"。根据中央的决策部署安排，国家相关部门及各级政府不断加大对强农惠农富农政策的支持力度，在农业补贴、生产保护、农村土地、金融信贷、农业保险、基础建设等方面对新型农业经营主体、新型职业农民给予大力支持，为其创造了良好的产业政策环境。

土地是农业生产的基础性生产要素。近年来，我国农村土地制度及相关改革不断深化，完善农村土地承包政策，保障农民土地承包权益，支持发展多种形式适度规模经营，为新型职业农民培育工作奠定了基础。农村土地"三权分置"，推进了土地经营权的有序流转，推动了土地资源的优化配置。截至 2016 年 6 月，全国 2.3 亿农户流转土地超过了 7000 万亩；2016 年全年，全国已完成农村土地确权面积超过 8 亿亩。

农业生产保护方面，国家出台一系列文件，在推进市场化改革取向的同时保障农民利益。通过"分品种施策、渐进式推进"，完善农产品市场调控制度，完善稻谷、小麦最低收购价格；推进新疆棉花、东北大豆目标价格改革试点；推进玉米收储制度。这些措施进一步完善了粮食等重要农产品价格形成机制和现行收储制度，有效保障了农业生产稳定和农民利益。

农业支持和保护政策方面，从价格支持为主向直接补贴转型，逐步构建完善了以补贴为核心的农业支持保护制度。为保障国家粮食安全、提高农业质量效益和竞争力，我国对现代农业发展的关键领域和关键环节进行扶持，主要包括以下几个方面：一是为鼓励农民购买先进实用农机的农机购置补贴；二是农业科研与技术推广补助。主要包括农业高产创建资金、测土配方补助、科技入户技术补贴、农机座椅额补贴等内容；三是基础设施建设补贴。在加大直接投资力度的同时，国家也建设补助专项资金；四是农业结构调整补贴。开展粮改饲试点，促进农牧结合、种养循环。

在职业农民社会发展环境方面。近年来在新农村建设推动下，农村生活环境逐步改善，农房建设管理、村庄整治、农村电网改造、乡镇村道路建设、农村宜居水环境建设等极大改善了农村居住环境。同时，新型职业农民逐步对接城镇社保政策。这些扶持政策不仅提升了新型职业农民的社会地位，而且为新型职业农民长远发展提供了保障。

3.5　新型职业农民培育工程总体安排

新型职业农民培育就是在一定的培育环境下，培育主体借助培育工具和信息技术，以多样化的培育方式将农业知识、技能、现代观念等内容传递给农民，使普通农民和有志从事农民职业的人成为新型职业农民。为了全面推进新型职业农民规模扩张和成长壮大，国家实施了新型职业农民培育工程、新型职业农民学历提升工程、新型职业农民信息化建设工程等三大重点工程，其中新型职业农民培育工程是重中之重。

2012年8月农业部发布《新型职业农民培育试点工作方案》，决定在31个省份选取有代表性的100个县（市、区）作为试点县，坚持政府主导、稳步推进和自愿原则，根据试点县内农业产业分布情况选择2~3个主导产业，培育新型职业农民500~1000人，结合实践形成当地新型职业农民教育培养模式、认定管理办法和政策扶持意见。力争在各方的努力下，3年时间内完成10万人的新型职业农民培育任务，形成教育培养、认定管理、政策扶持等互相衔接配套的新型职业农民培育制度体系，全面推动我国新型职业农民培育工作，打造一批科技素质高、经营能力强的新型职业农民队伍。

2013年农业部发布《农业部办公厅关于新型职业农民培育试点工作的指导意见》，肯定了试点县新型职业农民培育工作取得的初步成果。为进一步加强对试点工作的指导，提出如下意见：第一，深刻认识培育新型职业农民的重要性、紧迫性。把培育新型职业农民放在"三农"工作突出位置加以落实，准确把握新型职业农民主要类型及内涵特征，并进一步明确新型职业农民培育试点工作的目标任务；第二，积极探索构建新型职业农民教育培训制度。建立农民教育培训制度，积极探索农业后继者培养途径，构建新型职业农民教育培训体系；第三，加强新型职业农民的认定管理。加强对新型职业农民认定管理必要性的认识，明确新型职业农民认定管理的基本原则，并阐述新型职业农民认定管理办法的主要内容；第四，制定和落实新型职业农民扶持政策。加强扶持新型职业农民发展的政策研究，细化落实各项扶持政策；第五，加快推进新型职业农民培育试点各项工作。加强组织领导，加快试点进度，加强总结宣传。

2014年农业部与财政部联合印发《关于做好2014年农民培训工作的通知》，共同启动实施新型职业农民培育工程。在100个试点县的基础上，在全国遴选山西和陕西2个示范省（覆盖不少于1/2的农业县）、14个示范市（覆盖不少于2/3的农业县）和300个示范县，作为新型职业农民培育重点示范区，重点探索"三类协同、三位一体、三级贯通"的新型职业农民培育制度体系。

2015年农业部科技教育司发布《关于做好2015年新型职业农民培育工作的通知》，将新型职业农民培育工程示范规模扩大到全国4个整省、21个整市和487个示范县。农业部联合相关部门启动实施现代青年农场主培养计划，每年培育现代青年农场主1万名。各示范省、市的重点任务是研究编制规划、出台指导文件；各示范县的重点任务是开展教育培训和认定管理，制定和落实支持扶持政策，创新机制模式，健全制度体系。

2016年中央财政继续支持新型职业农民培育工作。《关于做好2016年新型职业农民培育工作的通知》修改了新型职业农民培育对象的年龄标准，将原来的"原则上培育对象年龄不超过55周岁"改为"原则上培育对象年龄不超过60周岁"。此外，文件提出以新型农业经营主体带头人轮训计划和现代青年农场主培养计划为引领，加快培养有文化、懂技术、会经营的新型职业农民，并将新型职业农民培育工程示范规模扩大到8个省、30个市和800个示范县。

2017年农业部办公厅《关于做好2017年新型职业农民培育工作的通知》提出，依托新型职业农民培育工程，实施现代青年农场主培养、新型农业经营主体带头人轮训、农村实用人才带头人培训和农业产业精准扶贫培训等四个计划，培育各类型新型职业农民不少于100万人。制定了《全国新型职业农民培育工作绩效考核指标体系（试行)》，全面开展绩效考核工作。

3.6 新型职业农民享受的扶持政策

扶持政策是新型职业农民培育过程中必备的环节，也是新型职业农民成长壮大和持续经营的关键因素。当前，中央尚未形成对新型职业农民具体的扶持政策。但是农业部强调要支持新型职业农民享受新型农业经营主体的扶持政策，确保其落实到新型职业农民头上。经过各地市的试点与实践，目前来看新型职业农民可以申请的相关扶持政策主要体现在土地流转、财政补贴、信贷资金、农业保险、社会保障、人才奖励、创新创业服务等方面。

3.6.1 土地流转相关政策

各地市积极鼓励通过转包、转让、出租、互换等多种形式进行土地流转，引导农村土地承包经营权向新型职业农民倾斜，同等条件下土地承包经营权流转时优先考虑新型职业农民。

3.6.2 财政补贴

2018 年 4 月，农业农村部、财政部共同发布了财政重点强农惠农政策，指出对农民的直接补贴包括以下四个内容：

一是耕地地力保护补贴。补贴对象原则上为拥有耕地承包权的种地农民。补贴资金通过"一卡（折）通"等形式直接兑现到户。具体补贴依据、补贴条件、补贴标准由各省（区、市）继续按照《财政部、农业部关于全面推开农业"三项补贴"改革工作的通知》要求，结合本地实际具体确定，保持政策的连续性、稳定性，确保广大农民直接受益。鼓励各省（区、市）创新方式方法，以绿色生态为导向，探索将补贴发放与耕地保护责任落实挂钩的机制，引导农民自觉提升耕地地力。

二是农机购置补贴。中央财政资金全国农机购置补贴机具种类范围为15 大类、42 个小类、137 个品目，实行补贴范围内机具敞开补贴。补贴对象为从事农业生产的个人和农业生产经营组织。优先保证粮食等主要农产品生产所需机具和深松整地、免耕播种、高效植保、节水灌溉、高效施肥、秸秆还田离田、残膜回收、畜禽粪污资源化利用、病死畜禽无害化处理等支持农业绿色发展机具的补贴需要。允许各省（区、市）选择不超过3 个品目的产品开展农机新产品购置补贴试点，重点支持绿色生态导向和丘陵山区特色产业适用机具。

三是生产者补贴。在辽宁、吉林、黑龙江和内蒙古实施玉米及大豆生产者补贴。中央财政将玉米、大豆生产者补贴统筹安排，补贴资金采取"一卡（折）通"等形式兑付给生产者。具体补贴范围、补贴依据、补贴标准由各省（区）人民政府按照中央要求、结合本地实际具体确定，但大豆补贴标准要高于玉米。鼓励各省（区）将补贴资金向优势产区集中。为推动稻谷最低收购价改革，保护种粮农民收益，在相关稻谷主产省份实施稻谷补贴。中央财政将一定数额补贴资金拨付到省，由有关省份制定具体补贴实施方案。

四是棉花目标价格补贴。继续在新疆和新疆生产建设兵团实施棉花目标价格补贴政策。棉花目标价格水平三年一定，2017～2019 年为每吨18600 元。补贴资金采取"一卡（折）通"等形式直接兑付给棉花实际种植者。

3.6.3 信贷资金

2018 年农业部财政强农惠农政策规定要健全全国农业信贷担保体系，推进省级信贷担保机构向市县延伸，实现实质性运营。重点服务种养大户、家庭农场、农民合作社等新型经营主体，以及农业社会化服务组织和农业小微企业，聚焦粮食生产、畜牧水产养殖、优势特色产业、农村新业态、农村一二三产业融合，以及高标准农田建设、农机装备设施、绿色生产和农业标准化等关键环节，提供方便快捷、费用低廉的信贷担保服务。支持各地采取担保费补助、业务奖补等方式，加快做大农业信贷担保贷款规模。鼓励银行等金融机构向新型职业农民提供利率优惠的贷款以解决农民农业生产中资金短缺问题，引导鼓励金融机构创新金融产品，加大对新型职业农民的支持力度。

3.6.4 农业保险

支持保险机构针对新型职业农民农业生产开展农业保险险种创新，积极探索适合新型职业农民的农业保险险种，切实提高对新型职业农民的保障水平，提供优质保险服务，减轻新型职业农民因自然灾害带来的损失。

3.6.5 技术指导

在新型职业农民培育过程中，农业部不断进行基层农技推广体系改革与建设。支持实施意愿较高、完成任务好的农业县推进基层农技推广体系改革创新，探索公益性与经营性农技推广融合发展机制，允许农技人员开展技术转让、技术咨询等形式增值服务并合理取酬。支持江苏、浙江等 8个省份开展农业重大技术协同推广试点，构建"农业科研基地＋区域示范基地＋基层推广站＋新型经营主体"的"两地一站一体"链式农技推广服务新模式。在贫困地区特别是深度贫困地区以及其他有需求地区实施农技推广服务特聘计划。同时在已有的惠农政策上，各地市积极探索向新型职业农民提供技术支持，建立新型职业农民和农业科技人员"一对一"帮扶体系，及时解决农户在生产中面临的技术问题。

3.6.6 其他扶持政策

其他扶持政策包括税费减免、基础设施建设、社会保障政策、人才奖励政策等。支持新型职业农民对接城镇社保政策。鼓励有条件的地方，支持新型职业农民参加城镇职工养老、医疗等社会保障，解决新型职业农民长远发展的后顾之忧。对优秀的新型职业农民实行人才奖励政策，主要体现在对新型职业农民创办的企业免征或减征与新型职业农民相关的各种税费。支持新型职业农民创新创业，享受简便市场准入、金融服务、财政支持、用地用电、创业技能培训等鼓励返乡创业的政策措施。农业基础设施建设政策，在省级推荐基础上，继续创建一批国家现代产业园，同时认定一批国家现代农业产业园，中央财政通过以奖代补方式给予适当支持。

3.7 新型职业农民发展尚待解决的问题

3.7.1 数量与质量需要并重

《"十三五"全国新型职业农民培育发展规划》制定了新型职业农民培育的数字指标，涉及到培育质量的指标比较少。高素质的农民是改善农业农村社会经济的重要因素，只有拥有专业技能和经营能力的农业从业者才能持久提高农业生产力。要实现农业现代化发展，必须要加大农村人力资源开发力度，打造更多合格新型职业农民，从而保障农业人力资源供给充足。随着现代农业加快发展和新型职业农民培育工作有效开展，新型职业农民发展进入新阶段，面临新的发展难题和困境。

现代化农业是多维度密集型产业，集合资金、人才、技术等多种生产要素。现代农业对农民技术技能和综合素质提出了更高的要求。然而就现阶段我国农业人口的人力资源开发情况看，农村人才素质远远不能满足现代农业发展，农民的综合素质和技术技能无法为农业现代化发展提供支撑。按照我国第三次全国农业普查情况看，截至 2016 年，我国高中及以上文化水平的人数仅占农业总人数的 9.2%；系统接受过农业技术培训的人数只占农业总人口的 10.3%。整体上看农业人口的受教育程度、技术技能水平偏低，因此应当加大对新型职业农民的培育培养。《"十三五"全国新型职业农民培育发展规划》提出，2020 年我国新型职业农民队伍数量将达到 2000 万人，其中高中及以上文化程度占比超过 35%（见表 3.5）。现阶段我国农业从业者是以传统农民为主，受教育程度普遍较低。农业职业教育面临着缩小农民受教育程度处于较低水平和现代农业发展对农民素质不断提高之间差距的压力。

表3.5 "十三五"新型职业农民培育发展主要指标

指标	2015年	2020年	年均增长	指标属性
新型职业农民队伍数量（万人）	1272	2000	146	预期性
高中及以上文化程度占比（%）	30	≥35	1%	预期性
现代青年农场主培养数量（万人）	1.3	≥6.3	≥1	约束性
农村实用人才带头人培训数量（万人）	6.7	16.7	≥2	约束性
农机大户和农机合作社带头人培训数量	示范性培训为主	≥5	1	约束性
新型农业经营主体带头人培训数量（万人）	示范性培训为主	新型农业经营主体带头人基本接受一次培训	≥60	预期性
线上教育培训开展情况（%）	试点性开展	完善在线教育平台，开展线上培训的课程不少于总培训课程的30%；开展线上跟踪服务	≥6	预期性

资料来源：作者调查收集整理。

3.7.2 保障措施尚未健全

新型职业农民培育工作具有明显的公益性、基础性、社会性。政府公共财政承担主要投入责任，同时需要农业部、教育部、财政部等各个主体发挥合理作用，需要各种制度体系等保障和协同。但目前主要是由中央负责整体工作部署安排，各级政府的农业部门负责牵头落实，缺乏有效的监督管理部门，导致各个部门职责分工不明确。对于新型职业农民培育投入一直没有明确的标准和依据，导致培训项目规模偏小、补贴标准偏低、培育质量不高。同时中央及各级政府部门虽然出台各类关于新型职业农民培育的政策文件，但政策作为一种指导性规范，其在强制力、保障性、执行力等方面相对于法律有一定差距。因此，想要保证新型职业农民培育政策的落实与执行，应该加强从立法层面规范新型职业农民培育的方式方法、实施模式、补贴保障等，进而提升政策的执行力。

3.7.3 农村职业教育吸引性不足

长期以来，由于城乡二元体制等存在，城乡基础设施和生活质量之间存在巨大差距，使得农民在社会中的认可程度太低，农民特别是农村青壮年劳动力对其职业认同程度低。直接导致农村高质量人才和大学生不断涌向城市，向农村回流的高素质人才少之又少。新型职业农民培育实际上就是要吸引年轻一代农民回到农村，从事农业生产、经营活动，填补农业接班人的缺口危机。很多地方的农村职业教育经费无法保障，不仅影响新型职业农民培育的硬件设施，而且会影响到新型职业农民培育的师资。这些机制的不足，严重影响到农村职业教育对返乡人员的吸引力。

3.7.4　培育资金投入相对不足

新型职业农民队伍建设是一个长期的、渐进的过程，对其投入应保持长久合理增长。近年来虽然新型职业农民数量呈现上涨趋势，但相对于我国庞大的农业从业人口基数，新型职业农民仍然存在很大缺口。2015 年新型职业农民的数量仅占农业人口的 0.1%。未来要使该队伍数量稳步增长，需要有合理持久的经费投入作保障。从当前实际投入水平看，新型职业农民培育经费投入相对不足。2017 年新型职业农民培育经费投入约占 GDP 的 0.0018%，人均培育经费支出为 1500 元左右。资金投入相对不足，在一定程度上制约着新型职业农民培育发展规模，同时也使得部分地区将新型职业农民培育视为一次性教育，难以对培育对象实施持续连贯的深度培育。

3.7.5　务农稳定性意愿差异凸显

案例 1①：河南省 A 市 H 县，H 某是一名新型职业农民同时也是当地的"特聘农技员"。为避免特殊时期的疫情对春耕造成不利影响，H 某利用微信直播，在当地新型职业农民微信群里进行线上指导、答疑。此外，H 县当地合作社整合相关服务组织资源搭建了"农管家"线上中介服务平台，为新型职业农民提供产前、产中、产后全程化、标准化的服务管理。新型职业农民只需在线上下单，就能实现浇水、除草等农地管理。标准化的农田管理流程为农产品的高品质提供了保障，同时也提高了亩均产量。当地新型职业农民 Y 某表示，2020 年亩均产量较 2019 年增加约 7%，达 1300 斤。标准化农田在 H 县大范围推广，带动当地农业产量的提升，同时也大大提高了当地新型职业农民持续务农的意愿。

---

① 中华人民共和国农业农村部，http://www.moa.gov.cn/xw/qg/202103/t20210302_6362605.htm，2021 - 03 - 02。

分析：H县持续在当地推进标准化农田建设，为当地新型职业农民带来了组织层级的行为规范压力。标准化农田的推广，带动当地新型职业农民进行标准化、规范化农地耕种和农地经营管理。同时，H县通过提供线上管理服务，为当地标准化农田的推广和建设提供了全方位的保障。标准化农田通过标准化生产流程，在降低新型职业农民生产成本的同时，提高了其生产收益，最终实现生产效益的提升，从而使得当地新型职业农民愿意持续从事农业生产经营活动。此外，H县充分利用互联网、手机等现代化通讯媒介，为新型职业农民提供线上指导以及线上订单式农地管理服务。现代化通讯媒介的使用，大大降低了新型职业农民技术要素的获取成本和技术要素的使用成本，使得技术要素获取的及时性和有效性得到了保障。

案例2①：陕西省B市M县，当地政府以品牌化、标准化、全产业化为发展目标，聚焦于单项农产品品类，依托构建示范园区吸引进龙头企业入驻，合力打造本村支柱产业，引领当地农民增收。示范园区主要职能在于提质增效技术的研发和推广，即通过关键技术研发并依托园区平台进行技术推广，提高技术普及率和使用率。为保证当地特色产业发展的持续性，当地政府通过开设初、中、高三级新型职业农民专项教育培训课程，兼顾不同发展程度的新型职业农民发展需求。当地新型职业农民李某，2014年在当地农广校取得了中级新型职业农民资格证书。李某利用示范园区和龙头企业带来的现代化技术手段，改良传统种植方式，降低了生产成本，提高了经营收益。经营收益的提高增强了李某持续务农的意愿，李某于2020年正式注册了家庭农场经营资格证。

分析：M县政府牵头建设示范园区，并以此吸引龙头企业入驻，为当地新型职业农民提供现代化农业技术生产要素。同时当地政府在新型职业农民培育过程中，注重对不同发展程度的新型职业农民发展需求的关注，设置初、中、高三类专项培训课程。M县政府的各项新型职业农民扶持政策，一方面显示出当地政府对新型职业农民培育以及发展的重视程度，为当地新型职业农民营造出适宜的发展"生态"，提高当地新型职业农民对自身职业声誉的满意程度；另一方面，各项扶持政策能够精准地满足当地新型职业农民的发展需求，从而能够降低其生产成本，提高其经营收益。因此，大大提高了当地新型职业农民持续务农的意愿。此外新型职业农民

---

① 中华人民共和国农业农村部，http://www.moa.gov.cn/xw/qg/202012/t20201222_6358588. htm，2020-12-22。

8

良好"生态"环境的构建，在增强新型职业农民持续务农意愿的同时，也能够充分发挥新型职业农民的示范、引领、辐射作用，带动其周边小农实现共同富裕。

案例3①：山东省 H 市政府对某作物的市场预期较高，H 市政府通过财政补贴鼓励当地新型职业农民进行大规模经营，因此 H 市成立了几个规模以上的种植基地。同时由政府牵头引进龙头企业，进行该作物品类全产业链、全销售渠道的搭建。由于该农产品的市场认知度低，实际市场交易情况表现不如预期。而且由于规模以上生产基地的大规模生产，导致供大于求，直接对新型职业农民收益带来不利影响。此外，由于某龙头企业自身经营不规范问题而致破产，因此违反与新型职业农民签订的收购合同，进一步加剧了市场供大于求的交易压力。对于新型职业农民而言，受市场交易供过于求的影响，导致该农产品市场交易价格远低于种植成本和收割人工成本，因此种植户不愿意继续种植该作物，甚至打算放弃农业经营，通过非农就业来弥补经营损失。

分析：当地新型职业农民所感知到的对持续务农活动的控制程度受到了来自于市场风险的不利影响。因违约、供大于求等市场不确定性风险的波动，导致当地新型职业农民自我效能感受到负向影响，从而影响了其持续务农意愿。新型职业农民作为农业市场化的参与者，除了要面临农业生产的自有风险，也面临着来自市场波动的各种不确定风险，这使得新型职业农民所面临的风险挑战更大。因此，如何增强新型职业农民风险防范意识，提高其风险解决能力；政府或相关组织如何化解或分担新型职业农民所面临的市场风险，提高其自我效能感是提升新型职业农民持续务农意愿的关键。

① 山东广播电视台新闻客户端，https：//baijiahao. baidu. com/s？id＝1669358745257866271&wfr＝spider&for＝pc，2020－06－13。

第4章　新型职业农民的成长及其对
区域农业经济的影响*

4.1　引言

2021 年,《中共中央　国务院关于全面推进乡村振兴　加快农业农村现代化的意见》明确提出,全面推进乡村振兴,推动农业高质量发展。农业的高质量发展是用现代理念、科技、装备、体系并且与职业农民配合来推进农业的发展。习近平总书记指出,"民族要复兴,乡村必振兴"。而乡村振兴,关键在人,新型职业农民是乡村振兴的主力军。2012 年首次提出培育新型职业农民,以解决我国农业生产效率和经济效益不高、农业结构矛盾以及农村经济发展等问题。截至 2020 年 12 月,国家农民教育培训专项工程培育新型职业农民超过 2000 万人。随着新型职业农民数量的增加,规模不断壮大,为"谁来种地""怎样种好地"提供了更有力的人才支撑,为推动区域农业高质量增长奠定了良好的基础。区域农业高质量增长包括区域农业经济的增长和区域农业结构的转型升级。区域农业经济的发展与宏观经济形势密切相关。近年来,我国国民经济呈现出由"高速度"向"高质量"发展的趋势,且我国经济发展质量和效益也得到了显著提高。从总体来看,我国国民经济运行态势为区域农业经济的发展提供了良好的资源和环境,也优化了新型职业农民发展的宏观经济环境。而新型职业农民对区域农业经济的影响并非单向的、单一路径的,而是多种路径共同发挥作用,相互交叉融合而形成机制。那么新型职业农民能否显著地促进区域农业高质量增长,多大程度地影响区域农业高质量增长,这些都是值得探讨的问题。

---

* 本章内容已经发表在《中国农业会计》2021 年第 10 期。

4.2 文献梳理与理论架构

4.2.1 文献综述

新型职业农民是有文化、爱农业、懂科技、会管理、善经营的农业从业者。他们是乡村振兴的内生动力，是农业供给侧改革的推动力，其培育立足于农村实际，解决农村现实问题（薛晴等，2019；韩楠等，2021）。教育是培育新型职业农民的必经之路。各地通过不同的培养方式提高农民综合素养、增加农民农业知识、促进产教融合，如农民田间课堂、现场教学、典型示范教学、媒体传媒教学等，培育工作初见成效。但新型职业农民培育工程尚处于起步阶段，仍然存在问题，如培育规模较小、培育组织主体单一、培育内容不全面、培育方式滞后、培育目标不明确、资源较为分散等（刘亚奇，2017；孔韬，2019）。针对这些问题，金绍荣和肖前玲（2015）曾指出应丰富培育方法和内容、构建多样化培育模式、加大投入保障、完善培育体系。新型职业农民是现代农业发展的核心竞争力，其培育提高了农村人力资本水平。

自舒尔茨（Schultz，2006）阐述了人力资本理论，强调人力资本是农业增长的主要源泉以来，人力资本对经济增长的贡献引起了许多学者的注意。卢卡斯（Lucas，1988）表明人力资本的增加导致农业经济的持续增长。周晓和朱农（2003）以及孙敬水和董亚娟（2006）分别基于29个省和30个省的面板数据研究人力资本与农村经济的关系，发现人力资本的投入对中国农村经济增长具有重要的促进作用。张艳华等（2006）用内生经济增长理论分析人力资本对农村经济增长的贡献率，发现人力资本可以显著地促进中国农村经济的增长。方伟等（2007）分析数据发现科技人力资源密度越大，经济发展水平越好。闫景林（2020）基于中国2004～2018年30个省区的面板数据，实证分析发现科技人才有助于我国经济的发展。人力资本的投入不仅能使农业经济增长，还可以促进农业高效高质发展，即它为经济增长注入活力，为产业结构的升级提供推力。董福荣等（2009）构建内生经济增长模型，说明合理配置及投资人力资本，可以优化产业结构。张国强等（2011）发现人力资本水平的提升及结构优化会加速我国产业结构的转型与升级。王健（2013）、闫景林（2020）等通过实证分析，表明人力资本红利显著地促进产业结构升级。李敏等（2020）实证表明人力资本结构高级化可以显著地促进产业结构升级。王旭辉（2021）用1990～2018年福建省面板数据建立向量自回归模型，发现科技人力资本促进产业结构合理化。

4.2.2　理论框架与研究假设

新型职业农民是将农业视为自己职业的现代农业从业者。他们积极调整适应农业现代化生产和产业发展需要，主要依靠农业及相关产业活动获得收入。与传统农民相比，新型职业农民在农业生产和管理方面更有优势，其具有三个显著的特点：一是新型职业农民是市场主体。其为市场经济的产物，利用一切可能的手段追求利润最大化，具有较高的收入；二是新型职业农民具有很强的韧性。把从事农业视为终身职业，并且他们的后代也会从事农业生产经营活动；三是新型职业农民有社会责任感和现代观念。新型职业农民不仅有文化、懂科技、会管理、善经营，而且还要求他们的行为对生态环境、社会和子孙后代负责。新型职业农民的成长对区域农业经济高质量增长的影响可以从区域农业经济增长和区域农业结构升级两个方面进行具体探究（见图4.1）。

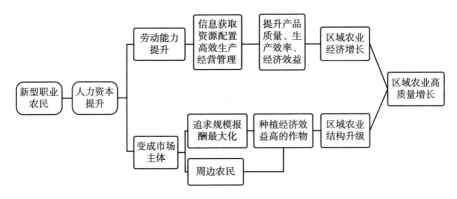

图4.1　新型职业农民对区域农业高质量增长影响的路径

1. 新型职业农民对区域农业经济增长的影响分析

培育新型职业农民主要影响农村的人力资本积累，增强农民的劳动能力。农民的劳动能力包括信息获取、资源配置、高效生产、经营管理等能力。劳动能力的提升提高了农产品的产量、农业的生产效率，进而增加生产经济效益，促进区域农业经济的发展。根据上述分析，做出如下假设1：

H1：新型职业农民对区域农业经济的增长有促进作用。

2. 新型职业农民对区域农业结构升级的影响分析

新型职业农民与传统农民不同，他们是市场主体、理性人，会尽一切可能追求报酬最大化。农业生产中，相较于粮食作物，经济作物具有技术要求和经济价值更高的特点。因此，新型职业农民会依据市场调整策略，种植经济效益更高的农作物，直接促进农业结构的转型与升级。另外，新型职业农民获得较高的收入，会起到积极的辐射作用，带动周边的人种植经济效益高的农作物，间接促进农业结构的转型升级。根据上述分析，做出如下假设 2：

H2：新型职业农民有利于区域农业结构的升级。

4.3 变量、数据与模型

4.3.1 数据来源与描述性统计

本书的数据来源于《中国统计年鉴》《中国农村统计年鉴》。一共四年，有 124 个样本。所用的变量及描述性统计结果如表 4.1 所示。

表 4.1 面板数据描述性统计

变量类型	变量名称	均值	标准差	最小值	最大值
被解释变量	人均农林牧渔产值（元）	19089	7500	6197	40584
	非粮产值占比	0.801	0.0864	0.564	0.972
解释变量	新型职业农民占比（人/百人）	2.620	1.198	0.816	7.559
控制变量	人均机械总动力（千瓦）	1.732	0.812	0.326	4.043
	人均播种面积（亩）	4.362	2.865	0.535	14.62
	人均固定资产投资（元）	4819	3008	53.87	16073
	人均化肥使用（公斤）	99.22	52.00	21.94	244.5
	人均农膜使用（公斤）	4.929	3.920	0.750	22.10
	人均农药使用（公斤）	2.760	1.726	0.400	9.731
	人均用电量（千瓦时）	3338	8104	51.50	50195
	单位面积水库数（座）	0.670	0.668	0	2.366
	人均财政支农（元）	4756.281	3545.826	1571.006	19795.19

资料来源：作者调查收集整理。

根据表 4.1 显示，农村用电量、农林牧渔产值、财政支农的标准差较大。农村用电量标准差最大，表明农村贫富差距较大；农林牧渔产值的标准差较大，表明不同的地区农业经济发展水平差异较大，区域农业经济发展不均衡；财政支农最小值是 1571.006 元，最大值是 19795.19 元，表明不同地区财政惠农政策有较大的差异。我国非粮产值占比最小值是 0.564，最大值是 0.972，表明不同的地区农业结构存在差异；农业非粮产值占比均超过 50%，表明我国农业结构整体较合理。新型职业农民在乡村人口中的平均比例是 2.62%，表明目前我国新型职业农民的数量十分少。化肥使用量的平均值达 99.22 千克，表明目前化肥的使用量比较大。

4.3.2 变量设定

1. 被解释变量与解释变量

分别选取农林牧渔产值和非粮产值占比作为被解释变量。农林牧渔产值来衡量农业经济的发展水平指标，非粮产值占比是衡量农业结构的指标。选取新型职业农民数量作为解释变量。

2. 控制变量

经济增长模型为要素投入模型。除了劳动力，还有资本、土地、技术水平等。

选取的控制变量有农业机械总动力、播种面积、社会固定资产投资、化肥使用量、农膜使用量、农药使用量、农村用电量、水库数，以及财政支农。

农业机械总动力先进水平及其在农民的使用率反映农村生产力的水平。农业机械提高农业生产效率，在技术层面上促进农村地区的经济发展；农业播种面积体现农业种植规模。播种面积越大，表明农民生产规模越大，会获得大量的农产品，进而促进农业经济的发展；固定资产社会投资可增加农业基础设施建设，改善农业生产的条件。不仅提高农业农机生产效率，而且使生产要素得到充分利用；化肥、农膜、农药的使用减少农业害虫，增加土壤肥力，提高产品产量；农村用电量体现机械化水平。用电量越大，表明机械化水平高，生产效率较高；水库是一种水利设施。水利设施的完善对农业的发展起促进作用；财政支农是政府实施的惠农政策，直接提供资金支持或者进行财政补贴等，对支持农业发展、促进农村经济发展具有直接积极的作用。上述指标均对农业经济发展水平有影响，因此将它们进行了控制。本书对各变量均做人均处理。

4.3.3 模型构建

为考察新型职业农民对区域农业经济增长和区域农业结构的影响，分别建立如下计量模型：

$$\ln Y_{it} = a_0 + a_1 \ln x_{it} + a_2 \ln Z_{it} + u \tag{4.1}$$

$$\ln A_{it} = b_0 + b_1 \ln x_1 + b_2 \ln Z_{it} + v \tag{4.2}$$

其中，Y 为人均农林牧渔总产值（元）；A 表示非粮产值占比，即非粮食产值与农林牧渔产值之比；x 为解释变量新型职业农民占比；Z 是控制变量，包括人均农业机械总动力（z_1）、人均播种面积（z_2）、人均社会固定资产投资（z_3）、人均化肥使用（z_4）、人均农膜使用（z_5）、人均农药使用（z_6）、人均用电量（z_7）、单位面积水库数（z_8），以及人均财政支农（z_9）；$a0-2$、$b0-2$ 为待估参数；u、v 为随机误差项。

4.4　实证检验分析

4.4.1　回归结果分析

新型职业农民对区域经济增长和区域农业结构升级的影响，用最小二乘估计法对式（4.1）和式（4.2）进行估计，具体的回归结果如表4.2所示。

表4.2　　　　新型职业农民对区域农业经济增长和区域农业
结构升级的估计结果

变量	(1)	(2)	(3)	(4)
	$\ln Y$	$\ln Y$	$\ln A$	$\ln A$
$\ln x$	0.425 ***	0.208 ***	0.027	0.074 ***
	(5.34)	(3.56)	(1.06)	(4.97)
Lnz_1		-0.016		-0.042 **
		(-0.23)		(-2.30)
Lnz_2		0.186 ***		-0.127 ***
		(2.64)		(-7.05)
Lnz_3		0.014		-0.003
		(0.36)		(-0.30)
Lnz_4		0.265 ***		0.003
		(3.83)		(0.15)

变量	(1)	(2)	(3)	(4)
	lnY	lnY	lnA	lnA
Lnz_5		0.067 (1.58)		0.027 ** (2.50)
Lnz_6		0.145 *** (3.46)		− 0.025 ** (− 2.37)
Lnz_7		0.077 *** (3.78)		0.008 (1.60)
Lnz_8		0.095 *** (3.56)		0.018 ** (2.58)
Lnz_9		0.190 *** (4.28)		− 0.030 *** (− 2.67)
Constant	9.408 *** (122.30)	5.859 *** (11.29)	− 0.251 *** (− 10.30)	0.093 (0.70)
R-squared	0.189	0.751	0.009	0.812

注：括号内为稳健标准误，*** $p < 0.01$，** $p < 0.05$，* $p < 0.1$。

在表 4.2 中，第（1）列和第（2）列是新型职业农民对区域农业经济增长影响的回归结果，其中第（1）列是没有加入控制变量的回归结果；第（2）列是加入控制变量的回归结果。无论是否加入控制变量，$ln x$ 前面的回归系数在 1% 的水平上显著为正。且在加入控制变量后解释变量的系数减小了，说明没有控制变量的时候高估了核心解释变量的影响效果，因此有必要对控制变量进行控制。不管是否加入控制变量，解释变量的系数在 1% 的水平显著为正，说明新型职业农民的培育可以显著地促进区域农业经济的增长，验证了假设 H1。

第（3）列和第（4）列是新型职业农民对区域农业结构影响的回归结果，其中第（3）列是没有加入控制变量的回归结果；第（4）列是加入控制变量的回归结果。在加入控制变量后解释变量对区域农业结构的影响变得显著了，原因是加入的控制变量是外生的，与新型职业农民不相关的。但又因为控制变量新型职业农民对区域农业结构的解释能力增强了，残差变小，显著性增加，加入控制变量后新型职业农民回归 1% 的水平显著为正，表明新型职业农民的培育有利于农业结构的升级，验证了假设 H2。

从控制变量估计结果来看，播种面积、化肥使用量、农药使用量、农村用电量、水库数，以及财政支农的回归系数在1%的水平显著为正，表明它们对区域农业经济的发展也十分重要，是农业经济发展的重要源泉。农业机械总动力、固定资产投资及农膜的使用对区域农业经济产值的影响不显著。其中农业机械总动力对区域农业经济有不显著的负向效应，表明当前农民素质偏低与机械设备适配性低，机械设备的使用不能够促进农业经济的发展；固定资产投资影响不显著，因为社会固定资产的投资还远不够，乡村基建差，不能激发农民进行生产经营活动的积极性；农膜影响不显著，一方面是因为农民使用的农膜比较单一、使用不当，另一方面可能有农膜残留进而对农作物的生长产生负影响。

4.4.2 内生性讨论

1. 新型职业农民对区域农业经济增长影响的内生性讨论

研究新型职业农民的培育对区域农业经济的影响，虽然已加入控制变量，但可能还有其他因素同时影响区域农业经济的发展和新型职业农民，或者遗漏相关变量，从而使估计系数有偏。所以，需要对模型的内生性进行检验。

本节尝试使用工具变量法解决这个问题，选取中国各省份国家财政性教育支出作为各省份新型职业农民的工具变量。一方面国家财政性教育支出会在一定程度上影响农民受教育的程度，进而间接影响区域农业经济；另一方面国家财政性教育支出与区域农业经济水平及其相关因素的不相关。在使用工具变量法回归之前用 hausman 法检验模型内生性，其原假设为所有解释变量均为外生变量，即不存在内生变量。

检验结果显示，新型职业农民对区域经济影响的内生性检验不能拒绝原假设（$chi^2 = 12.88$，$p = 0.23$），说明模型不存在严重的内生性，不需要使用工具变量法进行回归，可以直接使用回归结果。

2. 新型职业农民对区域农业结构升级影响的内生性讨论

研究新型职业农民对区域农业结构升级的影响，虽然加入了控制变量，但仍可能存在反向因果关系或遗漏变量所产生的内生变量问题，使估计系数有偏。如解释变量新型职业农民和被解释变量非粮产值占比间可能存在反向因果关系。新型职业农民人力资本水平越高，选择的生产方式就越多样，选择空间越大，越是种植非粮作物。同时，农民越是种植非粮作物，生产过程中越会不断提升自身人力资本水平以满足生产要求。

为此本节尝试运用工具变量减弱内生性问题。选取中国各省份国家财政性教育支出作为各省份新型职业农民的工具变量。一方面国家财政性教育支出会在一定程度上影响农民受教育的程度，间接影响区域农业结构；另一方面国家财政性教育支出与区域农业结构及其相关因素的不相关。在使用工具变量法回归之前用 hausman 法检验模型内生性，其原假设为所有解释变量均为外生变量，即不存在内生变量。

检验结果显示，新型职业农民对区域经济影响的内生性检验不能拒绝原假设（$chi^2 = 24.62$，$p = 0.006$），说明模型不存在严重的内生性，不需要使用工具变量法进行回归，可以直接使用回归的结果。

4.4.3 稳健性检验

1. 新型职业农民对区域农业经济增长影响的稳健性检验

为了对实证结果进行稳健性检验，本部分进行了两种稳健性检验。第一，替换被解释变量。人均可支配收入（sr）可以衡量农村经济发展水平，因此将被解释变量替换为人均可支配收入重新进行回归；第二，用分位数回归模型进行分析。稳健性检验结果如表4.3所示。

表4.3　　新型职业农民对区域农业经济影响的稳健性检验结果

变量	替换被解释变量	分位数回归		
	（1）	（2）	（3）	（4）
	$\ln sr$	$Q25$	$Q50$	$Q75$
$\ln x$	0.117 **	0.292 ***	0.287 ***	0.227 ***
	(2.31)	(10.97)	(5.63)	(4.81)
$\mathrm{Ln}z_1$	0.020	0.057	−0.179	−0.248 ***
	(0.32)	(0.62)	(−1.19)	(−14.21)
$\mathrm{Ln}z_2$	−0.156 **	−0.025	0.199 ***	0.345 ***
	(−2.55)	(−0.63)	(3.88)	(6.32)
$\mathrm{Ln}z_3$	0.062 *	0.037	0.009	0.079 ***
	(1.88)	(0.45)	(0.25)	(3.64)
$\mathrm{Ln}z_4$	0.017	0.488 ***	0.202 ***	0.024
	(0.28)	(17.91)	(3.14)	(0.18)
$\mathrm{Ln}z_5$	−0.080 **	0.019 ***	0.081	0.133 ***
	(−2.16)	(5.29)	(1.26)	(4.48)
$\mathrm{Ln}z_6$	0.132 ***	0.190	0.203 ***	0.275 ***
	(3.62)	(1.56)	(2.73)	(9.40)

变量	替换被解释变量	分位数回归		
	(1)	(2)	(3)	(4)
	lnsr	$Q25$	$Q50$	$Q75$
Lnz_7	0. 135 ***	0. 057 ***	0. 033	0. 042 ***
	(7. 67)	(3. 12)	(0. 92)	(2. 63)
Lnz_8	0. 015	0. 109 ***	0. 023	0. 039 ***
	(0. 65)	(2. 97)	(0. 70)	(4. 03)
Lnz_9	0. 209 ***	0. 234 ***	0. 121 ***	0. 132 ***
	(5. 44)	(2. 78)	(9. 64)	(5. 15)
Constant	6. 296 ***	4. 502 ***	6. 907 ***	6. 877 ***
	(13. 97)	(3. 80)	(20. 17)	(14. 01)

注：括号内为稳健标准误，*** $p < 0.01$，** $p < 0.05$，* $p < 0.1$。

从检验结果可知，不论是替换被解释变量，还是替换模型，新型职业农民对区域农业经济有显著影响，表明实证结果稳健。但分位数回归，在"0.5 分位数"和"0.75 分位数"的系数估计值不同，表明新型职业农民对区域经济的影响具有异质性。

2. 新型职业农民对区域农业结构升级影响的稳健性检验

为了对实证结果进行稳健性检验，用分位数回归代替最小二乘回归进行检验，稳健性检验结果如表 4.4 所示。从回归结果可知，0.25、0.75 分位数，新型职业农民对区域农业结构升级都有显著的正向影响，说明实证结果稳健。但两个分位数估计值有所差别，表明新型职业农民对区域农业结构的影响具有异质性。

表 4.4　　新型职业农民对区域农业结构影响的稳健性检验结果

变量	(1)	(2)	(3)
	$Q25$	$Q50$	$Q75$
ln$x$	0. 084 ***	0. 050 ***	0. 077 **
	(5. 51)	(3. 57)	(2. 29)
Lnz_1	− 0. 037 ***	− 0. 028 *	− 0. 043 **
	(− 3. 00)	(− 1. 66)	(− 2. 40)
Lnz_2	− 0. 143 ***	− 0. 099 ***	− 0. 119 ***
	(− 15. 59)	(− 7. 68)	(− 3. 46)

变量	(1)	(2)	(3)
	Q25	Q50	Q75
Lnz_3	0.014 ***	0.019 **	− 0.023
	(3.14)	(2.04)	(− 0.81)
Lnz_4	0.011	− 0.018	0.001
	(1.01)	(− 1.28)	(0.11)
Lnz_5	0.027 ***	0.031 ***	0.052 **
	(3.42)	(3.33)	(2.09)
Lnz_6	− 0.032 ***	− 0.057 ***	− 0.025
	(− 5.85)	(− 6.36)	(− 1.55)
Lnz_7	0.010	0.028 ***	0.010 **
	(1.11)	(5.27)	(2.56)
Lnz_8	0.020 **	0.023 ***	0.011 **
	(2.07)	(3.03)	(2.05)
Lnz_9	− 0.040 **	− 0.041 ***	− 0.030
	(− 2.45)	(− 5.68)	(− 0.81)
Constant	− 0.033	− 0.040	0.241
	(− 0.22)	(− 0.49)	(1.19)

注：括号内为稳健标准误，$***p < 0.01$，$**p < 0.05$，$*p < 0.1$。

4.5 小结

4.5.1 研究结论

建立了多元线性回归模型来分析新型职业农民等因素对区域农业经济增长和区域农业结构升级的影响。对研究假设进行实证分析，并对实证结果进行了较为详尽的内生性检验和稳健性检验，得出如下结论：

第一，新型职业农民对区域农业经济增长具有显著的正向效应。在1%的显著水平，新型职业农民每增加1%，区域农业经济增长0.208%。新型职业农民的培育影响农村人力资本积累，提升农民劳动能力和非劳动能力，促进农民增收，提升农民收入水平，进而促进区域农业经济的增长。

第二，新型职业农民可以显著地促进区域农业结构转型与升级。在1%的显著水平，新型职业农民每变化1%，非粮产值变化0.074%。新型职业农民的培育提高农村人力资本水平，新型职业农民变成市场主体，追求报酬最大化，种植经济效益高的农作物，促进区域农业结构的转型升级。

第三，农作物播种面积可以促进区域农业经济的发展。在1%的显著水平，播种面积每增加1%，区域农业经济增长0.186%。播种面积越大，种植规模越大，产品的产量越高，进而促进区域农业经济的发展。

第四，化肥使用量、农药使用量对区域农业经济有显著的正向影响。化肥使用量每变化1%，区域农业经济变化0.265%；农药使用量每变化1%，区域农业经济变化0.145%。化肥和农药的使用，可以促进农作物的生长，降低农作物受自然灾害影响，提高农作物的产量，提高农业生产效率，进而促进区域农业经济的发展。

第五，财政支农对区域农业经济的发展有显著的正向效应。在1%的显著水平，财政支农每增加1%，区域农业经济增加0.19%。它是通过调动农民的积极性影响农业经济运行效率，进而促进区域经济发展。

4.5.2 相关建议

1. 同时注重新型职业农民培育进程与培育质量

要推进农业供给侧改革，促进农业高质量发展，实现乡村振兴，首要任务是要加大农村人力资本投资，加快培育新型职业农民，提高农村人力资本水平。培育新型职业农民，一要精准选取对象。因为并非所有人都是新型职业农民的合适人选，要选取素质稍高、学习和接受能力强的人作为培育对象；二要对新型职业农民进行差异化培育。在尊重农民意愿的基础上，因地制宜、因人制宜，引导和组织培育新型职业农民。

提高新型职业农民培育质量，首先需立足于现代农业发展的需求以及农业劳动者的发展现状。在明确新型职业农民对区域农业经济影响路径的基础上，制定多层次、多样化、体系化的新型职业农民培育机制，因地制宜、因势利导，以满足不同地区、不同经济发展阶段、不同受教育水平、不同类别农业生产主体的多样化需求；其次，应制定明确的新型职业农民考核标准，加强对培育效果的监督，并完善激励机制，保证新型职业农民的发展质量。

2. 改善土地利用状况

播种面积越大，区域农业经济产值越高。可以适当增加播种面积，扩大种植规模，提高农业产值。同时，应当保护土壤，改善耕地结构，改善种植结构，因地制宜，提高土地利用率，用先进的种植技术与方式，提高农业生产过程中的科技含量，使土地发挥其最大的效用。

3. 加强技术指导

虽然化肥、农药使用对农产品产量的提升有促进作用，但农药化肥的使用要适度。需加强技术培训，让农民意识到农药化肥过度使用的危害性，适当控制化肥农药的使用。要宣传使用商用和生物有机肥，采用测土配方等科学施肥技术。如农作物秸秆还田，秸秆中含有大量微量元素，还田后可以改善土壤品质、提高土壤肥力水平。要推广物理和生物防治方式，如田间粘虫板、杀虫灯等，建立害虫预测系统，及时反馈田间害虫状况，减少农药的使用。通过技术指导，提高农民的科学素质，促进农业的绿色可持续发展（王丽娟等，2020）。

4. 增加农业资本投资

虽然农业社会固定资产投资对区域农业经济在本书中的促进作用不显著，但资本的投入是农业经济发展的物质基础，仍需要加大其投入。并根据区域特色制定资本投入放入方向和投入数额的比例，使资本发挥最大效用，促进农业经济的发展。

5. 完善并落实农业惠民政策扶持

建立健全发展新型农业经营主体的政策体系，推动各类生产要素向新型职业农民群体流动，为其发展提供良好的产业政策环境。通过健全农业生产保护政策、农业保险政策以及社会保障制度，转移农业生产风险，有效保障农业生产稳定，最大限度地维护农业从业者的利益，使新型职业农民长远发展的后顾之忧得以解决；并通过创新与完善金融信贷政策，拓宽新型职业农民投融资渠道，整合财政投入与社会资本投入，由投资主体的多元化推动农业生产经营主体的多元化。

财政支农可以促进区域农业经济的发展。政府可以增加"三农"补贴，充分调动当地劳动者的生产积极性，提高经济运行效率。同时吸引年轻劳动力的流入，推动新型职业农民群体的发展壮大。如增加对购买农业设备的农民予以补贴，推广农业机械化，提高生产效率。制定人才政策，吸引高素质人才从事农业生产，发挥人才在农业经济发展中的作用，促进区域农业经济的发展。

6. 健全农业经济发展全产业链

在发展壮大新型职业农民群体的过程中，引入先进的生产要素，为推动农业经济结构的优化升级奠定基础。推动发展方式由粗放分散逐渐向规模化、集约化转变，实现产业布局的优化配置，推动产业集群的发展。在促进生产要素驱动农业经济发展的同时鼓励创新，积极引进先进生产技术和管理方法，提高农业生产经营的效能，从而推动我国农业经济发展的体系化和现代化。

第 5 章 新型职业农民务农稳定性调查 [*]

5.1 调研目标与问卷设计

5.1.1 调研目标

2012 年，《关于加快推进农业科技创新持续增强农产品供给保障能力的若干意见》首次提出大力培育新型职业农民。2013 年，农业部发布《新型职业农民培育试点工作的指导意见》，在全国遴选 100 个县开展新型职业农民培育试点工作。新型职业农民队伍的不断壮大，给农业发展和乡村振兴带来了一定的活力。政府社会高度关注新型职业农民培育实践，探索不同主体、不同模式的培育方案，不断提升农业农村人力资本的积累。学界以新型职业农民培育为研究对象，开展了大量的理论研究，取得了丰富的研究成果和实践经验。

与学界和实践部门高度重视新型职业农民数量增长和培育体系设计相对照的是，目前对新型职业农民是否能够持续稳定经营的关注度和研究相对不足。新型职业农民持续稳定经营是农业高质量发展的关键构成。一方面，新型职业农民持续稳定经营将保障农产品供给市场的稳定，促进农业经济的稳定增长；另一方面，新型职业农民持续稳定经营将起到示范效应，吸引更多的人才资本等现代要素进入农业农村，为农业现代化建设提供要素支持，实现农业的高质量发展和乡村振兴战略。

本书试图以新型职业农民务农稳定性为研究对象，实现以下四个研究目标：一是新型职业农民务农稳定性意愿及影响因素；二是农业风险对新型职业农民务农稳定性的影响；三是要素获取对新型职业农民经营

---

* 本章内容已经发表在《社会科学家》2020 年第 9 期。

稳定性的影响；四是农业农村的营商环境对新型职业农民务农稳定性的影响。为实现上述研究目标，通过对新型职业农民开展问卷调研获得一手数据。

5.1.2 问卷设计

调研问卷共分为 5 个部分、49 个题目。包括新型职业农民的基本情况、新型职业农民持续务农意愿、新型职业农民的经营风险、新型职业农民的生产要素获取情况、农业农村的营商环境等。

新型职业农民的基本情况有 6 个相关问题，分别考察了调查对象的年龄、性别、受教育程度、成为新型职业农民前的职业、身体健康状况、新型职业农民的类别等；新型职业农民的持续务农意愿部分共有 9 个相关问题，包括新型职业农民的自我认知，对农业的认知、从业意愿及原因、经营收入、从事农业经营的时间、对子女从事农业的态度和事业传承等；新型职业农民的经营风险部分涉及 11 个相关问题，侧重经营过程中面临的风险类型、风险损失，以及风险应对措施等；新型职业农民要素获取情况包括 13 个相关问题，涉及到新型职业农民经营中的土地、劳动、资本、技术四类农业要素获取情况；农业农村的营商环境部分包含 10 个问题，涉及到新型职业农民产品市场情况、政策支持情况、新型职业农民群体规模、水电路等公共基础设施建设等内容。

调查范围为 2015～2018 年在河南省主要的新型职业农民培训机构（河南农业大学、河南省团校、夏邑县农广校）培训过的新型职业农民群体。按照学号随机抽样的原则，从 2674 位新型职业农民中抽取 700 位发放调研问卷，回收有效问卷 688 份。有效问卷中 646 份来自河南省（占94%）；42 份来自于河南省外。

5.2 新型职业农民的基础信息

本节对新型职业农民的年龄、性别、受教育程度、身体健康状况，新型职业农民来源，家庭收入，从事农业时间，获取资格证书的情况进行调查分析。如表 5.1 所示，样本中已经获得资格认证的新型职业农民有 480人，占比 69.77%；尚未获得证书的占 30.23%。新型职业农民的培育遵循"申请遴选—教育培训—扶持发展"的路径。在教育培训环节，符合当地新型职业农民认定标准，能够通过相关测试的学员，将获得新型职业农民证书。在已经获得新型职业农民证书的群体中，生产经营型的新型职业农民有 337 人；专业技能型的有 74 人；专业服务型的有 69 人，生产经营型的新型职业农民构成了认定培育的主力军。样本中的新型职业农民比较年轻，年龄在 20～50 岁的新型职业农民占比 88.7%；男性占 80.23%；学历在高中以上文化的占 64.5%。尤其是 40 岁以下的新型职业农民，高学历占比达到 90%。从年龄、性别、学历等特征看，新型职业农民有效缓解了农业劳动力老龄化、女性化和低学历化的难题，成为现代农业产业中重要的人力资源，是实现乡村振兴的主力军。

表 5.1　　　　　　　　　　新型职业农民基本情况

变量	特征	数量（人）	比重（%）
新型职业农民类型	未获得证书	208	30.23
	已获得证书	480	69.77
	其中：生产经营型	337	48.98
	专业技能型	74	10.76
	社会服务型	69	10.03
年龄	20 岁以下	7	1.02
	20～30 岁	121	17.59
	31～40 岁	255	37.06
	41～50 岁	234	34.01
	51～60 岁	69	10.03
	60 岁以上	2	0.29
性别	男	552	80.23
	女	136	19.77
受教育程度	未上过学	3	0.44
	小学	13	1.89
	初中	228	33.14
	高中或中专	321	46.66
	大专及以上	123	17.88
身体健康状况	健康	557	80.96
	比较健康	102	14.83
	一般	26	3.78
	较差	2	0.29
	非常差	1	0.15

资料来源：问卷调查统计，下表同。

从新型职业农民的来源看（见图5.1），约半数来自农业农村，普通农民和村干部占45%；企事业职工和个体工商户占32%；务工人员仅90人，占比13%；军人和学生占极少部分。对于身体健康状况的自评，95%的新型职业农民认为自己比较健康。从新型职业农民从业年限来看（见图5.2），截止到调研时间，38.95%的新型职业农民从事农业时间在5年以下；5～10年的占比39.68%。这和前面新型职业农民年龄普遍较为年轻数据较为拟合。据图5.3所示，新型职业农民2017年家庭收入10万元以内的家庭数量占比69.04%；10万～20万元的家庭数量占比21.80%；20万～50万元的家庭数量占比6.4%；50万元以上的家庭数量占比2.76%。相比于普通农民，新型职业农民家庭收入达到了相当的水平。

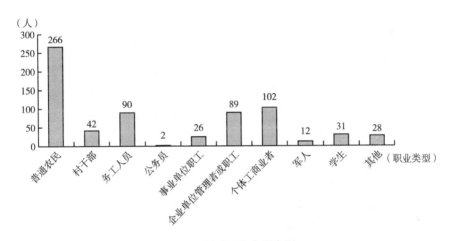

图5.1 新型职业农民来源

资料来源：调研数据整理，下图同。

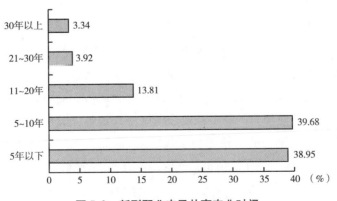

图5.2 新型职业农民从事农业时间

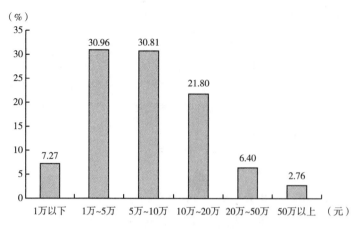

图 5.3 2017 年新型职业农民家庭收入情况

5.3 新型职业农民务农意愿

新型职业务农意愿是新型职业农民能否稳定扎根农业的首位因素，也是新型职业农民能否形成示范效应的关键因素。样本中新型职业农民从事农业的原因主要是对农业了解和有兴趣（见图5.4），喜欢农业的占53.05%；了解农业，对农业项目有经验的占16.42%。这和农业部提出的要培育爱农业、懂技术、善经营的新型职业农民理念是一致的。仅仅从经济角度考虑从事农业经营的群体仅占10.61%；没有合适的非农项目可做的占11.48%。这种现象一方面说明吸引新型职业农民从事农业经营主要依靠的是职业兴趣、偏好等非经济因素；另一方面也表明当前农业项目在获利能力上并不占优，新型职业农民从事农业经营不一定能够得到更多的经济利润。这些判断从后面相关问题的调查上也能得到佐证。因为补贴和优惠政策才从事农业经营的新型职业农民仅占3.63%。对于是否愿意一直从事农业，差不多93%的新型职业农民选择了愿意（见表5.2）。可见绝大多数新型职业农民选择了务农，起码在主观意识上愿意把农业经营到底。这也佐证了绝大多数新型职业农民选择从事农业是基于偏好和职业兴趣。不愿意继续从事农业经营的新型职业农民仅占7.27%，其中不愿意继续从事农业经营的原因比较多（该题为多选项）。譬如出现亏损（占38.37%）；自然灾害（占26.16%）；农业赚钱少，非农项目更赚钱（占9.74%）；身心劳累，自己干不动了（占37.21%）；缺乏持续经营的资金（占47.67%）；其他原因占3.05%。对于新型职业农民务农意愿，也从对待子女从事农业的态度和农业项目的传承两个视角进行调查，愿意让子女从事农业的占62%；不愿意让子女从事农业的占38%。这个结论与其他学者调查的普通农民愿意让子女从事农业的仅占17.4%形成了鲜明的对照。表明新型职业农民相对于普通农民，对农业职业有更大的偏好和兴趣，认为农业是一个值得选择的职业。对于农业经营的传承，近乎44%的新型职业农民选择让子女来接班；聘请职业经理人来管理产业的占41.28%；选择通过市场出售给他人的占10.32%；选择妻子、亲朋来接班的占比较小。

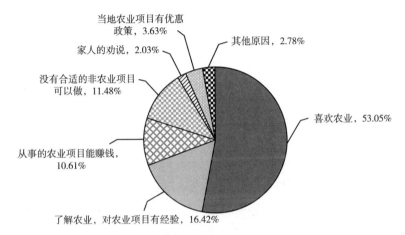

图5.4　新型职业农民选择务农的原因

表5.2　　　　　　　　　新型职业农民的务农稳定性

变量	特征	数量（人）	比重（%）
是否愿意一直从事农业	愿意	638	92.73
	不愿意	50	7.27
被迫放弃农业项目的原因	出现亏损	264	38.37
	自然灾害	180	26.16
	非农项目更赚钱	67	9.74
	身心劳累，自己干不动了	256	37.21
	缺乏持续经营的资金	328	47.67
	其他原因	21	3.05
损失达多少将放弃农业项目	损失低于投入的10%（含）	40	5.81
	损失达到投入的10%~30%（含）	128	18.60
	损失达到投入的30%~50%（含）	192	27.91
	损失达到投入的50%~100%（含）	179	26.02
	损失超过投入的100%	149	21.66

变量	特征	数量（人）	比重（%）
是否愿意子女从事农业	愿意让子女都从事农业	344	50
	让女儿从事农业	5	0.73
	让儿子从事农业	77	11.19
	不愿意子女从事农业	262	38.08
所从事农业项目的意愿接班人	让子女接班	302	43.90
	让妻子接班	6	0.87
	让除了妻子、子女外的直系亲人接班	16	2.33
	让非直系亲朋接班	9	1.31
	聘请职业经理人来管理产业	284	41.28
	在市场上出售给其他人	71	10.32

资料来源：问卷调查统计，下表同。

除了考察新型职业农民务农稳定性的主观意愿，问卷还考察了新型职业农民被迫放弃农业项目的情况（见表5.2）。新型职业农民被迫放弃农业项目的原因排序分别是：缺乏持续经营的资金、农业风险导致亏损、自身健康问题、自然灾害等。可见，农业风险、资金要素的获取能力等是新型职业农民被迫放弃农业项目的关键因素。新型职业农民对农业风险带来亏损的承受度还是比较高的，47.68%的新型职业农民认为亏损额达到本金的一半以上时，会放弃农业项目；27.91%的新型职业农民认为自己仅能够承受本金的30%～50%的损失；18.60%的新型职业农民能够承受本金的10%～30%的损失；5.81%的新型职业农民认为自己仅能够承受10%及以下的损失。

为了判断新型职业农民的职业认知，问卷设计了4个问题（见表5.3）。总体而言，新型职业农民对自身职业认可度高，约84%的调研对象认为自己适合成为新型职业农民，并且大多数的新型职业农民能够与其他人员保持良好的关系以及受到尊重。但是对于新型职业农民社会保障水平感到满意的仅占52%，这与我国城乡基本社会保障体系发展不平衡有密切关系。一部分新型职业农民之前从事非农就业，拥有诸如"五险一金"等社会保障。但是从事农业项目之后，这些保障变得没有保障了。尤其是对生产经营型的新型职业农民，他们投资了资金、技术、智力到农业农村，一旦遇到项目失败的风险，就面临着基本生存的困境。各级政府在出台新型职业农民扶持发展政策的时候，新型职业农民群体的社会保障问题是急需考虑的。专业服务型新型职业农民和专业技能型新型职业农民往往加入了农业企业或者是合作社，其社会保障享受职工待遇。

表5.3 新型职业农民对于职业的认知

题目/选项	符合	一般	不符合
我认为新型职业农民受人尊重	445（64.68%）	192（27.91%）	51（7.41%）
我适合做新型职业农民	576（83.72%）	97（14.1%）	15（2.18%）
我与其他新型职业农民、农业专业合作社社员关系良好	542（78.78%）	128（18.6%）	18（2.62%）
我对新型职业农民相关的社会保障水平感到满意	356（51.74%）	197（28.63%）	135（19.62%）

资料来源：问卷调查统计，下表同。

5.4 新型职业农民在经营中面临的风险

风险大且多是农业项目的突出特征。农业项目的风险可以分为自然风险、市场风险和政策风险。各种风险的冲击下，新型职业农民往往面临着经济损失。而在新型职业农民务农稳定性调查中，影响新型职业农民经营稳定性第一位的因素是农业风险导致的亏损。本部分对新型职业农民面临的风险进行调查，了解新型职业农民面临的各类风险以及风险带来的冲击。

从图5.5可以看出，仅仅有16.42%的新型职业农民从事的农业项目没有遭遇到风险的冲击，处于一直盈利的状态；而83.58%的新型职业农民的农业项目遭遇到风险的冲击，面临着一定的经济损失。51.6%的新型职业农民损失在10万元及以下。与新型职业农民的家庭收入进行比较分析，大多数新型职业农民的损失还是处于可控范围之内；15.99%的新型职业农民损失在10万～20万元（含）；损失在20万～50万元（含）的新型职业农民约占9.31%；损失超过50万元的新型职业农民占6.69%。对于损失超过50万以上的新型职业农民，与其投入规模、家庭收入进行对应分析，发现损失高的新型职业农民在农业项目上的投资资金、土地规模也比较大，往往会影响其继续从事农业项目的选择。

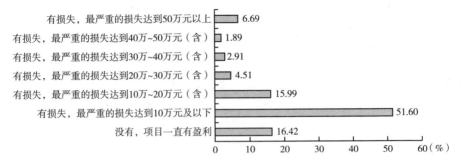

图 5.5　新型职业农民从事的农业项目遭遇到的损失情况

资料来源：调研数据整理，下图同。

图 5.6 分析了新型职业农民损失的来源（多选项）。其中自然风险是新型职业农民项目损失的主要原因，气候、地质、环境变化占比最高，达到 65.41%。从理论上讲，新型职业农民具备一定的资金、技术实力，更有能力抵抗农业风险。但是对于自然风险而言，新型职业农民仍承受着较高的风险，一方面是新型职业农民的资金、技术实力仍然比较薄弱，尚不能承担起抵抗自然风险的基础设施的高投入；另一方面正是由于新型职业农民的资本投入相较于普通农户更多，遭受自然风险冲击导致的损失更大。市场风险也是导致新型职业农民损失的重要原因。农产品市场价格的波动、销售受阻、工资上涨、原材料价格波动等市场风险分别占到 61.19%、42.44%、27.47% 和 20.93%（见图 5.6）。由政策稳定性和制度设计带来的风险带给新型职业农民损失占比较少，如涉农政策变动、土地流转纠纷和销售合同纠纷等制度风险分别占 8.58%、7.99% 和 3.92%。

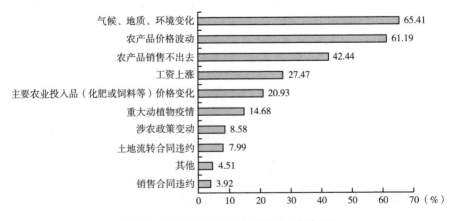

图 5.6　新型职业农民损失来源（多选项）

表 5.4 新型职业农民应对风险的途径

变量	特征	数量（人）	比重（%）
了解风险预报信息的途径	村委会电话、广播、到户通知	188	27.33
	村民相互传播才知道	179	26.02
	根据天气预报自己判断	505	73.40
	完全不知道就发生了	118	17.15
	其他	61	8.87
防范自然灾害、病虫害和市场波动等情况的应对措施	不采取任何措施	22	3.20
	购买农业保险	441	64.10
	增加生产资料的投资	199	28.92
	增加储蓄、减少支出	83	12.06
	进行多样化经营	409	59.45
	进行其他经营如外出打工等	67	9.74
	其他	14	2.03
遭受风险后应对损失的途径	动用自己的积蓄	351	51.02
	向亲友借款	288	41.86
	向银行（或信用社）贷款	344	50
	变卖部分固定资产	92	13.37
	寻求政府救济	140	20.35
	农业保险赔款	319	46.37
	其他	11	1.60
为农业项目购买的保险	政策性保险	257	37.35
	商业性保险	143	20.79
	没有购买保险	288	41.86
相关部门是否对农业灾害和市场波动做过预防工作	有过而且非常全面	143	20.79
	有过但只是一部分	238	34.59
	偶尔做过	166	24.13
	从来没有	141	20.49

资料来源：问卷调查统计。

对于如何防范各类风险以及风险发生后如何应对，表 5.4 给出了相关调查数据。对于自然风险的预防，新型职业农民能够更广泛地收集可获得的信息，绝大多数新型职业农民通过天气预报、村民相互传播等收集相关信息来进行风险判断；完全不知道就发生的比例仅仅占17.15%。对于风险的防范措施，新型职业农民往往通过购买保险、增加生产资料的投资、多样化经营等方式来规避风险；不采取任何措施的新型职业农民仅仅占3.20%。样本中已经为农业项目购买保险的新型职业农民占到58.14%，其中购买政策性保险的占37.35%，购买商业险保险的占20.79%；没有购买保险的占41.86%。与普通农户相比较，新型职业农民的农业保险参与率是比较高的。面临风险冲击带来的损失，新型职业农民的应对途径也相对多样。譬如动用自己的储蓄（占51.02%）；向银行借款（占50%）；农业保险赔款（占46.37%）；向亲友借款（占41.86%）；寻求政府救济（占20.35%）；变卖部分固定资产（占13.37%）等。

由于农业风险具有普遍性和外部性特征，因此合作组织以及政府的相关职能部门往往会提供农业风险的防范工作。对于相关部门是否对农业灾害和市场波动做过预防工作，表5.4中20.79%的新型职业农民认为相关部门的工作非常全面；34.59%的新型职业农民认为只做过部分工作；24.13%的新型职业农民认为偶尔做过工作；还有20.49%的新型职业农民认为相关部门从来没有做过任何风险预防工作。图5.7显示，65.55%的新型职业农民加入了农业专业合作社或者合作组，合作社在原材料采购、产品销售、资金获取、信息收集等方面能够为成员提供帮助。对于加入合作组织是否能够有助于应对农业风险，37.36%的新型职业农民认为加入合作组织对于应对农业风险非常有帮助；32.56%的新型职业农民认为加入合作组织对于应对农业风险有点帮助；仅有14.24%的新型职业农民认为加入合作组织对于应对农业风险没有帮助。

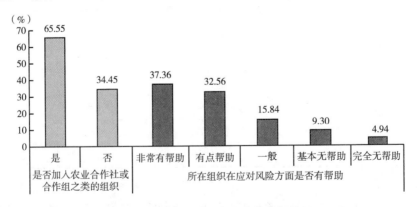

图5.7　新型职业农民加入合作组织情况

资料来源：调研数据整理，下图同。

5.5　新型职业农民生产要素获取能力

土地、劳动、资本、技术等生产要素是新型职业农民开展农业生产经营活动的必备条件，也是制约新型职业农民进一步发展和提升收入水平的关键因素。本部分对新型职业农民生产要素获取情况进行调研，生产要素分为土地、劳动、资本和技术等，对新型职业农民各个要素的拥有情况、要素市场情况展开分析。

土地是开展农业生产必备的投入要素，尤其是粮棉油糖等大田作物。不过，长期以来，我国农村土地并不仅仅承担着农业生产要素的功能，更是承载着农民就业、农民基本生存保障和公平财产权的功能。因此实施以家庭联产承包责任制为基础的"统分结合"的土地制度，既强调了社会公平性，又体现经济效率的要求。2017 年中央提出了农地的"三权分置"制度设计，稳定农村土地制度预期，鼓励农村土地进行适度流转，扩大规模经营，激发土地要素的活力。

样本中新型职业农民由于从事的农业项目不同，拥有的土地规模差距比较大。新型职业农民家庭平均土地规模为 425.42 亩，50 亩以下的新型职业农民家庭数量占 39.41%；50～100 亩的家庭数量占 15.64%；100～500 亩的家庭数量占 30.45%；500～1000 亩的家庭数量占 7.33%；100 亩以上的家庭数量占 7.17%。图 5.8 显示，有 60.61% 的新型职业农民家庭

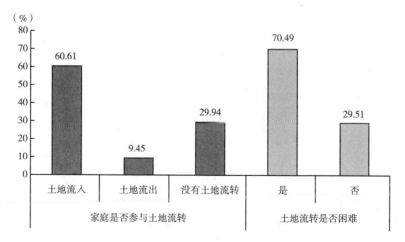

图 5.8　新型职业农民家庭参与土地流转情况

资料来源：调研数据整理，下图同。

流入了土地；9.45%的新型职业农民家庭流出了土地；没有土地流转的新型职业农民占29.94%。没有土地流转的主要是技术服务型新型职业农民和生产服务型新型职业农民。70.49%的新型职业农民认为土地流转过程比较困难；29.51%的新型职业农民认为土地流转不困难。从数据看，当前农村土地流转市场仍存在着流转不顺畅的问题，需要建立健全土地流转市场。譬如建立各级土地流转管理服务中心；建立土地流转信息库和流转信息平台，及时收集发布土地流转信息；成立县乡两级土地流转纠纷仲裁委员会，积极妥善调处流转纠纷；建立农用土地评估机构，开展土地分等定级和价格评估工作，客观公正评估土地等级和市场价格。

新型职业农民的农业项目往往具有一定的规模，雇工成为一种常见的现象。在新型职业农民家庭劳动力数量分布中（见图5.9），拥有2位劳动力的新型职业农民家庭占47.93%；拥有3位和4位劳动力的家庭分别占18.93%和15.84%；拥有6人及以上劳动力的家庭占5.96%。对于劳动力要素获取情况，86.77%的新型职业农民雇用了劳动力，劳动力来源主要集中在本村（占67%）和本乡外村（占64.32%）。从数据上看（见图5.10），新型职业农民雇工市场半径较为狭小。随着城镇化进程加快，农村剩余劳动力数量不断减少，再加上留在农村的劳动力质量不高，农村地域广泛，劳动力信息市场不发达，约占47.67%的新型职业农民认为劳动力雇用困难；认为雇用劳动力较容易的新型职业农民仅占10.32%。因此加快农村劳动力市场建设，加快农业机械化水平，能够缓解新型职业农民的雇工难题。

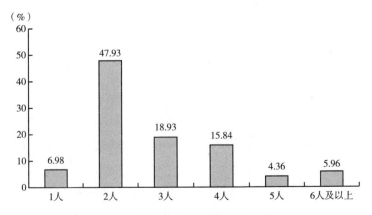

图5.9　新型职业农民家庭劳动力情况

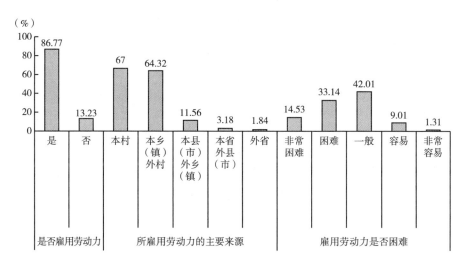

图 5.10　新型职业农民劳动要素获取情况

资金是现代农业生产要素。生产资金的积累既是农业扩大再生产的核心因素，也是家庭经营规模化的标志。按照新型职业农民的定义（农业部，2012），新型职业农民收入达到相当水平，其收入除了来自于新型职业农民的劳动和利润收入外，还有一部分来自于资金的增值收入。新型职业农民能否获得创业和持续经营的资金是影响新型职业农民从事农业的重要因素。调研数据表明，95.78%的新型职业农民面临着资金短缺情况。农业农村的金融难题不仅对小农户是存在的，对于新型职业农民也同样存在。只不过小农户的资金需求往往是生活消费资金，而新型职业农民需求的资金是生产性资金。

表 5.5 显示，新型职业农民解决资金短缺的首要途径是从亲朋借款（占 77.91%）。从亲朋借款虽然能够解决信息不对称问题并获得稳定的资金投入，但从整体上而言，受制于亲朋的资金规模和能力，不利于新型职业农民的创业行为和扩大经营。其次，从信用社或农商行贷款占 54.65%；其他商业银行贷款占 13.37%；借助政府补贴解决资金难题的占 17.88%。农村信用合作社仍然是农业农村地区资金获取的重要途径。原因在于尽管农村地区金融机构有农村信用社、农村商业银行、农业银行、农村发展银行、中国邮政储蓄银行、村镇银行、小额信贷公司、资金互助组、互联网信贷公司等金融机构，但是农村信用社贷款额仍占到农村地区贷款总额的50%以上（黄益平，2018）。新型职业农民中有贷款行为的占 63.08%；没有贷款行为的占 36.92%。贷款来自金融机构的占 67.01%；来自非金融机构的占 32.99%。67%的新型职业农民认为金融机构贷款比较困难；

仅有6.10%的新型职业农民认为金融机构贷款比较容易。近年来随着乡村振兴战略的提出，各级政府在解决农村地区"贷款难""贷款贵"问题付出了大量的努力。但是问题仍然很严重，需要切实加大农业农村的金融供给水平与创新金融工具来解决新型职业农民发展中的资金难题和资金瓶颈。

表5.5 新型职业农民获取资金要素情况

变量	特征	数量（人）	比重（%）
农业生产过程中是否存在资金短缺的情况	是	659	95.78
	否	29	4.22
解决资金短缺的途径	亲朋借款	536	77.91
	政府资金补贴或者贴息贷款	123	17.88
	信用社和农商行贷款	376	54.65
	其他商业银行	92	13.37
	其他	47	6.83
是否有贷款行为	是	434	63.08
	否	254	36.92
贷款来源	金融机构（信用社、商业银行）	461	67.01
	非金融机构（个人、非金融企业）	227	32.99
从金融机构贷款的难易程度	非常困难	236	34.30
	困难	225	32.70
	一般	185	26.89
	容易	40	5.81
	非常容易	2	0.29

资料来源：问卷调查统计。

技术作为一种现代生产要素，对于改造传统农民和农业有着重要的价值意义。普通农民既是农业技术的供给者又是农业技术的需求者，他们往往通过长期的农业实践和代际传承来获取相应的技术。在现代农业分工中，技术往往来自科技部门，农民通过专门的培训学习或者是专职的农业技术推广服务获取技术。新型职业农民往往需要掌握一定的农业技术或者是能够从市场中购买到相应的技术服务。从图5.11数据可以看出，新型职业农民对农业技术的需求是普遍存在的，占93.60%的新型职业农民需求一定的技术服务。他们获得技术服务的来源主要是政府机构的培训或者农技推广人员的服务（占比60.61%），或者是在市场中购买（占比

56.54%）。从电视和互联网等媒体学习或者获取技术服务的占 41.13%；一些是通过龙头企业或者合作社、邻居朋友等途径获取相应的技术服务；占 4.80% 的新型职业农民不能够解决技术服务问题。

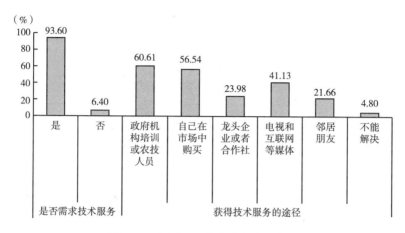

图 5.11　新型职业农民技术获取情况

资料来源：调研数据整理。

5.6　农业农村的营商环境

营商环境是创业的土壤。对于新型职业农民而言，好的营商环境不仅有助于新型职业农民数量的增长，更有利于新型职业农民事业的持续稳定壮大。当前社会各界对于城镇、非农产业的营商环境关注较多，对农业农村的营商环境关注相对不足。城市区域营商环境的评价有比较成熟的指标体系，尽管这些指标体系部分适用农业和农村的情况；但是农业农村的营商环境仍具有自身的特点，需要更直观的指标来表达。本调研从产品市场情况、政府扶持政策、基础设施等三个视角观察农业农村的营商环境。

从新型职业农民生产的产品市场情况看（见表 5.6），当地的需求市场还是存在着大量的空间。尽管存在着一定的市场竞争，但是产品需求现状和前景还是挺乐观的。这表明新型职业农民在农村创业选择的大多数产品属于大众性产品，面临着较为激烈的市场竞争。不过，受制于农产品的储运措施，大多数农产品仍在当地产销。因此新型职业农民所生产的产品市场需求空间比较大，有着较为乐观的发展前景。

表 5.6　　　　　　　　　　　农业农村的产品需求市场

变量	特征	数量（人）	比重（%）
产品的市场需求程度	非常大	156	22.67
	比较大	236	34.30
	一般	279	40.55
	比较少	13	1.89
	非常少	4	0.58
本省市场是否有同类产品	非常多	197	28.63
	比较多	348	50.58
	基本没有	33	4.80
	比较少	94	13.66
	非常少	16	2.33
本人产品（或者服务）的发展前景	非常好	192	27.91
	比较好	261	37.94
	一般	211	30.67
	比较差	15	2.18
	非常差	9	1.31

资料来源：问卷调查统计。

关于政策扶持方面，扶持政策是新型职业农民培育过程中必备的环节，也是新型职业农民成长壮大和持续经营的关键因素。当前，中央尚未形成对新型职业农民具体的扶持政策。但是，农业部强调要支持新型职业农民享受新型农业经营主体的扶持政策，确保其落实到新型职业农民头上。经过各个地方政府的试点与实践，目前来看，新型职业农民可以申请的相关扶持政策主要体现在土地流转、财政补贴、信贷资金、农业保险、社会保障、人才奖励、创新创业服务等方面（沈琼，夏林艳，2019）。本问卷对于扶持政策设计了三个问题（见表 5.7），一是所从事的农业项目是否获得政策支持。约58%的新型职业农民项目获得了政府的支持；二是当地政策出台的新型职业农民扶持政策。占比较大的是技术指导政策，其次是财政补贴政策，农业保险、土地流转、信贷担保等政策也有涉及；三是从新型职业农民群体的规模来分析新型职业农民的成长环境。获得证书的新型职业农民数量越多，一方面表明当地对新型职业农民培育的重视，另一方面能够为新型职业农民抱团发展提供氛围。从调查数据看，新型职业农民尚未形成规模效益，只有约22%的新型职业农民认为周围人获得新型职业农民资格认定证书的比较多。

表 5.7 惠及到新型职业农民的扶持政策

变量	特征	数量（人）	比重（%）
所从事的农业项目是否 获得政府的支持	是	398	57.85
	否	290	42.15
当地政府针对新型职业 农民出台的扶持政策 （多选题）	土地流转政策	261	37.94
	财政补助政策	327	47.53
	信贷资金担保	153	22.24
	农业保险	265	38.52
	技术指导	340	49.42
	其他	90	13.08
周围人获得新型职业 农民资格认定证书的情况	非常多	38	5.52
	比较多	112	16.28
	基本没有	188	27.33
	比较少	262	38.08
	非常少	88	12.79

资料来源：问卷调查统计。

农村基础设施是为农村各项事业发展及农民生活改善提供公共产品和公共服务的各种设施的总称。作为农村公共产品的重要组成部分，它涉及农村的经济、社会、文化等方方面面。农业农村的基础设施是新型职业农民创业的必备保障，公共基础服务是新型职业农民创业的软环境。表5.8数据显示，从农业农村的生产性基础设施的供给情况看，绝大多数新型职业农民认为当地有着较为丰富的原材料，再加上乡村公路的修建，当地运输服务系统也比较完备，这些生产性基础设施促进了农业与农村的创业。对于当地的交通、通讯、水电设施情况，认为比较好及以上的占56.68%；认为一般的占33.87%。但是，对于当地仓储产品、设备成本情况，认为一般的占43.31%，认为成本比较高及以上的占36.49%，相对于基础设施供给的便利程度，基础设施的成本相对而言较高。譬如农村地区用电尚未实现城乡同网同价，有些地区农村电价甚至比城市高出几倍多。农村电力供应不足和电价过高，新型职业农民的满意度略低。未来如何降低农产品仓储、运输成本是值得关注的问题。

表 5.8　　　　　　　　　　　农业农村的基础设施情况

变量	特征	数量（人）	比重（%）
当地仓储产品、设备成本情况	非常低	59	8.58
	比较低	80	11.63
	一般	298	43.31
	比较高	207	30.09
	非常高	44	6.40
当地交通、通讯、水电设施情况	非常好	161	23.40
	比较好	229	33.28
	一般	233	33.87
	比较差	47	6.83
	非常差	18	2.62
当地是否有丰富的原材料	是	515	74.85
	否	173	25.15
当地运输服务系统是否完善	是	553	80.38
	否	135	19.62

资料来源：问卷调查统计。

第6章 要素获取对新型职业农民
经营稳定性的影响分析

6.1 引言

　　新型职业农民是以农业为职业、具有相应的专业技能、收入主要来自农业生产经营并达到相当水平的现代农业从业者（农业部，2017）。自新型职业农民培育工作实施以来，我国新型职业农民培育工作取得巨大成就，建立了一支爱农业、懂技术、善经营的新型职业农民队伍。新型职业农民作为农业产业中的优质人力资源，他们愿意持续务农吗？甚至将自己的产业传承给子女吗？影响新型职业农民务农稳定性的因素有哪些？我们在实地调研时发现，328 名新型职业农民表示可能促使其放弃农业的原因是"缺乏持续经营的资金"，说明要素获取的能力会影响新型职业农民的经营稳定性。舒尔茨（1964）指出，改造传统农业的关键不仅要增加现代生产要素供给，更重要的是农民要具有获取现代生产要素的能力。因此，利用一手调研数据，对要素获取影响新型职业农民务农稳定性的机理做一个实证研究十分必要。本书围绕这一主题，基于对 688 名新型职业农民的调查进行实证分析，以期提出增强新型职业农民要素获取能力，调动新型职业农民生产积极性及提高其务农稳定性的对策。

6.2 文献综述与理论构建

6.2.1 文献综述

近年来，新型职业农民培育工作正在全国各地如火如荼地开展。已有研究对新型职业农民的内涵（朱启臻，2013）、培育新型职业农民的重要性（陈锡文，2014）、新型职业农民的培育经验（李国祥、杨正周，2013）等方面进行了深入的探讨，提出了一些促进新型职业农民培育的政策建议，并取得了较为明显的成就。新型职业农民培训最主要的目的是要打造高素质的现代农业生产经营者队伍。而要吸引更多人参与新型职业农民培训，首先需要增加社会各群体职业务农的意愿，让更多人愿意成为新型职业农民；其次要让已经成为职业农民的人稳定地留在土地上，并吸引其他人或召唤子女回到农村，让农业生产后继有人，让农民成为真正有吸引力的职业。

当前有关职业务农意愿的研究主要涉及以下内容：

从研究对象的角度来看，当前关于职业务农意愿的研究主要分为两种类型。一种类型是学者围绕单个劳动力的职业务农意愿进行研究，探讨了当前正在从事农业生产经营的农村劳动力（吴易雄、周芳玲，2017；李依然，2018；徐辉等，2018）、农科类职业院校大学生（郑兴明、曾宪禄，2015；赵培芳等，2015；张燕，2018）和新生代农民工（龚文海，2015）等群体的职业务农意愿和影响其职业务农意愿的因素；另一种类型是学者以农户家庭为研究对象，主要研究农户参与新型职业农民培训的意愿及影响因素（翟黎明等，2016；钟涨宝、贺亮，2016；马艳艳、李鸿雁，2018），不同经营类型的农户是否愿意扩大经营以及选择何种经营规模（江激宇等，2016；朱吉雨等，2016；曹先磊等，2016）。当前国内学者关于职业务农意愿的研究成果比较丰富，但是以新型职业农民为研究对象，探讨新型职业农民的务农稳定性（他们自己持续务农的意愿以及让子女也从事农业生产的意愿）的较少，仅有个别学者从这方面进行研究（吴易、周芳玲，2017；吕雅辉等，2016）。吴易和周芳玲（2017）对全国20个省份100个村的1000多名新型职业农民进行了抽样调查后，发现新型职业农民自己愿意终身从事农业的占49%；而10年左右的占36.8%；20年左右的占14.2%。愿意自己孩子从事农业生产成为职业农民的仅占17.4%；而希望转岗或从事非农产业的占82.6%。

学者们也对影响职业务农意愿的因素进行了多方面的讨论，主要通过实证分析考察了个体基本特征、家庭特征、农业生产经营条件、外部环境特征等因素的影响。有学者认为个人特征、家庭特征是影响职业务农意愿的显著因素。李依然（2018）通过实证分析发现，农民是否参与新型职业农民培训受到农民性别、年龄、家庭总劳动力人数等多种因素的影响，提高新型职业农民培训的要素匹配度是将农民参与培训意愿转化为行为的最有效方式。郑兴明和曾宪禄（2015）认为吸引农科类大学生到农村基层就业，是对农村人口低素质化的纠偏，也是培育新型职业农民的重要举措。并实证分析了农科类大学生农村基层服务意愿及其影响因素，发现个人特征、家庭条件对大学生服务意愿产生显著影响。马艳艳和李鸿雁（2018）通过实证分析发现农户参与新型职业农民培训的意愿比较强烈，农户年龄、文化程度、家庭收入水平、培训经历等因素对其参与新型职业农民培训的意愿具有显著的影响。龚文海（2015）通过实证分析发现性别和收入水平显著影响新生代农民工的职业农民意愿选择，城市务工的收入水平越高越倾向于留在城市发展；城市收入水平越低则返乡做职业农民的意愿相对强烈。徐辉等（2018）也发现，家庭年总收入是影响新型职业农民培育的显著因素。还有学者认为农业生产经营条件显著影响职业农民意愿。个体劳动力的行为选择受家庭相关可利用资源拥有情况的影响。从事职业化农业生产需要劳动力、土地和资本等要素的大量投入，个体所在家庭以上资源的拥有量越多，个体越可能依托诸多资源进行职业化农业生产（钟涨宝、贺亮，2016）。赵金国、岳书铭（2017）研究发现转包土地稳定性、机械化耕种条件、土地情感、融资能力等因素是影响农户规模经营意愿的直接因素。曾福生、夏玉莲（2014）利用模型对农地流转与新型农民培育之间的关系进行实证分析，认为农地流转有效推动了新型农民的培育，农地流转在短期内表现出积极的文化效益与技术效益；而长期内则表现为积极的技术效益和经营效益。吴易雄（2016）提出基于农业经营模式和服务方式对新型职业农民生产意愿的显著影响，政府要在土地、金融信贷等方面加大对新型职业农民农业生产的政策扶持力度。上述研究表明，新型职业农民的培育工作，离不开政府的大力支持，但是农民自身年龄、文化程度、家庭收入高低以及要素获取能力等个体或家庭因素对于新型职业农民培训意愿有显著影响。

新型职业农民作为农业产业中的优质人力资源，他们的务农稳定性已经成为影响新型职业农民队伍建设的重要问题。务农稳定性一方面能够反映新型职业农民具有适应现代农业发展的特征；另一方面是农民成为有吸引力职业的体现。对已有研究进行回顾发现：（1）当前学界对新型职业农民务农稳定的研究并不多，更是鲜少有进行实证分析的研究。因此利用最新的新型职业农民的第一手调研资料，对新型职业农民务农稳定性的影响因素做一个全面的实证研究非常有必要。（2）研究表明要素获取能力是影响职业务农意愿的重要因素。劳动力的行为选择受其家庭的土地、劳动、资本等要素拥有情况的影响，从事职业化农业生产需要劳动力、土地和资本等要素的大量投入。家庭的要素拥有量越多，越可能依靠诸多资源进行职业化农业生产。因此从要素获取的角度出发，探究要素获取能力对新型职业农民务农稳定性的影响，不仅能够补充新型职业农民务农稳定性领域的研究文献，同时能够提高对新型职业农民队伍持续发展的关注，提升培训工程的效率。

6.2.2　理论框架

依据"理性人"行为决策相关理论，将影响新型职业农民自己持续务农意愿和愿意其子女从事农业的意愿分为三大类：一是个人特征，包括年龄、性别、受教育程度、身体状况、从事农业年限、农业情感；二是家庭特征，包括家庭从事农业的劳动力数量、家庭去年总收入；三是要素获取情况，包括当前经营土地总面积、是否流入土地、土地流转过程是否困难、是否雇用劳动力、雇用劳动力是否困难、是否有贷款行为、从金融机构贷款是否困难。将以上三类因素纳入新型职业农民持续务农意愿的理论决策模型，如图6.1所示。

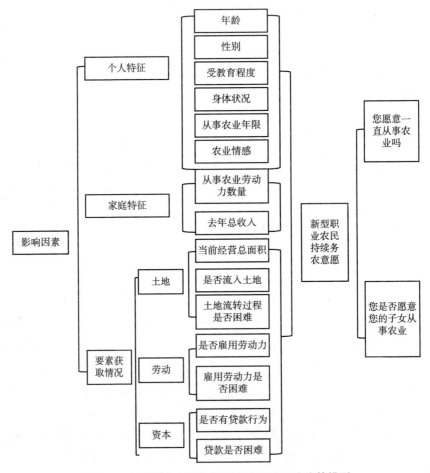

图6.1　新型职业农民持续务农意愿的理论决策模型

6.3 数据、变量与模型

6.3.1 数据来源

课题组的调查范围为 2015～2018 年在河南省主要的新型职业农民培训机构（河南农业大学、河南省团校、夏邑县农广校）培训过的新型职业农民群体。按照学号随机抽样的原则，从 2674 位新型职业农民中抽取 700 位发放调研问卷，回收有效问卷 686 份。有效问卷中 646 份来自河南省（占 94%）；42 份来自河南省外。在做实证分析的时候删去存在缺失值和异常值的问卷，共得到有效问卷 584 份。调研问卷共分为 5 个部分、49 个题目。包括新型职业农民的基本情况、新型职业农民持续务农意愿、新型职业农民的经营风险、新型职业农民的生产要素获取情况、农业农村的营商环境等，为本书提供了翔实的第一手数据资料。

6.3.2 变量设定

在模型指标的选取上，基于前人的研究并结合研究目的，以新型职业农民本人持续务农意愿和是否愿意子女从事农业的意愿作为因变量。将主要解释变量分为三个维度，即新型职业农民个人特征、家庭特征和要素获取情况，再在各个维度下对影响指标进行细分。变量指标的说明和统计描述如表 6.1 所示。

表 6.1　　　　　　　　　　变量说明和统计描述

变量类型	编码	变量名称	变量说明	极小值	极大值	均值
因变量	Y_1	是否愿意一直从事农业	愿意 =1，不愿意 =0	0	1	0.94
	Y_2	是否愿意子女从事农业	愿意 =1，不愿意 =0	0	1	0.64
个人特征	X_1	年龄	20 岁以下 =1，20～30 岁 =2，31～40 岁 =3，41～50 岁 =4，41～50 岁 =5，51～60 岁 =6，60 岁以上 =7	1	5	3.34
	X_2	性别	男 =1，女 =0	0	1	0.83
	X_3	受教育程度	未上过学 =1，小学 =2，初中 =3，高中与中专 =4，大专及以上 =5	1	5	3.77

变量类型	编码	变量名称	变量说明	极小值	极大值	均值
个人特征	X_4	身体状况	健康 =1，比较健康 =2，一般 =3，较差 =4，非常差 =5	1	5	1.23
	X_5	从事农业工作年限	5 年以下 =1，5 ~ 10 年 =2，11 ~ 20 年 =3，21 ~ 30 年 =4，30 年以上 =5	1	5	1.91
	X_6	从事农业最重要的原因	喜欢农业 =1，其他原因 =0	0	1	0.54
家庭特征	X_7	从事农业劳动力数量	1 人 =1，2 人 =2，3 人 =3，4 人 =4，5 人 =5，6 人及以上 =6	1	6	2.84
	X_8	去年总收入	1 万元以下 =1，1 万 ~ 5 万元 =2，5 万 ~ 10 万元 =3，10 万 ~ 20 万元 =4，20 万 ~ 50 万元 =5，50 万元以上 =6	1	6	2.99
要素获取情况	X_9	当前经营土地总面积	实际经营土地面积	2	5600	229.92
	X_{10}	是否流入土地	是 =1，否 =0	0	1	1.36
	X_{11}	土地流转过程是否困难	是 =1，否 =0	0	1	0.7
	X_{12}	是否雇用劳动力	是 =1，否 =0	0	1	0.9
	X_{13}	雇用劳动力是否困难	非常困难 =1，困难 =2，一般 =3，容易 =4，非常容易 =5	1	5	2.51
	X_{14}	是否有贷款行为	是 =1，否 =0	0	1	0.66
	X_{15}	从金融机构贷款是否困难	非常困难 =1，困难 =2，一般 =3，容易 =4，非常容易 =5	1	5	2.06

资料来源：问卷调查统计。

1. 因变量

因变量为新型职业农民务农稳定性，包括两个方面：新型职业农民自己持续务农的意愿和是否愿意其子女从事农业。针对这两个问题在调查问卷中具体设计为："您愿意一直从事农业吗？"和"您是否愿意您的子女从事农业？"

2. 自变量

主要解释变量分为三类：个人特征、家庭特征和要素获取情况。

（1）个人特征。众多研究表明，农民个人特征与农民的就业选择、生产发展、投资决策等都具有相关性。那么，个人特征与新型职业农民持续从事农业的意愿理应有一定的关联性。在借鉴相关学者研究成果的基础上，将从年龄、性别、受教育程度、身体状况、从事农业工作年限和农业情感六项指标考察新型职业农民个人特征是否影响其务农稳定性。年龄和身体状况反映新型职业农民的身体素质。一般来说，年龄越小、身体状况越好的人，持续从事农业的意愿更强。受教育程度和从事农业工作年限反映新型职业农民对新技术的学习能力。受教育程度越高、从事农业工作年限越长，对农业新技术的接受能力和学习能力越好，决策行为会更加理性。中国有几千年的农耕文化，农民对土地有一种难舍的热爱，大部分新型职业农民本来就出生和成长在农村，他们热爱自己的家乡，在一定程度上表明了对农业的情感越强的新型职业农民，在一定条件下持续从事农业的意愿会越强。

（2）家庭特征。农民的生产经营决策往往受到家庭的影响，人们奋斗的目标主要是为了家庭生活美满幸福。家庭特征主要包括家庭从事农业的劳动力数量和收入情况两项指标。一般认为家庭从事农业的劳动力人数越多、收入越高，说明从事农业有利可图，农业生产经营在家庭中有着不可忽视的地位，在一定程度上可以增强新型职业农民持续务农的意愿。

（3）要素获取情况。新型职业农民与现代生产要素结合才能实现农业现代化。主要从耕地经营情况、生产要素获取情况、生产要素获取难度等方面考察新型职业农民要素获取情况，主要包括当前经营土地总面积、是否流入土地、土地流转过程是否困难、是否雇用劳动力、雇用劳动力是否困难、是否有贷款行为和从金融机构贷款是否困难七项指标。从事职业化的农业生产需要土地、劳动、资本等要素大量投入。家庭的要素拥有量越多，越可能依靠诸多要素进行职业化农业生产；或者是家庭要素拥有量虽然不多，但是获取要素的难度较低，能很容易获得农业生产资料的新型职业农民，其持续务农的意愿越强。

6.3.3　模型构建

主要研究对象为新型职业农民务农稳定性，主要从新型职业农民自己继续从事农业的意愿以及让其子女从事农业的意愿进行研究，这是二分类型变量而非连续型变量。传统的回归模型由于因变量的取值范围在负无穷大与正无穷大之间，在此处并不适用。因此采用二元 Logistic 回归分析方法建立回归模型，将因变量的取值限制在［0，1］范围内，并使用极大似然估计法拟合模型回归参数。Logistic 回归方程具体如下：

$$P = \frac{exp\left(\beta_0 + \sum\limits_{i=1}^{k} \beta_i x_i\right)}{1 + exp\left(\beta_0 + \sum\limits_{i=1}^{k} \beta_i x_i\right)}$$

$$LogitP = \ln\left(\frac{P(y_i = 1)}{1 - P(y_i = 1)}\right) = \beta_0 + \sum\limits_{i=1}^{k} \beta_i x_i + \varepsilon \qquad (6.1)$$

涉及两个被解释变量，即新型职业农民本人持续务农的意愿 Y_1（是/否）及新型职业农民是否愿意子女从事农业经营的意愿 Y_2（是/否），并分别检验 Y_1、Y_2 与解释变量 $X_1 \sim X_{15}$ 的相关关系。

模型一被解释变量为"您愿意一直从事农业吗?""愿意"的定义为"$Y_{1i} = 1$""不愿意"的定义为"$Y_{1i} = 0$"。$P(y_{1i} = 1)$ 为新型职业农民自己愿意持续务农的概率；$1 - P(y_{1i} = 1)$ 为新型职业农民自己不愿意持续务农的概率；β_0 为截距项；x_i 为影响新型职业农民自己持续务农意愿的因素；β_i 为第 i 个影响因素的回归系数；ε 为随机误差项。

模型二被解释变量为"您是否愿意您的子女从事农业?""愿意"的定义为"$Y_{2i} = 1$""不愿意"的定义为"$Y_{2i} = 0$"。$P(y_{2i} = 1)$ 为新型职业农民愿意子女从事农业的概率；$1 - P(y_{2i} = 1)$ 为新型职业农民不愿意子女从事农业的概率。在问卷设计时，我们考虑了多种情况，问题的答案设置为"愿意让子女都从事农业""让女儿从事农业""让儿子从事农业"和"不愿意子女从事农业"四个选项。实际上，有的新型职业农民只有儿子或者女儿。而且从实际调研结果来看，选择"让女儿从事农业"和"让儿子从事农业"的人数较少。因此在进行实证分析时将"愿意让子女都从事农业""让女儿从事农业"和"让儿子从事农业"三个选项合并为"愿意让子女从事农业"。

6.4 新型职业农民持续务农意愿分析

6.4.1 新型职业农民自己持续务农意愿分析

根据调研结果，93%的新型职业农民选择了愿意一直从事农业；而不愿意继续从事农业经营的新型职业农民仅占7%。表6.2反映了不同条件下，新型职业农民自己持续务农意愿的差别。

表 6.2　　　　　　　新型职业农民自己持续务农意愿交叉分析

变量名称	变量描述	您愿意一直从事农业吗？		变量名称	变量描述	您愿意一直从事农业吗？	
		愿意(%)	不愿意(%)			愿意(%)	不愿意(%)
年龄	20 岁以下	0.7	0	从事农业经营年数	5 年以下	38.2	52.9
	20~30 岁	15.8	29.4		5~10 年	41.3	32.4
	31~40 岁	38.5	38.2		11~20 年	14.0	5.9
	41~50 岁	36.2	32.4		21~30 年	3.6	8.8
	51~60 岁	8.7	0		30 年以上	2.9	0
性别	男	83.8	70.6	从事农业的原因	喜欢农业	56.2	23.5
	女	16.2	29.4		其他原因	43.8	76.5
受教育程度	未上过学	0.5	0	是否流入土地	是	65.5	44.1
	小学	1.6	5.9		否	34.5	55.9
	初中	33.6	38.2	土地流转是否困难	是	69.8	67.6
	高中或中专	49.1	29.4		否	30.2	32.4
	大专及以上	15.1	26.5	是否雇用劳动力	是	90.2	79.4
身体状况	健康	82.2	67.6		否	9.8	20.6
	比较健康	14.4	23.5	雇用劳动力困难程度	非常困难	13.8	14.7
	一般	3.1	8.8		困难	33.5	29.4
	较差	0.2	0		一般	41.8	47.1
	非常差	0.2	0		容易	9.8	8.8
您家从事农业的劳动力人数	1 人	6.5	5.9		非常容易	1.1	0
	2 人	46.0	64.7	有无贷款行为	有	66.5	50.0
	3 人	19.1	14.7		无	33.5	50.0
	4 人	17.5	8.8	从金融机构贷款的难易程度	非常困难	33.6	47.1
	5 人	4.9	2.9		困难	32.9	14.7
	6 人及以上	6.0	2.9		一般	26.7	35.3
您家去年总收入	1 万元以下	6.9	26.5		容易	6.4	2.9
	1 万~5 万元	29.3	32.4		非常容易	0.4	0
	5 万~10 万元	29.6	29.4				
	10 万~20 万元	24.9	11.8				
	20 万~50 万元	6.4	0				
	50 万元以上	2.9	0				

资料来源：问卷调查统计。

从个人特征来看，年龄在 31 岁以上的新型职业农民更愿意一直从事农业；而年龄在 30 岁以下的新型职业农民，持续从事农业经营的意愿较低。男性新型职业农民持续从事农业的意愿显然远远高于女性。受教育程度越高的新型职业农民，持续务农的意愿越强；受教育程度在初中及以下的新型职业农民，更加不愿意一直务农。身体健康状况越好的新型职业农民，越愿意一直从事农业；从事农业经营时间越长，越愿意持续从事农业；对农业情感深厚的新型职业农民，愿意一直从事农业生产经营。从家庭特征来看，家庭从事农业的劳动人数越多，去年总收入越高的家庭，新型职业农民更愿意一直从事农业。从要素获取情况来看，流入土地的新型职业农民，其持续务农的意愿显然较高；生产经营时有雇工的新型职业农民，持续务农的意愿越强；有贷款行为的，持续务农的意愿较强；在土地流转、雇用劳动力、从金融机构获取贷款方面难度较高的新型职业农民，更加不愿意持续从事农业生产经营。

6.4.2　新型职业农民让子女务农的意愿分析

愿意让子女从事农业的占 62%；不愿意让子女从事农业的占 38%。表 6.3 反映了不同条件下，新型职业农民让子女从事农业意愿的差别。

表 6.3　　　　　　　新型职业农民让子女务农意愿交叉分析

变量名称	变量描述	您愿意子女从事农业吗？		变量名称	变量描述	您愿意子女从事农业吗？	
		愿意（%）	不愿意（%）			愿意（%）	不愿意（%）
年龄	20 岁以下	0.5	0.9	从事农业经营年数	5 年以下	36.7	43.1
	20~30 岁	13.1	22.7		5~10 年	39.4	43.1
	31~40 岁	39.7	36.5		11~20 年	15.5	10.0
	41~50 岁	38.6	31.3		21~30 年	4.6	2.8
	51~60 岁	8.0	8.5		30 年以上	3.8	0.9
性别	男	84.5	80.6	从事农业的原因	喜欢农业	60.6	43.1
	女	15.5	19.4		其他原因	39.4	56.9

变量名称	变量描述	您愿意子女从事农业吗?		变量名称	变量描述	您愿意子女从事农业吗?	
		愿意（%）	不愿意（%）			愿意（%）	不愿意（%）
受教育程度	未上过学	0.5	0.5	是否流入土地	是	57.3	68.1
	小学	1.1	3.3		否	42.7	31.9
	初中	32.4	36.5	土地流转是否困难	是	69.2	70.6
	高中或中专	50.7	43.1		否	30.8	29.4
	大专及以上	15.3	16.6	是否雇用劳动力	是	90.6	87.7
身体状况	健康	85.3	74.4		否	9.4	12.3
	比较健康	12.3	19.4	雇用劳动力困难程度	非常困难	12.6	16.1
	一般	2.1	5.7		困难	32.2	35.1
	较差	0	0.5		一般	41.8	42.7
	非常差	0	0.3		容易	11.8	6.2
您家从事农业的劳动力人数	1人	4.6	10.0		非常容易	1.6	0
	2人	44.5	51.7	有无贷款行为	有	69.2	59.2
	3人	22.3	12.8		无	30.8	40.8
	4人	16.6	17.5	从金融机构贷款的难易程度	非常困难	32.7	37.4
	5人	5.4	3.8		困难	33.2	29.4
	6人及以上	6.7	4.3		一般	25.5	30.3
您家去年总收入	1万元以下	4.8	13.7		容易	8.0	2.8
	1万~5万元	28.4	31.3		非常容易	0.5	0
	5万~10万元	30.8	27.5				
	10万~20万元	25.5	21.8				
	20万~50万元	7.0	4.3				
	50万元以上	3.5	1.4				

资料来源：问卷调查统计。

从个人特征来看，年龄在31岁以上，特别是31~50岁的新型职业农民更愿意其子女从事农业；而年龄在30岁以下的新型职业农民，愿意其子女从事农业的意愿较低。男性新型职业农民愿意子女从事农业的意愿高于女性。受教育程度越高的新型职业农民，愿意子女从事农业的比例越高；身体健康状况越好的新型职业农民，越愿意子女从事农业。从事农业经营时间越长，越愿意子女从事农业；对农业情感深厚的新型职业农民，愿意子女从事农业生产经营。从家庭特征来看，家庭从事农业的劳动力人数越多，去年总收入越高的家庭，新型职业农民更愿意子女从事农业。从要素获取情况来看，流入土地的新型职业农民，让子女务农的意愿显然较高；生产经营时有雇工的新型职业农民，让子女务农的意愿越强；有贷款行为的，让子女从事农业的意愿较强；在土地流转、雇用劳动力、从金融机构获取贷款方面难度较高的新型职业农民，更加不愿意子女从事农业生产经营。

6.5 实证结果分析

6.5.1 新型职业农民自己持续务农意愿的影响因素分析

使用调研数据，应用 SPSS 21.0 软件对新型职业农民自己持续务农意愿的影响因素进行了 Logistic 模型回归，最终检验结果如表 6.4 所示。在回归之前先通过相关矩阵和方差膨胀因子（VIF）两种检验方法来检验自变量之间是否存在多重共线性。从检验结果来看，VIF 值最大为 1.276，显著小于 10，说明解释变量之间不存在多重共线性，可以纳入模型方程进行回归。在回归分析时，采用了 Enter 策略，让所有解释变量强行进入方程。模型回归结果显示，卡方值为 39.458，对应的概率值为 0.001，-2 倍的对数似然函数值为 219.883，类 R^2 值为 0.182，模型总的预测准确率达到 94.2%。说明回归模型选择适当，可以用来分析影响因素的作用方向及大小。模型回归结果如表 6.5 所示。

表 6.4 综合检验

卡方	-2 倍的对数似然值	Cox & Snell R^2	Nagelkerke R^2
39.458	219.883	0.065	0.182

表 6.5 新型职业农民自己持续务农意愿的影响因素的模型估计结果

变量名称	变量描述	回归系数	Wald 值	发生比
个人特征	年龄（X_1）	0.358	2.515	1.431
	性别（X_2）	0.523	1.418	1.686
	受教育程度（X_3）	-0.214	0.798	0.807
	身体状况（X_4）	-0.365	1.629	0.694
	从事农业工作年限（X_5）	0.100	0.224	1.105
	农业情感（X_6）	1.211 ***	7.989	3.355

变量名称	变量描述	回归系数	Wald 值	发生比
家庭特征	从事农业劳动力数量（X_7）	0.140	0.648	1.151
	去年总收入（X_8）	0.479 **	5.624	1.614
要素获取情况	当前经营土地总面积（X_9）	0.000	0.013	1.000
	是否流入土地（X_{10}）	−0.525	1.708	0.591
	土地流转过程是否困难（X_{11}）	−0.003	0.000	0.997
	是否雇用劳动力（X_{12}）	−0.122	0.052	0.885
	雇用劳动力是否困难（X_{13}）	−0.075	0.108	0.928
	是否有贷款行为（X_{14}）	0.443	1.328	1.557
	从金融机构贷款是否困难（X_{15}）	0.174	0.500	1.190
常量		0.676	0.134	1.966

注：*、**、***分别表示在10%、5%、1%的统计水平上显著。

从表 6.5 的回归结果来看，只有农业情感和家庭总收入两个变量对新型职业农民自己持续从事农业有显著影响，且为正向影响。样本中的新型职业农民从事农业的原因主要是对农业了解和有兴趣，喜欢农业的占53%；了解农业，对农业项目有经验的占16%。这和农业部提出的要培育爱农业、懂技术、善经营的新型职业农民理念是一致的。调查结果显示，对于是否愿意一直从事农业，93%的新型职业农民选择了愿意。可见，绝大多数新型职业农民选择了务农，起码在主观意识上愿意把农业经营到底，这也佐证了绝大多数新型职业农民选择从事农业是基于偏好和职业兴趣。正是因为对农业的这份热爱，新型职业农民愿意一直从事农业，愿意严格要求自己，学习先进的农业技术和管理知识，以提升职业技能、适应现代农业发展的需要。仅仅从经济角度考虑从事农业经营的新型职业农民仅仅占10.6%；没有合适的非农项目可做的占11%。这种现象表明当前农业项目在获利能力上并不占优，新型职业农民从事农业经营不一定能够得到更多的经济利润。鉴于此，收入水平低的家庭，往往因为生活窘迫，导致新型职业农民产生不愿意继续从事农业的想法，转行从事其他职业。

从回归结果来看，大多数解释变量的回归系数均不显著。其中主要解释变量要素获取情况中的7个指标均不显著，但这并不意味着要素获取能力不是影响新型职业农民自己持续务农意愿的主要因素。研究的目的为分析要素获取能力对新型职业农民务农稳定性的影响，在实证分析时控制了个人特征和家庭特征。但是根据前人的研究，农地经营环境条件、地域因素、职业培训特征、农业经营风险等都是影响职业务农意愿的因素。除了样本自身可能存在的误差之外，实证分析可能是因为忽略了这些变量，导致模型估计结果并不显著。因此后续可以考虑加上农业经营风险、农地经营环境条件、地域因素等再进行更进一步的分析。还有可能是因为新型职业农民在考虑自己持续务农意愿时，主要从自身主观意愿出发。很多新型职业农民生在农村，长在农村。正是因为对农业这份深沉的热爱，他们愿意一直从事农业生产经营。再加上从收入情况看，新型职业农民 2017 年家庭收入 10 万元以内的家庭数量占比 69.04%；10 万~20 万元的家庭数量占比 21.80%；20 万~50 万元的家庭数量占比 6.4%；50 万元以上的家庭数量占比 2.76%。相比于普通农民，新型职业农民家庭收入达到了相当的水平，既可以从事自己喜欢的职业，又能获得一份不错的收入，因此受其主观意愿影响的可能性非常大。

6.5.2 新型职业农民让子女务农意愿的影响因素分析

使用调研数据，应用 SPSS 21.0 软件对新型职业农民让子女务农意愿的影响因素进行了 Logistic 模型回归，最终检验结果如表 6.6 所示。在回归之前先通过相关矩阵和方差膨胀因子（VIF）两种检验方法来检验自变量之间是否存在多重共线性。从检验结果来看，VIF 值最大为 1.276，显著小于 10，说明解释变量之间不存在多重共线性，可以纳入模型方程进行回归。在回归分析时，采用了 Enter 策略，让所有解释变量强行进入方程。模型回归结果显示，卡方值为 62.366，对应的概率值为 0.000，−2 倍的对数似然函数值为 701.697，类 R^2 值为 0.139，模型总的预测准确率达到 64.7%。说明回归模型选择适当，可以用来分析影响因素的作用方向及大小。模型回归结果见表 6.7。

表 6.6 综合检验

卡方	−2 对数似然值	Cox & Snell R^2	Nagelkerke R^2
62.366	701.697	0.101	0.139

表 6.7 新型职业农民让子女务农意愿的影响因素的模型估计结果

变量名称	变量描述	回归系数	Wald 值	发生比
个人特征	年龄（X_1）	0.140	1.673	1.151
	性别（X_2）	0.123	0.251	1.130
	受教育程度（X_3）	0.004	0.001	1.004
	身体状况（X_4）	− 0.479 ***	7.252	0.619
	从事农业工作年限（X_5）	0.124	2.489	1.132
	农业情感（X_6）	0.208 **	5.390	1.231

变量名称	变量描述	回归系数	Wald 值	发生比
家庭特征	从事农业劳动力数量（X_7）	0.242 **	5.473	1.274
	去年总收入（X_8）	0.654 ***	12.386	1.924
要素获取情况	当前经营土地总面积（X_9）	0.000 *	3.722	1.000
	是否流入土地（X_{10}）	−0.248	1.566	0.780
	土地流转过程是否困难（X_{11}）	−0.003	0.000	0.997
	是否雇用劳动力（X_{12}）	−0.155	0.254	0.857
	雇用劳动力是否困难（X_{13}）	0.221 **	4.127	1.248
	是否有贷款行为（X_{14}）	0.368 *	3.547	1.445
	从金融机构贷款是否困难（X_{15}）	0.053	0.254	1.054
常量		−1.489	2.459	0.226

注：*、**、*** 分别表示在 10%、5%、1% 的统计水平上显著。

1. 个人特征对新型职业农民让子女务农意愿的影响

在个人特征中，只有身体状况和农业情感通过了显著性检验。年龄、性别、受教育程度、从事农业工作年限对新型职业农民让子女务农意愿的影响不显著。样本中的新型职业农民比较年轻，年龄在 20 ~ 50 岁的新型职业农民占比 88.7%。男性占 80%。学历在高中以上文化的占 64.5%。从新型职业农民从业年限来看，38.95% 的新型职业农民从事农业时间在 5 年以下；5 ~ 10 年的占比 39.68%。这与新型职业农民年龄普遍较为年轻数据较为拟合。可能由于新型职业农民作为一个同质化群体，具有大致相近的认识，这或许是造成年龄、性别、受教育程度、从事农业工作年限不显著的原因。身体状况对新型职业农民让子女务农意愿有显著影响，回归系数符号为负。对于身体健康状况的自评，95% 的新型职业农民认为自己比较健康。农业生产是一项以强体力劳动为主的生产劳动。尽管机械化生产已经降低了对劳动者身体素质的要求，但身体健康的新型职业农民，从事农业劳动更有优势，可以帮助子女经营农业，因此更愿意自己的子女从事农业。农业情感对新型职业农民让子女务农意愿有显著影响，回归系数符号为正。样本中新型职业农民从事农业的原因主要是对农业了解和有兴趣，喜欢农业的占 53%，说明吸引新型职业农民从事农业经营的主要依靠的是职业兴趣、偏好等非经济因素。出于自身对农业的喜爱，新型职业农民希望其子女也能喜欢农业，从事农业。

2. 家庭特征对新型职业农民子女务农意愿的影响

家庭特征中，家庭从事农业劳动力数量和家庭总收入情况都通过了显著性检验，且对新型职业农民让子女务农意愿有显著正向影响。家庭从事农业的劳动力数量越多，说明农业经营在整个家庭生活中占的比重越大，家庭"以农为生"的可能性越大，让子女从事农业是家庭事业的传承。新型职业农民2017年的家庭收入10万元以内的家庭数量占比69.04%；10万~20万元的家庭数量占比21.80%；20万~50万元的家庭数量占比6.4%；50万元以上的家庭数量占比2.76%。相比于普通农民，新型职业农民家庭收入达到了相当的水平。收入越高的家庭，可以凭借其农业收入过上体面的生活，并有更多的积累资金投入到农业生产经营，新型职业农民让其子女从事农业的意愿越强。

3. 要素获取情况对新型职业农民让子女务农意愿的影响

要素获取情况中，当前经营土地总面积、雇用劳动力的困难程度和贷款行为通过了显著性检验。当前经营土地总面积对新型职业农民让子女务农意愿有显著影响，回归系数符号为正。样本中的新型职业农民由于从事的农业项目不同，拥有的土地规模差距比较大。但一般来说，当前经营的土地总面积越大，对劳动力的需求越大，新型职业农民越愿意让子女从事农业帮助经营。雇用劳动力的困难程度对新型职业农民让子女务农意愿有显著影响，回归系数为负。新型职业农民的农业项目往往具有一定的规模，雇工成为一种常见的现象。随着城镇化进程加快，农村剩余劳动力数量不断减少，再加上留在农村的劳动力质量不高，农村地域广泛，劳动力信息市场不发达，约占47.67%的新型职业农民认为劳动力雇用困难；认为雇用劳动力较容易的新型职业农民仅占10.32%。雇用劳动力越容易，新型职业农民越愿意其子女从事农业。贷款行为对新型职业农民让子女务农意愿有显著影响，回归系数符号为正。资金是现代农业生产要素，生产资金的积累既是农业扩大再生产的核心因素，也是家庭经营规模化的标志。新型职业农民能否获得创业和持续经营的资金是影响新型职业农民从事农业的重要因素。调研数据表明，95.78%的新型职业农民面临着资金短缺情况。能够获取生产所需的资金是持续经营的必要条件，因此能够从金融机构获取贷款的新型职业农民，愿意让子女从事农业经营。

6.6 小结

通过建立二元Logistic模型，分析了要素获取能力对新型职业农民务农稳定性的影响。研究发现，要素获取能力对新型职业农民自己一直从事农业意愿的影响不明显，农业情感和家庭去年总收入对新型职业农民自己一直从事农业的意愿有显著正向影响，说明对农业情感越强、家庭收入情况越好，新型职业农民更愿意一直从事农业。在影响新型职业农民愿意其子女从事农业意愿的因素中，个人特征方面，身体状况和农业情感有显著影响。具体来说，身体状况越好、对农业情感越强的新型职业农民，越愿意其子女从事农业；家庭特征方面，家庭从事农业劳动力数量和家庭总收入情况有显著影响。家庭从事农业劳动力数量越多、家庭收入越高，新型职业农民越愿意持续务农；要素获取方面，当前经营土地总面积、雇用劳动力的困难程度和贷款行为通过了显著性检验。当前经营土地总面积越大、雇用劳动力困难程度越低、有贷款行为的新型职业农民，更愿意让子女从事农业帮助经营。

本研究启示我们，新型职业农民是"理性经济人"。在多元化就业选择时代，如何吸引和培育新型职业农民，首先要考虑的是要尊重农民的职业意愿，在培育中坚持重点培育导向。根据实证结果，对农业有深厚感情的人最容易持续经营农业甚至鼓励自己的子女也从事农业。识别这类人群，然后为其提供新型职业农民成长条件和平台，是推动新型职业农民培育、促进新型职业农民持续经营的重要手段。其次，要让职业农民与从事其他职业一样能够较稳定地获得职业收益。实证结果显示，收入是影响新型职业农民持续务农的重要因素。一方面，要构建新型农业经营体系，让只有几亩地的农民成为拥有几十亩甚至上百亩地的农场主，收入才能提高，才能过上体面的生活；另一方面，政府主动提供新型职业农民培训，提升农民职业技能，从而提高农民收入。让农民成为体面的职业，不仅意味着要让其有可观的工作收入，还意味着对其有完善的社会保障、良好的生活环境，这需要进一步推进农村社会保障制度建设。最后，新型职业农民培育离不开政府的支持。政府应推出配套政策，通过政策的激励和扶持，提升农民从事农业的信心并真正得到较高的职业收益，才能激励新型职业农民扎根农村发展现代农业。比如创新和改革农业补贴发放方式。在现有普惠制的基础上，将新增农民补贴重点向新型职业农民、向规模经营主体倾斜；在土地流转、承担农业项目、金融信贷、信息服务等方面优先考虑支持新型职业农民发展。

第7章　农业风险对新型职业农民
经营稳定性的影响分析

7.1　引言

　　大力培育新型职业农民，这是党中央国务院站在"三化"同步发展全局，解决未来"谁来种田"问题做出的重大决策，这抓住了农业农村经济发展根本和命脉。2012年，中共中央、国务院印发的《关于加快推进农业科技创新持续增强农产品供给保障能力的若干意见》中指出要"大力培育新型职业农民"。农业部办公厅印发的《新型职业农民培育试点工作方案》中提出试点县要根据农业产业分布选择2~3个主导产业，培育新型职业农民500~1000人。新型职业农民逐渐成为现代农业建设的主导力量，具有中国特色的新型职业农民培育制度基本确立，"一主多元"的新型职业农民培育体系初步形成。截至2015年底，全国新型职业农民达到1272万人，比2010年增长55%，农民职业化进程不断提速。《"十三五"全国新型职业农民培育发展规划》更是强调了培育新型职业农民是解决"谁来种地"问题的根本途径，是加快农业现代化建设的战略任务，是推进城乡发展一体化的重要保障，是全面建成小康社会的重大举措。

　　新型职业农民的培育是农业发展的助力，培育新型职业农民就是培育现代农业的现实和未来。在肯定新型职业农民培育工作积极作用的同时，也要清楚地认识到农民职业化并不能消除职业稳定性问题。农业风险的存在，会对农业产出、农产品价格等方面产生负面影响。农业收入无法保证之下，农户必然会对未来的农业经营有新的考量。据统计，2018年我国农业生产受灾面积占总播种面积的比率为12.55%，较2009年的30.35%有所下降；过去十年平均受灾率为17.66%。农业风险依旧是农业可持续发展的一大阻碍。基于此，研究农业风险对新型职业农民务农稳定性的影响，对于夯实农业生产根基，发展农业现代化、城乡一体化以及全面建成小康社会有着重要的现实意义。

7.2　文献综述

7.2.1　农业风险对农户收入的影响机制研究

农业集群发展、农户适度规模化经营等农业生产方式是我国农业发展的新出路，也是农户增收的新途径。杨月元等（2014）指出，农业集群发展作为增加农民收入的手段，在有效规避自然风险、市场风险、技术风险和融资风险的同时，也衍生了新的风险，如周期风险、政策风险、结构风险和网络风险，对农业集群发展产生限制。贺书霞等（2019）指出适度规模经营农户面临的农业风险更为集中，加上适度规模农户的风险管理能力弱，农业风险的存在成为农业规模化发展的束缚。可见农业风险的存在限制了农业生产方式的转变，进而制约了农户增收。国内学者也对直接影响农民收入的因素进行了研究。赵洪丹等（2018）在研究影响农民收入增加的因素中发现，农业产出的增加和农产品价格的上升是农民收入增加的原因，其中价格的作用更大。吴云勇等（2012）也指出农产品价格指数和成灾率会制约农民收入的增加，进一步肯定了农业风险对农业收入的影响。

7.2.2　新型职业农民务农稳定性的影响因素研究

李明贤等（2013）以湖北、湖南、河南、江西、安徽、山东这6个粮食主产省的农户种粮意愿调研数据为基础，分析了影响农村劳动力种粮意愿的因素。研究发现，女性、年龄越大、文化程度越低、担任村干部、务农年限越长、有外出打工经历、兼业程度越低、种粮收益越高，农村劳动力越愿意种粮。韩占兵（2014）基于江苏省、河南省和陕西省的9个城市的调研数据，研究了新生代农民在兼业型务农和职业型务农、暂时型务农和永久型务农中如何选择及其影响因素。结果表明，务农动力越强、务农机会成本越大，新生代农民越倾向于职业型永久型务农；文化歧视和规模化经营障碍越大，越倾向于兼职型暂时型务农。吴易雄（2016）选取了20个省份的100个村，对新型职业农民的农业生产意愿进行了研究。结果显示：年龄越大、文化程度越高、组织化越低、希望的培训时间越短、扩大农业生产的愿望越强烈，新型职业农民让小孩学农或者从事农业的意愿越强；性别为女、从事农业的背景越深、农机服务方式越落后、单位效益和当地水平比较越低，新型职业农民让小孩学农或者从事农业的意愿就越弱。钟涨宝等（2016）基于湖北省随州市和黄冈市301户农户的调查数据，分析了影响农村劳动力职业务农意愿的因素。研究发现：兼业农户比纯非农户更愿意职业务农；拥有农机具的农户更倾向于职业务农；家庭实际的耕地面积越多、货币支出压力越大、文化程度越高、耕地转入的难度越小、政府补贴力度越大，农村劳动力就越愿意职业务农。同时钟涨宝也指出农户并非不愿意务农，而是愿意从事农业的农户面临"无地可种"的困境。吕雅辉等（2016）基于湖南省中部4个县391名种植水稻的新型职业农民的调查数据，通过二元线性回归实证分析了影响新型职业农民对于让子女继承农业意愿的因素。结果表明：受教育程度、是否为村干部、是否参加过相关培训和对参加教育培训的愿望正向影响职业农民让子女继承农业的意愿；年龄、政治面貌、家庭劳动投入比例和是否雇用工人则产生负面效应。付晨曦等（2018）运用江西省15个县587份农户子女继续务农意愿的调研数据进行回归分析，发现有过不好的打工经历的家庭，子女继续务农的意愿较高；农户承包的耕地面积、农业收入的比重和撂荒面积也对子女继续务农的意愿影响显著。

7.2.3　农业风险概述

关于农业发展过程中存在的风险，不同的学者在研究不同的具体问题时有着不同的考量。翁文先（2010）指出农业从业者面临的风险主要有农业风险、土地政策风险、人为破坏风险和流动性风险。其中农业风险指的是自然风险和市场风险；土地政策风险主要表现在土地等使用权的丧失对一些周期长的农业影响大；而人为破坏风险除了农业从业者自身因技术使用不当造成损失外，也包括他人的恶意干扰；流动性风险则是指农业从业者或者非农从业者在农业和非农业之间流动带来的损失。杨月元等（2014）在研究产业集群对农业风险的影响中则把农业风险分为自然风险和社会风险，其中社会风险又包括市场风险、技术风险和融资风险。自然风险指的是气候、地震、病虫害等不可控风险；市场风险指的是农产品市场价格波动带来的风险；技术风险指的是农业技术传播和创新方面的风险；融资风险指的是融资的渠道、方式以及还贷能力方面的风险。赵亮等（2015）则在研究风险预期的农业投入－产出均衡及对收入稳定性的影响中将农业风险分为了产前、产中和产后风险。要素价格、补贴政策和基础建设投资等是产前风险；要素配置、灾害、疾病、技术选择和毒害残留等是产中风险；产品价格、运营成本和价格政策等是产后风险。

随着农业经营模式的多样化和分工的细化，市场和社会环境的变化，农业风险中一些新的风险因素也凸显出来。张传洲等（2015）研究了农业订单毁约风险的存在对订单农业发展的影响。张燕媛等（2016）认为新型职业农民也面临社会风险，即由产业关联者或者非产业关联者行为带来的风险。吴渭等（2017）提出农业风险现代性的概念，把农业风险分为了自然风险和人为风险，详细描述了自然资源风险和政府制度风险。贺书霞等（2019）在研究农户经营风险和土地适度规模中指出经营决策风险、信息风险也是农业风险的一部分。其中经营决策风险指的是种植品种及数量的决策，种子农药及化肥等农资的采购使用；信息风险指的是气象、农资、人力及产品的市场供求等信息。

从上述文献可以得出，农业风险会对农民的农业收入产生直接影响，也能够通过影响农户农业生产方式的选择从而对农户增收产生束缚。对于影响新型职业农民务农稳定性的因素，结论主要有性别、年龄、受教育程度、兼业情况、务农年限和农业经营面积等个体特征因素；也有规模化经营阻力、农业服务发展水平、土地流转难易以及政府补贴力度。目前，并没有文献从农业风险的角度对新型职业农民的务农稳定性做出分析。本书则在梳理了农业风险内涵的基础上，利用调研数据实证分析农业风险的各个方面对新型职业农民务农稳定性的影响，从而为未来农业的发展提供有针对性的政策建议。

7.3 新型职业农民面临的农业风险特征

7.3.1 农业风险及其分类

农业风险是人们在从事农业生产和经营过程中遭受不可抗力的不确定事件。传统农业风险分类是按照引起风险的事件来源进行分类，分为自然风险和市场风险。由于农业产业是依靠生物体的生长发育和转化为劳动对象，以获得人类生活和生产所需要产品的社会物质生产部门，所以由于自然力不规则变化产生的现象所导致危害经济的活动，如地震、水灾、旱灾、风灾、雹灾、冻灾、虫灾以及各种瘟疫等，往往对农业的影响较大。从图 7.1 和表 7.1 可以看出，2016～2017 年我国农作物受旱灾影响比较大，地质灾害带来的直接损失和防护投资数据也是比较庞大的。

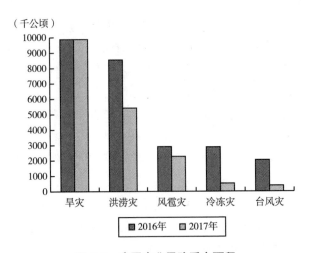

（千公顷）

图7.1　我国农业风险受灾面积

表7.1	地质灾害及防护情况	单位：万元
指标	直接经济损失	地质灾害防护投资
2015 年	250528	1762663
2016 年	354290	1360234
2017 年	359477	1635961

资料来源：作者收集整理。

　　市场风险是商品经济运行过程中出现的风险，由市场竞争的摩擦、不完全性导致而成。农业的市场风险一般指在农业生产和农产品销售过程中，由于市场供求失衡、农业生产要素和农产品市场价格的波动、经济贸易条件等因素变化、产业政策变化等方面的影响，或者由于经营管理不善、信息不对称、市场前景预测偏差等导致农户经济上遭受损失的风险。

　　从经济学的研究对象来说，对农业的风险按照来源进行分类并不便于开展研究。为了更好地刻画和比较新型职业农民面临的农业风险，本章把农业风险按照经营主体对于损失结果承受的程度来分类，可分为能够承受的风险和不能承受的风险。能够承受的风险是指各类风险带来的损失在经营主体承受范围之内，不影响经营主体持续的经营；不能承受的风险指风险带来的损失超越了经营主体承受范围，经营主体不得不放弃经营，或者破产，或者另寻他业。不能承受的风险对农业生产稳定、经营者的收入影响较大，带来的经济社会问题也比较突出。对于经营主体和政策制定者而言，尽管农业风险是客观存在的，防不胜防，但是仍应尽量避免不能承受风险的发生，或者是提高经营者的风险承受能力。

7.3.2 新型职业农民面临的农业风险

新型职业农民由于具备一定的文化素质、资金技术等要素获取能力以及经营管理经验，往往采取积极的措施能够规避农业风险。譬如通过农业保险的方式来应对自然风险；利用合约、期货等来规避市场风险。但是，新型职业农民尤其是生产型新型职业农民面临的农业风险与普通农民在一些方面存在着不同，表现为新的特征。

一是规模化使得农业风险由可承受风险变成不可承受风险。中国是典型的小农经济，农业的产业组织由小农户组成，甚至是超小农户。小农户最典型的特征是拥有的土地要素规模较小，农业处于简单的再生产循环状态。除了土地要素外，农户对农业的资本、劳动、技术投入都处于较低水平，而且众多的要素投入都是来自于家庭，没有市场化的交易行为。生产的产品也基本围绕着满足家庭需求，绝大多数是粮食、油料、蔬菜等生活必需品，本身具有规避价格波动等市场风险的特征。普通农民家庭来自于农业的收入增长缓慢，占总收入的比重不断下降。譬如，2017年农民的平均收入为13432元，来自于农业的仅仅是4900元；消费支出为10955元，来自农业的收入不够满足农民家庭的消费支出（见图7.2），农业风险损失占到家庭收入的比重不高。以上特征使得小农户尽管面临着巨大的农业风险，但是其参加农业保险的意愿并不强烈。

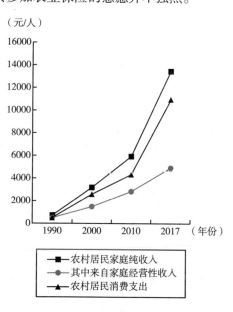

图7.2 小农户的家庭收入与消费支出

而农业风险对于新型职业农民而言，情况发生了改变。新型职业农民全职从事农业，收入也来自于农业经营，对农业的土地、资本、技术等要素投入相应地较多。生产型新型职业农民普遍具备规模化经营的特征。统计显示，2017年1500万新型职业农民的人均农业经营纯收入达到2.78万元，27.7%的新型职业农民人均农业经营纯收入超过城镇居民人均可支配收入；51.6%的新型职业农民销售农产品总额达到10万元以上；31.2%的新型职业农民土地经营规模超过100亩①。农业的自然风险和市场风险对新型职业农民收入影响较大，再加上新型职业农民中有40.6%为务工返乡人员、退伍军人、科技研发推广人员、大中专毕业生等新生力量，因风险导致的收入降低甚至是亏损将影响新型职业农民持续从事农业的意愿，甚至是离开农业，这将影响到农产品的市场供给和新型职业农民培育质量。

　　二是质量风险成为一种显性的风险。农业的高质量发展使得农产品的质量安全问题凸显，农产品的质量风险由以前的隐性风险变成了显性风险。主要有两个方面的原因，一方面是居民收入水平的提高，使得消费者更加关注农产品质量问题，更加追求物美价廉的商品。在此背景下，国家层面的农业政策目标也由追求数量增长变成关注质量效益提升，导致农产品质量安全问题成为国家和社会持续关注的重点和热点；另一方面是与普通农民相比较，新型职业农民的经营呈现规模化、组织化，甚至是品牌化。再加上互联网和物联网的发展，农产品生产追溯系统的构建变得经济可行，往往成为农产品质量监控和管理的对象。

　　普通农户根本没有能力实现"三品一标"（无公害农产品、绿色食品、有机农产品和农产品地理标志的统称）②，消费者对新型职业农民提供的农产品质量有着更高的要求。新型职业农民为了实现优质优价和更强的市场竞争力，往往力争"三品一标"。《中华人民共和国农产品质量安全法》《中华人民共和国食品安全法》《食品安全法实施条例》《农产品质量安全检测管理办法》《绿色食品标准管理办法》《农产品产地安全管理办法》等法律法规，对农产品的质量安全提出了非常明确的要求。尽管法律法规对所有的农产品生产者都是适用的，但是大多数的法律法规并不涉

---

　　① 《2017年全国新型职业农民发展报告》。

　　② 除了考虑经济是否合算外，三品一标的申请规定是普通农户不能实现的。如绿色食品的申请条件中要求具有与生产规模相适应的生产技术人员和质量控制人员；有机农产品认证要求提供营业执照或者证明其合法经营的其他资质证明；农产品地理标志登记申请人为县级以上地方政府依据一定条件择优确定的农民专业合作经济组织、行业协会等组织。

及到普通农户。如农产品生产记录，要求登记为个人独资企业、合伙企业和有限责任公司的，应当建立农产品生产记录①。再加上普通农户规模较小，缺乏农产品生产的追溯系统，或者是追责成本过高，往往各级政府很难检测普通农户的产品质量安全。普通农户即使违法，其承担的违法成本也相对较低。新型职业农民一旦违反农产品质量安全法律法规，往往带来的影响和损失也比较大。譬如，法规规定家庭农场销售的农产品未按照规定进行包装、标识的，责令限期整改；逾期不改正的，可以处以2000元以下罚款。新型经营主体冒用农产品质量标志的，责令整改，没收违法所得，并处2000元以上、20000元以下罚款。

7.4 数据来源、模型设定和变量选取

7.4.1 数据来源

为研究影响新型职业农民务农稳定性的因素，调查范围集中在2015～2018年在河南省主要的新型职业农民培训机构（河南农业大学、河南省团校、夏邑县农广校）培训过的新型职业农民群体。按照学号随机抽样的原则，从2674位新型职业农民中抽取700位发放调研问卷，回收有效问卷686份，所收集到的信息对于分析新型职业农民的务农稳定性具有代表性。有效问卷中有646份来自河南省（占94%）；40份来自于河南省外。在调查过程中，受过培训的调查员随机选取新型职业农民培训学校的学员进行访问并填写调查问卷。问卷内容涉及个人基本特征、务农稳定性意愿和农业风险等方面。

7.4.2 模型设定

新型职业农民的务农稳定性是指新型职业农民是否愿意继续务农或者是否愿意让自己的子女务农。根据调查问卷的设计，新型职业农民选择是否继续务农或者让自己的子女务农的结果只有"愿意"和"不愿意"，是一个二分类变量，是一个典型的二元选择问题，并通过最大似然估计法对

---

① 农产品生产记录应当如实记载的事项：一是使用的投入品的名称、来源、用法、用量和使用、停用的日期；二是动物疫病、植物病虫草害的发生和防治情况；三是收获、屠宰或者捕捞的日期；四是农产品生产记录应当保存两年，不得伪造生产记录。

其回归参数进行估计。因此采用 Logistic 模型，来确定新型职业农民务农稳定性的影响因素。Logistic 模型的基本形式如下：

$$P_i = F\left(\alpha + \sum_{j=1}^{m} \beta_j x_{ji}\right) = 1 \left/ \left\{ 1 + exp\left[-\left(\alpha + \sum_{j=1}^{m} \beta_j x_{ji}\right) \right] \right\} \right. \quad (7.1)$$

对式（7.1）取对数，得到 Logistic 回归模型的线性表达式为：

$$\ln\left(\frac{P_i}{1 - P_i}\right) = \beta_0 + \beta_1 x_{1i} + \beta_2 x_{2i} + \cdots + \beta_j x_{ji} + \cdots + \beta_m x_{mi} + \varepsilon \quad (7.2)$$

式（7.1）和式（7.2）中，P_i 为事件发生的概率，指新型职业农民让小孩学农或者从事农业，即"愿意 = 1"发生的概率。$x_j (j = 1, 2, 3, \cdots, m)$ 表示上述因素中的第 j 个自变量，m 表示自变量的个数。β_0 是常数，$\beta_j (j = 1, 2, \cdots, m)$ 表示自变量的回归系数，能够通过最大似然估计法得到，ε 为随机误差。β_j 为正，表示第 j 个因素对新型职业农民务农稳定性有正向影响；β_j 为负，则表示第 j 个因素对新型职业农民务农稳定性有负向影响。

7.4.3 变量选取

选取新型职业农民的务农稳定性作为被解释变量，选取问卷中新型职业农民是否愿意让子女从事农业、新型职业农民自己是否愿意一直从事农业作为被解释变量。同时为了使结果符合二元选择模型的使用条件，将愿意让子女都从事农业、让女儿从事农业和让儿子从事农业合并为愿意让子女从事农业，取值为 1；不愿意让子女从事农业取值为 0。解释变量主要选取新型职业农民的个体特征变量和农业风险相关变量。其中，新型职业农民的个体特征变量主要有年龄、性别、受教育程度、在成为新型职业农民之前的工作、身体状况和从事农业经营的年限；农业风险变量主要选取了假如被迫放弃从事农业项目可能的原因（选取非农项目更赚钱、身心劳累，自己干不动了、缺乏持续经营的资金）、放弃农业项目所能接受的投入损失比例、造成损失的原因、为从事农业项目购买的保险情况、是否加入农业合作社或合作组之类的组织以及相关部门有没有对农业灾害和市场波动做过预防的工作。

描述性统计分析是实证分析的第一步，做好这一步是进行正确统计推断的先决条件。具体的变量特征说明见表 7.2。

表 7.2

变量及描述性统计分析

变量类型	变量名称	赋值及含义	均值	标准差
个体特征变量 (X_i)	年龄	1 = 20 岁以下，2 = 20～30 岁，3 = 31～40 岁，4 = 41～50 岁，5 = 51～60 岁，6 = 60 岁以上	3.35	0.928
	性别	1 = 男，2 = 女	1.20	0.399
	受教育程度	1 = 未上过学，2 = 小学，3 = 初中，4 = 高中或中专，5 = 大专及以上	3.80	0.764
	身体状况	1 = 健康，2 = 比较健康，3 = 一般，4 = 较差，5 = 非常差	1.24	0.541
	从事农业经营的年数	1 = 5 年以下，2 = 5～10 年，3 = 11～20 年，4 = 21～30 年，5 = 30 年以上	1.92	1.013
农业风险变量 (X_i)	【放弃农业原因】非农项目更赚钱	0 = 未选择，1 = 选择	0.10	0.297
	【放弃农业原因】身心劳累，自己干不动了	0 = 未选择，1 = 选择	0.37	0.484
	【放弃农业原因】缺乏持续经营的资金	0 = 未选择，1 = 选择	0.48	0.500
	【损失原因】气候、地质、环境变化	0 = 未选择，1 = 选择	0.65	0.476
	【损失原因】重大动物疫情	0 = 未选择，1 = 选择	0.15	0.354
	【损失原因】农产品价格波动	0 = 未选择，1 = 选择	0.61	0.488
	【损失原因】土地流转合同违约	0 = 未选择，1 = 选择	0.08	0.271
	【损失原因】工资大幅上涨	0 = 未选择，1 = 选择	0.27	0.447
	【损失原因】销售合同违约	0 = 未选择，1 = 选择	0.04	0.194
	【损失原因】农产品销售不出去	0 = 未选择，1 = 选择	0.42	0.495
	【损失原因】主要农业投入品（化肥或饲料等）价格	0 = 未选择，1 = 选择	0.21	0.407
	【损失原因】涉农政策变动	0 = 未选择，1 = 选择	0.09	0.280
	【损失原因】其他（具体说明）	0 = 未选择，1 = 选择	0.05	0.208
	已购农业保险类型	1 = 政策性保险，2 = 商业性保险，3 = 没有购买保险	2.05	0.890

变量类型	变量名称	赋值及含义	均值	标准差
农业风险变量（X_i）	是否加入农业合作社或合作组之类的组织	1 = 是，2 = 否	1.34	0.476
	相关部门对农业灾害和市场波动的预防工作	1 = 有过而且非常全面，2 = 有过但只是一部分，3 = 偶尔做过，4 = 从来没有	2.44	1.036
因变量（Y）	你是否愿意你的子女从事农业？	1 = 愿意，0 = 不愿意	0.62	0.486
	你是否一直从事农业？	1 = 愿意，0 = 不愿意	0.93	0.260

7.5 模型估计结果及分析

7.5.1 新型职业农民务农稳定性的影响因素分析

本书使用调查数据，运用 SPSS21.0 统计软件对新型职业农民务农稳定性的影响因素进行了 Logistic 回归分析，回归结果如表 7.3 所示。

表 7.3 新型职业农民让自己子女从事农业意愿的影响因素分析

变量	B	S. E.	Wals	Sig	Exp（B）
年龄	0.365	0.100	13.335	0.000	1.440
性别	−0.278	0.211	1.735	0.188	0.758
受教育程度	0.088	0.117	0.564	0.453	1.092
身体状况	−0.308	0.157	3.859	0.049	0.735
从事农业经营的年数	0.062	0.091	0.461	0.497	1.064
【放弃农业原因】非农项目更赚钱	−0.930	0.286	10.559	0.001	0.395
【放弃农业原因】身心劳累，自己干不动了	0.147	0.181	0.662	0.416	1.158
【放弃农业原因】缺乏持续经营的资金	0.165	0.180	0.836	0.361	1.179
【损失原因】气候、地质、环境变化	−0.336	0.182	3.382	0.066	0.715
【损失原因】重大动物疫情	0.106	0.253	0.175	0.676	1.111
【损失原因】农产品价格波动	−0.180	0.185	0.946	0.331	0.836

变量	B	S. E.	Wals	Sig	Exp（B）
【损失原因】土地流转合同违约	-0.183	0.344	0.282	0.595	0.833
【损失原因】工资大幅上涨	-0.031	0.204	0.023	0.879	0.969
【损失原因】销售合同违约	0.626	0.517	1.469	0.226	1.870
【损失原因】农产品销售不出去	0.294	0.186	2.486	0.115	1.341
【损失原因】主要农业投入品（化肥或饲料等）价格	0.146	0.225	0.424	0.515	1.158
【损失原因】涉农政策变动	-0.729	0.321	5.167	0.023	0.483
已购农业保险类型	-0.231	0.102	5.099	0.024	0.794
是否加入农业合作社或合作组之类的组织	-0.221	0.185	1.429	0.232	0.802
相关部门对农业灾害和市场波动的预防工作	-0.329	0.089	13.694	0.000	0.720
常量	1.329	0.816	2.656	0.103	3.779

1. 个体特征变量对新型职业农民是否愿意让子女务农的影响

从表7.3的回归结果表明，年龄变量的系数呈现显著的正相关性，也即年龄越大的新型职业农民越是愿意让自己的子女务农。可以从两方面解释这个现象，一方面年龄较大的新型职业农民长期从事农业，在积累了丰富务农经验的同时，对土地也产生了深厚的感情。老一辈的人经历过饥饿和物质匮乏，对农业的认同感会更高，希望自己家的田地有人继承；另一方面，对于年轻的新型职业农民来说，其思维活跃想法紧跟时代。社会的飞速发展，使得这些人意识到未来农业需要的人会越来越少，经济的爆发点应在科技密集领域出现，从而不愿意自己的子女继续务农。身体状况变量的系数为负，身体状况赋值越高意味着身体健康状况越差。负相关性则表示身体健康状况越好越愿意自己的子女务农。这是因为对于身体健康状况比较差的新型职业农民来说，身体状况的下降也会减弱他们对于当下所从事事业的信心。无法在农业上投入更多的精力，新型职业农民就很难实现农业生产的预期收益。在弱化他们对农业信心的同时，也会减弱愿意让自己的子女务农的意愿。

从表7.3的实证结果可以看出，个体特征变量中只有年龄和身体状况对新型职业农民是否愿意让自己的子女从事农业有显著影响，其余的变量均未通过显著性检验。对不显著的变量进行分析可以发现，性别这一变量的分布状况是有偏的，其中男性占比达80.23%；女性受访者仅占调研对象的 19.77%。女性比例的偏低使得性别这一变量对于因变量的影响并不显著。调查涉及的新型职业农民的受教育程度大多集中在初中和高中水平,分别占样本总量的 33.14%、46.66%;小学及以下学历的占比很小,仅占 2.33%。一般认为,受教育程度越高的新型职业农民应当更愿意让子女务农。本书却给出了不一样的实证结果,具体原因需要进一步的分析。从事农业经营的年数这一变量的实证结果也不显著,这和调研结果的分布有关。其中大部分新型职业农民的务农年限较短,主要集中在 5 年以下和 5~10 年,分别占样本比例的 38.95%、39.68%。数据的有偏性导致了实证结果的不显著。

2. 农业风险变量对新型职业农民是否愿意让子女务农的影响

表 7.3 的实证结果表明,认为非农项目更赚钱的新型职业农民倾向于不愿意让自己的子女从事农业,这符合经济学的一般规律。在认为非农项目更赚钱的基础上,新型职业农民选择从事农业生产,很大程度上是受限于自身的文化水平。因气候、地质和环境变化而遭到损失这一变量对新型职业农民是否愿意让子女从事农业呈现出显著的负向影响。原因在于,气候、地质和环境发生变化是农业生产中经常面临的生产条件,也是农业生产所面临的会对农业收入产生负面影响的主要因素。因气候、地质和环境变化而遭受过损失的新型职业农民,考虑到此类风险不能得到很好预防控制的情况下,必然倾向于不愿意自己的子女继续从事农业。涉农政策变动而遭受损失这一变量负向影响新型职业农民是否愿意让子女从事农业的意愿。进一步分析可以得到,新型职业农民因涉农政策变动遭受损失的比重虽然小,但对于是否愿意让子女从事农业的影响却很显著,这和农业政策在中国农业发展过程中所起的作用密切相关。已购农业保险的类型对新型职业农民是否愿意让子女从事农业有负向影响。具体分析可以看到,已购农业保险这一变量的赋值越高,表示新型职业农民获得的保障越小。对未来不确定性的加大必然会影响新型职业农民对于农业的信心,进而影响其对子女从事农业的意愿。相关部门对农业灾害和市场波动的预防工作这一变量也对新型职业农民是否愿意让子女从事农业有负向影响。通过对该变量的内涵分析可以得到,变量赋值越大,说明相关部门对农业灾害和市场波动的预防工作做得越少。农民在得不到政府足够的农业保障之下,对农业发展的不确定就会增强,从而会倾向于不愿意自己的子女从事农业。

再看对因变量影响不显著的变量。一般认为,农业生产遭受了损失必然会影响农民从事农业的信心和稳定性。表 7.3 中的实证结果显示,造成农业损失的 10 个因素中,仅有 3 个对因变量有显著影响,其中两个变量对因变量产生正向影响，这和一般的认知有很大出入。可能因为自己干不动或者缺乏持续经营的资金而放弃农业的想法并不会影响新型职业农民对于子女从事农业的意愿。是否加入农业合作社或合作组之类的组织也同样对新型职业农民是否愿意让子女从事农业没有显著影响。具体原因在于，新型职业农民在考虑这几个因素时，并未将自身的情况和子女的情况混淆，要素禀赋的不同使得不同代的农民有着不同的农业生产方式和优势，不能混为一谈。

3. 稳健性检验结果及分析

在剔除了个体特征变量的情况下，对农业风险变量和因变量进行回归，得到的实证结果见表7.4。

表7.4　　　　　　　　　稳健性分析的估计结果

变量	B	S.E.	Wals	Sig.	Exp（B）
【放弃农业原因】非农项目更赚钱	−0.990	0.277	12.759	0.000	0.372
【放弃农业原因】身心劳累，自己干不动了	0.146	0.178	0.678	0.410	1.158
【放弃农业原因】缺乏持续经营的资金	0.164	0.176	0.869	0.351	1.179
【损失原因】气候、地质、环境变化	−0.381	0.179	4.506	0.034	0.683
【损失原因】重大动物疫情	0.122	0.248	0.243	0.622	1.130
【损失原因】农产品价格波动	−0.171	0.181	0.891	0.345	0.843
【损失原因】土地流转合同违约	−0.155	0.340	0.208	0.649	0.856
【损失原因】工资大幅上涨	0.009	0.200	0.002	0.966	1.009
【损失原因】销售合同违约	0.662	0.515	1.656	0.198	1.939
【损失原因】农产品销售不出去	0.264	0.182	2.109	0.146	1.302
【损失原因】主要农业投入品（化肥或饲料等）价格	0.104	0.221	0.219	0.640	1.109
【损失原因】涉农政策变动	−0.742	0.309	5.769	0.016	0.476
已购农业保险类型	−0.282	0.100	7.996	0.005	0.754
是否加入农业合作社或合作组之类的组织	−0.347	0.177	3.846	0.050	0.707
相关部门对农业灾害和市场波动的预防工作	−0.282	0.086	10.738	0.001	0.754
常量	2.473	0.382	41.845	0.000	11.855

通过对表7.4的回归结果进行分析可以看出，因为非农项目更赚钱而

可能放弃农业这一变量对因变量产生稳健的负向影响。通过对原始数据的分析得到，造成农业损失的两大主要原因是农产品价格波动和气候、地质、环境变化。因气候、地质、环境变化而遭受损失这一变量对因变量的影响表现为稳健的负向相关关系，说明自然灾害对于农业生产的影响依旧存在，并对农业的可持续发展带来威胁；因农产品价格波动而遭受损失这一变量对于因变量的影响依旧不显著。涉农政策变动而遭受损失变量对因变量的影响是稳健负向的。农业政策在中国农业发展过程中起到了重要的作用。从家庭联产承保责任制到三权分置，都对农业的发展产生了重大的影响。新型职业农民也看到了农业政策在农业发展中的地位，并对是否愿意让子女务农产生了影响。已购农业保险类型、相关部门对农业灾害和市场波动的预防工作稳健地负向影响因变量，具体分析这里不再展开。是否加入农业合作社或合作组之类的组织这一变量和因变量的统计关系由不显著转为显著负相关。第二次回归结果表明参加了农业合作社或合作组之类组织的新型职业农民倾向于让自己的子女从事农业。农业合作组织的存在不仅能够给新型职业农民提供便利，也有利于农户对农业风险的防范和化解，从而增强农户继续从事农业的信心。

7.5.2 影响新型职业农民是否愿意继续从事农业的因素分析

本书选取个体特征变量和农业风险变量作为解释变量，以新型职业农民是否愿意继续从事农业为因变量进行回归，回归结果见表7.5。

表7.5　　新型职业农民经营稳定性影响因素的模型估计结果

变量	B	S. E.	Wals	Sig.	Exp（B）
年龄	0.703	0.200	12.312	0.000	2.020
性别	−0.956	0.363	6.913	0.009	0.385
受教育程度	−0.142	0.214	0.440	0.507	0.868
身体状况	−0.290	0.280	1.073	0.300	0.748
从事农业经营的年数	−0.010	0.181	0.003	0.955	0.990
【放弃农业原因】非农项目更赚钱	−1.394	0.407	11.705	0.001	0.248
【放弃农业原因】身心劳累，自己干不动了	0.569	0.366	2.409	0.121	1.766
【放弃农业原因】缺乏持续经营的资金	0.922	0.367	6.320	0.012	2.514
【损失原因】气候、地质、环境变化	−0.184	0.357	0.266	0.606	0.832

变量	B	S. E.	Wals	Sig.	Exp（B）
【损失原因】重大动物疫情	0.171	0.495	0.119	0.730	1.187
【损失原因】农产品价格波动	-0.401	0.371	1.167	0.280	0.670
【损失原因】土地流转合同违约	-0.277	0.656	0.179	0.672	0.758
【损失原因】工资大幅上涨	0.220	0.407	0.293	0.589	1.246
【损失原因】销售合同违约	0.423	0.959	0.194	0.659	1.526
【损失原因】农产品销售不出去	0.052	0.375	0.019	0.890	1.053
【损失原因】主要农业投入品（化肥或饲料等）价格	0.000	0.424	0.000	1.000	1.000
【损失原因】涉农政策变动	-1.234	0.510	5.845	0.016	0.291
已购农业保险类型	-0.051	0.205	0.061	0.805	0.951
是否加入农业合作社或合作组之类的组织	-0.328	0.350	0.881	0.348	0.720
相关部门对农业灾害和市场波动的预防工作	-0.458	0.179	6.541	0.011	0.632
常量	4.419	1.573	7.896	0.005	83.016

1. 个体特征变量对新型职业农民经营稳定性的影响

从表7.5可以得到，年龄和性别变量对新型职业农民是否愿意继续从事农业存在显著的相关性。其中，年龄变量显著地正向影响因变量。说明年龄越大的新型职业农民越愿意继续从事农业；性别变量显著地负向影响因变量。说明男性更愿意继续从事农业生产。具体分析原因可以得到，对于年龄较大的新型职业农民来说，转行做其他职业存在着更多的不确定性。由于年龄的增长，对新兴行业的学习或者接受能力较低。相较之下，从事较为熟悉的农业更能够获取经济保障。男性相较于女性更愿意从事农业生产，这一结果的得到和性别这一变量的有偏也是有一定关系的，具体的分析这里不做进一步展开。受教育程度、身体状况和从事农业经营的年限对因变量的影响不显著。

2. 农业风险变量对新型职业农民经营稳定性的影响

通过表7.5可以看到，觉得非农项目更赚钱的新型职业农民更不愿意继续从事农业。这是因为作为理性人的农业生产者，必然会选择经济收益更高的项目。因缺乏持续经营的资金而放弃农业这一变量对因变量有显著的正向相关关系。但从回归结果上来看，因为缺乏持续经营的资金而可能放弃农业的新型职业农民更倾向于继续从事农业。这个结论和现实是相背离的，具体的原因需要在接下来的研究中展开。在造成损失的 9 个原因中，只有涉农政策变动这一变量对因变量有显著的相关关系。因涉农政策变动而遭遇损失对新型职业农民是否愿意一直从事农业有负向效应，这也说明了政府政策在农户生产决策中的重要性。相关部门对农业灾害和市场波动的预防工作对因变量产生显著的负向相关关系，进一步印证了政府政策对于农业生产和树立农户农业生产信心方面不可替代的作用。

结合对新型职业农民是否愿意让自己的子女从事农业的影响因素分析来看，造成损失的几个因素中仅有几个变量会对务农稳定性造成影响，大多数造成损失的原因都不会对新型职业农民自己或让自己子女从事农业的意愿产生显著影响。原因在于农业风险虽然会对农户收入产生负向影响，但分析调查问卷发现，68% 的受访者并未在从事农业的过程中遭受过较大的损失。这对于长期从事农业生产的农户来说，农业风险对农业生产的威胁程度并未严重到对农户从事农业的意愿产生较大影响。已购农业保险类型和是否加入农业合作社或合作组之类的组织对因变量的影响并不显著。对原始调查问卷分析，购买农业保险的新型职业农民占调查对象的比例将近 60%；加入农业合作社或者合作组之类的组织的新型职业农民占调查对象的 65.55%，说明农业保险和农业合作降低农业风险对农户收入威胁的作用并未体现出来。

3. 稳健性分析结果

剔除个体特征变量，仅考虑农业风险变量对因变量的解释作用，得到的回归结果见表 7.6。通过进行稳健性分析，可以验证农业风险变量对因变量的相关关系，得到较为可靠的统计结果。

表 7.6　　　　　　　　　　　稳健性分析的估计结果

变量	B	S. E.	Wals	Sig.	Exp（B）
【放弃农业原因】非农项目更赚钱	−1.613	0.375	18.473	0.000	0.199
【放弃农业原因】身心劳累，自己干不动了	0.566	0.350	2.614	0.106	1.762
【放弃农业原因】缺乏持续经营的资金	0.881	0.348	6.393	0.011	2.412
【损失原因】气候、地质、环境变化	−0.343	0.344	0.991	0.319	0.710
【损失原因】重大动物疫情	0.155	0.465	0.110	0.740	1.167
【损失原因】农产品价格波动	−0.387	0.351	1.211	0.271	0.679
【损失原因】土地流转合同违约	0.009	0.646	0.000	0.989	1.009

变量	B	S. E.	Wals	Sig.	Exp（B）
【损失原因】工资大幅上涨	0.398	0.388	1.053	0.305	1.489
【损失原因】销售合同违约	0.664	0.934	0.506	0.477	1.942
【损失原因】农产品销售不出去	-0.054	0.346	0.025	0.875	0.947
【损失原因】主要农业投入品（化肥或饲料等）价格	-0.049	0.402	0.015	0.903	0.952
【损失原因】涉农政策变动	-1.505	0.468	10.351	0.001	0.222
已购农业保险类型	-0.204	0.194	1.113	0.291	0.815
是否加入农业合作社或合作组之类的组织	-0.536	0.328	2.670	0.102	0.585
相关部门对农业灾害和市场波动的预防工作	-0.337	0.168	4.032	0.045	0.714
常量	4.936	0.756	42.660	0.000	139.185

通过表7.6可以得到，因非农项目更赚钱而可能放弃农业、因缺乏持续经营的资金而可能放弃农业、因涉农政策变动而遭受损失以及相关部门对农业灾害和市场波动的预防工作对因变量的影响是显著且稳健的。其他解释变量对因变量则存在稳健的不相关关系。进一步分析可以得到，政府对于新型职业农民农业生产信心的树立有着重要的作用。政府在农业领域可以通过调节农业经济杠杆的方式来促进农民收入提高；可以干预农产品市场价格来调整农产品的收入分配比率；可以对农民进行技术指导和对农业企业进行扶持等。政府在中国农业发展过程的作用重大且关键，也是农业现代化的主导力量。因非农项目更赚钱而可能放弃农业和因缺乏持续经营的资金而可能放弃农业这两个变量在这里不做展开。

7.6 损失原因对务农稳定性的影响的交叉分析

通过上述回归，可以得到损失原因中仅有一两个变量对新型职业农民是否愿意一直从事农业、新型职业农民是否愿意让自己的子女从事农业有显著的相关关系。这和事实似乎有些出入，考虑到样本数量和质量的限制会对回归结果产生影响，使得回归结果产生偏差，采用交叉分析的方法对损失原因和因变量的相关关系作进一步分析。

7.6.1 损失原因对新型职业农民是否愿意让自己子女从事农业的交叉分析

如表 7.7 所示，其中，仅有因气候、地质、环境发生变化而遭受损失对新型职业农民是否愿意让自己的子女从事农业有显著的相关关系；其他变量的交叉分析结果仍然不显著。具体分析交叉分析结果不显著的变量可以得到，选择或者未选择该损失原因，不愿意让自己的子女从事农业和愿意让自己的子女从事农业所占的比重变化不大。也就是说，因重大动物疫情、农产品价格波动、土地流转合同违约、工资大幅上涨、销售合同违约、农产品销售不出去、主要农业投入品（化肥或饲料等）价格波动而遭受损失并未对样本新型职业农民是否愿意让自己子女从事农业的意愿产生影响。

表 7.7　　损失原因对新型职业农民是否愿意让自己子女从事农业的交叉分析结果

| 变量 | | | 你是否愿意你的子女从事农业？ | | 合计 |
			不愿意子女从事农业	其他	
【损失原因】气候、地质、环境变化	未选择	计数（人）	80	156	236
		【损失原因】气候、地质、环境变化中的（%）	33.6	66.4	100
	选择	计数（人）	183	267	450
		【损失原因】气候、地质、环境变化中的（%）	40.7	59.3	100
合计		计数（人）	263	423	686
		【损失原因】气候、地质、环境变化中的（%）	38.2	61.8	100
【损失原因】重大动物疫情	未选择	计数（人）	224	361	585
		【损失原因】重大动物疫情中的（%）	38.5	61.5	100
	选择	计数（人）	37	64	101
		【损失原因】重大动物疫情中的（%）	36.6	63.4	100

变量		你是否愿意你的子女从事农业?		合计
		不愿意子女从事农业	其他	
合计		计数（人）	261	425	686
		【损失原因】重大动物疫情中的（％）	38.2	61.8	100
【损失原因】农产品价格波动	未选择	计数（人）	98	167	265
		【损失原因】农产品价格波动中的（％）	36.7	63.3	100
	选择	计数（人）	165	256	421
		【损失原因】农产品价格波动中的（％）	39.2	60.8	100
合计		计数（人）	263	423	686
		【损失原因】农产品价格波动中的（％）	38.2	61.8	100
【损失原因】土地流转合同违约	未选择	计数（人）	241	390	631
		【损失原因】土地流转合同违约中的（％）	38.1	61.9	100
	选择	计数（人）	22	33	55
		【损失原因】土地流转合同违约中的（％）	40.0	60.0	100
合计		计数（人）	263	423	686
		【损失原因】土地流转合同违约中的（％）	38.2	61.8	100
【损失原因】工资大幅上涨	未选择	计数（人）	187	310	497
		【损失原因】工资大幅上涨中的（％）	37.9	62.1	100
	选择	计数（人）	74	115	189
		【损失原因】工资大幅上涨中的（％）	39.2	60.8	100
合计		计数（人）	261	425	686
		【损失原因】工资大幅上涨中的（％）	38.2	61.8	100

变量			你是否愿意你的子女从事农业？		合计
			不愿意子女从事农业	其他	
【损失原因】销售合同违约	未选择	计数（人）	255	404	659
		【损失原因】销售合同违约中的（%）	38.6	61.4	100
	选择	计数（人）	8	19	27
		【损失原因】销售合同违约中的（%）	29.6	70.4	100
合计		计数（人）	263	423	686
		【损失原因】销售合同违约中的（%）	38.2	61.8	100
【损失原因】农产品销售不出去	未选择	计数（人）	151	243	394
		【损失原因】农产品销售不出去中的（%）	38.6	61.4	100
	选择	计数（人）	110	182	292
		【损失原因】农产品销售不出去中的（%）	37.7	62.3	100
合计		计数（人）	261	425	686
		【损失原因】农产品销售不出去中的（%）	38.2	61.8	100
【损失原因】主要农业投入品（化肥或饲料等）价格	未选择	计数（人）	209	335	544
		【损失原因】主要农业投入品（化肥或饲料等）价格中的（%）	38.4	61.6	100
	选择	计数（人）	52	90	144
		【损失原因】主要农业投入品（化肥或饲料等）价格中的（%）	37.5	62.5	100
合计		计数（人）	261	425	686
		【损失原因】主要农业投入品（化肥或饲料等）价格中的（%）	38.2	61.8	100

资料来源：问卷调查统计。

7.6.2 损失原因和新型职业农民是否愿意一直从事农业的交叉分析

如表7.8所示，通过分析的结果可以得到，因气候、地质、环境变化、重大动物疫情，农产品价格波动，土地流转合同违约，工资大幅上涨，销售合同违约、农产品销售不出去、主要农业投入品（化肥或饲料等）价格波动而遭受损失这几个变量对新型职业农民是否愿意一直从事农业均不存在显著的相关关系。具体分析交叉分析结果可以得到，选择或者未选择该损失原因的新型职业农民，不愿意让自己的子女从事农业和愿意让自己的子女从事农业所占的比重变化不大。也就是说，在本样本内因气候、地质、环境变化，重大动物疫情，农产品价格波动，土地流转合同违约，工资大幅上涨，销售合同违约，农产品销售不出去，主要农业投入品（化肥或饲料等）价格波动而遭受损失并未对样本新型职业农民是否愿意让自己子女从事农业的意愿产生影响。

表7.8 损失原因和新型职业农民是否愿意一直从事农业的交叉分析结果

变量			您愿意一直从事农业吗？		合计
			不愿意	愿意	
【损失原因】气候、地质、环境变化	未选择	计数（人）	15	221	236
		【损失原因】气候、地质、环境变化中的（%）	6.3	93.7	100
	选择	计数（人）	35	415	450
		【损失原因】气候、地质、环境变化中的（%）	7.8	92.2	100
合计		计数（人）	50	636	686
		【损失原因】气候、地质、环境变化中的（%）	7.3	92.7	100
【损失原因】重大动物疫情	未选择	计数（人）	42	543	585
		【损失原因】重大动物疫情中的（%）	7.2	92.8	100
	选择	计数（人）	8	93	101
		【损失原因】重大动物疫情中的（%）	7.9	92.1	100
合计		计数（人）	50	636	686
		【损失原因】重大动物疫情中的（%）	7.3	92.7	100

变量			您愿意一直从事农业吗？		合计
			不愿意	愿意	
【损失原因】农产品价格波动	未选择	计数（人）	14	251	2657
		【损失原因】农产品价格波动中的（%）	6	94	100
	选择	计数（人）	34	387	421
		【损失原因】农产品价格波动中的（%）	8.1	91.9	100
合计		计数（人）	48	638	686
		【损失原因】农产品价格波动中的（%）	7.3	92.7	100
【损失原因】土地流转合同违约	未选择	计数（人）	45	586	631
		【损失原因】土地流转合同违约中的（%）	7.1	92.9	100
	选择	计数（人）	5	50	55
		【损失原因】土地流转合同违约中的（%）	9.1	90.9	100
合计		计数（人）	50	636	686
		【损失原因】土地流转合同违约中的（%）	7.3	92.7	100
【损失原因】工资大幅上涨	未选择	计数（人）	36	461	497
		【损失原因】工资大幅上涨中的（%）	7.6	92.4	100
	选择	计数（人）	12	177	189
		【损失原因】工资大幅上涨中的（%）	6.3	93.7	100
合计		计数（人）	48	638	686
		【损失原因】工资大幅上涨中的（%）	7.3	92.7	100
【损失原因】销售合同违约	未选择	计数（人）	48	611	659
		【损失原因】销售合同违约中的（%）	7.3	92.7	100
	选择	计数（人）	2	25	27
		【损失原因】销售合同违约中的（%）	7.4	92.6	100

变量			您愿意一直从事农业吗？		合计
			不愿意	愿意	
合计		计数（人）	50	636	686
		【损失原因】销售合同违约中的（％）	7.3	92.7	100
【损失原因】农产品销售不出去	未选择	计数（人）	23	371	394
		【损失原因】农产品销售不出去中的（％）	6.3	93.7	100
	选择	计数（人）	25	267	292
		【损失原因】农产品销售不出去中的（％）	8.6	91.4	100
合计		计数（人）	48	638	686
		【损失原因】农产品销售不出去中的（％）	7.3	92.7	100
【损失原因】主要农业投入品（化肥或饲料等）价格	未选择	计数（人）	38	506	544
		【损失原因】主要农业投入品（化肥或饲料等）价格中的（％）	7.0	93.0	100
	选择	计数（人）	12	130	142
		【损失原因】主要农业投入品（化肥或饲料等）价格中的（％）	8.3	91.7	100
合计		计数（人）	50	636	686
		【损失原因】主要农业投入品（化肥或饲料等）价格中的（％）	7.3	92.7	100

7.7 小结

通过对新型职业农民的调查得到的数据进行回归分析，研究了影响新型职业农民经营稳定性的因素。为了使研究更加全面，不仅分析了新型职业农民是否愿意让子女从事农业，也研究了新型职业农民自己是否愿意一直从事农业，得到的结论如下。

个体特征变量中，年龄变量对新型职业农民是否愿意让自己的子女从事农业呈现显著的正相关性；身体状况变量同被解释变量的关系为负相关；其他变量不存在显著的相关关系。风险变量中，因非农项目更赚钱而可能放弃农业，因气候、地质、环境变化而遭受损失，涉农政策变动，已购农业保险类型，相关部门对农业灾害和市场波动的预防工作对新型职业农民是否愿意让自己的子女从事农业呈现显著的负相关性。

年龄和性别变量对新型职业农民是否愿意继续从事农业存在显著的相关性，其中年龄变量显著地正向影响因变量；性别变量显著地负向影响因变量。因非农项目更赚钱而可能放弃农业、因涉农政策变动而遭受损失以及相关部门对农业灾害和市场波动的预防工作对因变量产生稳健的负向影响。因缺乏持续经营的资金而可能放弃农业稳健地正向影响新型职业农民继续从事农业的意愿。

基于上述结论，提出如下的政策建议。

（1）政府部门应当做好农业自然灾害预防工作。如推广大棚种植来减少气候变化对农业生产的影响；加强农村生产基础设施的建设，完善水利设施和道路设施，从而提升农业部门对自然灾害的应对能力和处理效率。

（2）政府应当深入农业生产调查，出台最适合农业发展的政策措施。对农业补贴或者支持政策要对症下药，针对不同地区的生产条件和状况出台不同的政策措施，不能一概而论。

（3）加强对农业保险的宣传。激励保险机构研发适合当地农业生产的保险产品。同时政府也可以适当地对农业保险的购买行为予以税收优惠或者财政补贴，以发挥推广农业保险的作用。

（4）政府相关部门也应当为应对市场波动建立监控处理机制。对农产品价格进行适当的干预，实行农产品价格保护机制，划定农产品价格最低控制线，从而减少农业生产的市场风险。

第8章　营商环境对新型职业农民
务农稳定性的影响分析*

8.1　引言

　　随着新型工业化、城镇化进程加快，农业农村资源要素不断向城镇地区转移，农业副业化、农民老龄化、农村空心化等现象成为了一个严重的社会问题。要想让农业成为有奔头的产业、农民成为有吸引力的职业，必须培育爱农业、懂技术、善经营的新型职业农民。自2012年首次提出大力培育新型职业农民以来，为破解未来"谁来种地""如何种好地"问题指明了方向路径。2018年底，全国新型职业农民总量已突破1700万人，占第三次全国农业普查农业生产经营人员总量的5.41%。其中41~50岁的新型职业农民占42.28%。2019年4月，国务院关于乡村产业发展情况的报告中又提出在农业农村营造创业氛围，加强乡村基础建设，推进公共服务向农村延伸。与城市和非农产业比较，当前农业农村的营商环境建设尚处于薄弱环节。随着新型职业农民队伍的不断扩大，将成为影响其扎根农业农村、持续务农的一大难题。

　　营商环境，世界银行对其的定义是以企业为主体，将企业的生存周期划分为"企业开办、企业扩建、经营、破产"四个阶段，而每个阶段都存在影响企业运营的因素。把伴随企业活动整个过程的各种周围境况和条件的总和，包括影响企业活动的社会要素、经济要素、政治要素和法律要素等称为营商环境。对于新型职业农民而言，营商环境主要指其从事市场经营活动的外部环境条件（沈琼、陈璐，2019）；对于农村农业而言，营商环境也是推动农村农业向前发展的重要因素之一。良好的营商环境可以为农村农业的发展提供稳定保障，有利于提高农业生产力，增加农业主体和

---

*　本章内容已经发表在《农林经济管理学报》2021年第2期。

市场活力，进而带动新型职业农民的发展。

近几年我国一直很重视"三农"问题。强调乡村振兴，注重乡村产业发展，其中也包括对创造良好营商环境的重视。2018年12月，中央农村工作会议提到了有关农村营商环境建设的内容：要全面深化农村改革，进一步深化农村土地制度改革，创新农业经营方式，完善农业支持保护制度；要强化乡村规划引领，实施村庄基础设施建设工程，加快补齐农村人居环境和公共服务短板。2019年4月，国务院关于乡村产业发展情况的报告中也提到关于农村农业营商环境的内容：加大政策扶持。围绕促进农村产业融合、农村创新创业等，制定实施一系列涉及财政税收、科技创新、人才保障等方面的支持政策措施；推进农村改革，深化农产品收储制度、农村土地制度改革、农村集体产权制度以及"放管服"等改革，激活要素、市场和主体，促进乡村产业发展；营造创业氛围，加强乡村基础建设，推进公共服务向农村延伸。由此可见，国家对农村建设的营商环境十分重视。

随着我国农业的不断发展，现在的农民不仅仅指的是传统农民，还包括职业农民、新型农民、新型职业农民。尤其是在现在新型工业化、城镇化、信息化和农业现代化的"四化"发展背景下，越来越多的新型职业农民走进了大家的视野。与传统农民不同，新型职业农民更加注重"现代化""时代化"和"专业化""职业化"。因此，新型职业农民的培育和成长道路是漫长的。本书将就营商环境对新型职业农民成长的影响做系统分析。

8.2　文献梳理与理论架构

8.2.1　文献综述

新型职业农民是农业变革和农业现代化发展的产物。其培育不仅可以提升农业劳动者素质，创新农业经营模式，而且可以推进农业现代化建设，促进农业高质量发展（胡军、余庆明，2015）。同样，新型职业农民自身的成长环境和发展也会受到多方面的影响。朱启臻、胡方萌等学者（2016）认为新型职业农民不是自然而然就可以形成的，而是需要特定的环境。土地制度、农业组织制度、政府的支持与服务以及农民教育制度是新型职业农民生成的重要环境因素。经过分析，他们认为，只有制度创新才能为新型职业农民创造良好的成长环境。张帅等（2017）认为影响新型职业农民成长的主要因素涉及四个维度，包括农业资源现状、农业科技水平等 15 个原因因素和农业生产规模、新型职业农民数量等 15 个结果因素。并用决策试验和评价实验室分析法综合分析了各个影响因素之间的关系，提到应该从资源与技术整合、经济产业支撑、社会环境优化和农民自身素质这 4 个方面构建提升保障机制。朱奇彪、米松华等（2013）通过问卷调查的形式，对新型职业农民的样本特征、产业发展概况及其相关变量影响因素进行系统分析，表明新型职业农民的培育一般要经过较长时间的职业培训与实践锻炼。他们认为影响产业发展最主要的因素是生产技术、劳动力成本高和政府项目支持；影响其农业纯收入最主要的因素是采纳了新的种养技术、新品种推广和提高了经营管理水平等。吴一雄（2016）通过对新型职业农民农业生产情况进行问卷调查，分析影响新型职业农民农业生产意愿的个体、教育培训、农业生产意愿等方面的因素，发现性别、文化程度、希望的培训时间、是否有扩大农业生产的愿望、从事农业背景、农机服务方式、单位效益与当地平均水平相比等变量，对新型职业农民的农业生产意愿在统计学上有显著的影响。

值得关注的是，已有学者对于新型职业农民务农意愿进行研究。田北海等（2020）基于在甘肃、湖南和贵州三省的调查数据，发现个人禀赋、农业信息感知和乡土情结对于能否成为新型职业农民具有显著性影响。刘宁（2019）基于新型职业农民代表群体的 398 份调查数据，发现受教育程度与涉农技能、行动落实与实践探索、信息与资源整合、事业心与敬业精神、市场运营管理常识对于新型职业农民生存发展能力有显著影响。方华等（2012）基于六省份新生代农民工调查数据，发现其务农意愿受农业收入、劳动辛苦程度、农业农村的认知状况因素显著影响。综上所述，新型职业农民务农意愿研究较多关注于个体层面因素，而营商环境作为其经营活动的外部环境条件，关注度相对不足。目前国内有关农业农村营商环境的研究主要集中在城镇、非农产业营商环境的研究上。如陈太义等（2020）利用 2018 年中国企业综合调查（CEGS）数据，发现优化营商环境显著提高企业信心，促进企业高质量发展。孙群力等（2020）根据各省 1995～2016 年的营商环境评价指数，发现政府规模、法治水平、政府分权、劳动力素质、融资环境、创新活力、基础设施以及对外开放水平是提高营商环境水平的主要决定因素。优化营商环境可以显著地提高地区 FDI 水平和新增就业规模，且有助于促进经济增长、缩小收入分配差距。于文超等（2019）结合 2012 年全国私营企业调查数据，发现地方政策不确定性对民营企业经营活力有着显著的负向影响。

对已有的研究进行归纳整理可以发现，在关于新型职业农民的研究上，理论研究已较成熟深入；关于新型职业农民务农意愿研究上，较多关注于个体层面因素，而忽视外部环境条件对其影响。尤其是营商环境对于新型职业农民持续务农意愿究竟由哪些因素影响，以及影响的程度有多大，仍然有待进一步研究。在关于营商环境研究上，目前主要集中在城镇、非农产业营商环境的研究，有关农业农村营商环境的研究相对不足。本书认为原因如下：第一，营商环境多在政府或企业的活动中被提及，相比而言在农业活动中提及较少。通过查阅文献可以发现涉及营商环境作为影响因素的文献大多偏向工业化、城镇化和信息化的活动过程，如袁丽静、杜秀平（2018）研究了营商环境与工业全要素生产率的关系，朱凯歌（2016）进行了营商环境对电子商务发展的研究等；第二，在农业农村的发展中，国内文献更多关注的是其整体成长的外部环境及农民自身因素所带来的影响，很少有文献就营商环境这一方面来研究其带来的影响。

8.2.2 理论框架

理论上来说，良好的营商环境不仅可以为新型职业农民创业提供更多的实现机会和激励机制，降低农民创业的开创成本，从而系统化地组织生产和销售产品，而且可以为农民创业者进入或者转换市场提供更强的便捷性，促进优胜劣汰，提高劳动生产率，从而促进农业经济的高质量发展。回顾国际主流营商环境评价体系，经济学人智库（EIU）按照营商环境所包含的子环境，来构建评价指标体系（The Economist Intelligence Unit，2014）。其包括 10 个一级指标：政治环境、宏观经济环境、市场机遇、自由市场及竞争政策、外资政策、外贸及汇率管制、税率、融资、劳动市场、基础建设。创业环境评价指标体系（GEM）包括：创业者融资、政府支持、政府政策、政府创业项目、基础学校创业教育、高校创业教育和培训、研发成果转化、商业和法律基础、内部市场动态、内部市场开放、基础服务设施、文化和社会规范。回顾中国主流营商环境评价体系，中国分省份市场化指数包括五个方面评价指标：政府与市场的关系、非国有经济的发展、产品市场的发育程度、要素市场的发育程度、市场中介组织发育和法律制度环境。中国城市营商环境评价指标体系，包括政府效率、人力资源、金融服务、公共服务、市场环境、创新环境六个指标。

借鉴国际国内主流营商环境评价体系和数据易取的原则，将营商环境对新型职业农民持续务农意愿影响分为三个维度，分别是产品市场情况、政府扶持政策及基础设施情况。基于此，构建如下理论分析框架，见图 8.1。

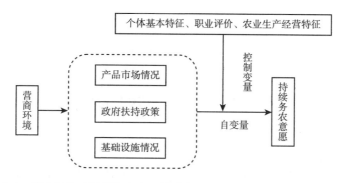

图8.1　营商环境对新型职业农民持续务农意愿影响因素的理论分析框架

产品市场情况特征选择由市场需求与发展前景两个指标反映。需求是价格和收入的函数，价格反映成本，产出影响收入。因此，一般情况下产品（或服务）市场需求程度提高，其直接影响是引起收入提高，从而提升新型职业农民持续务农意愿。产品（或服务）的发展前景越好，即表明该产品（或服务）的品牌、质量、价位、定位、产品附加值等符合市场需求状况，其产品市场发展空间较大。有助于提高其生产者信心指数，能激发经营管理活力，利用自身优势，顺势市场变化，不断调整完善发展战略，优化产品与营销策略，谋划市场布局等，为持续务农提供保障。

政府扶持政策特征选择由政府支持、金融扶持和技术指导三个指标反映。一般地，政府对于新型职业农民所从事的农业项目给予支持，以政策惠农，从而提高其经营过程中应对风险的信心和能力。当地政府针对新型职业农民出台的财政补贴政策、农业保险、信贷资金担保等金融扶持，可以向新型经营主体倾斜，拓宽融资渠道，提供政府组织保障，建立起新型农村金融体系，从而增强其持续务农意愿。政府可以参考当地主要农业项目，结合新型职业农民实际生产情况，提供农业技术培训与指导，调动新型职业农民生产积极性，增加农产品附加值，延长产业链，最终提高新型职业农民的收入，增强其职业韧性。

基础设施情况特征选择由基础设施、资源丰裕度与运输服务系统三个指标反映。一般而言，较完善的交通、通讯、水电设施等基础设施，能够保障新型职业农民正常进行各种经济活动和社会活动，加强生产者和消费者之间信息的贯通，增强地区之间联系，有助于其持续务农意愿提高。拥有较丰富的原材料，依托当地自然资源禀赋，发挥其比较优势，走好特色发展之路，从而提高其职业韧性。健全的运输服务系统，有助于提高当地数字乡村的建设和农村交通运输更好更快发展，从而落实好乡村振兴战略，提高新型职业农民的从业信心及持续务农意愿。

8.3 变量、数据与模型

8.3.1 数据来源与信效度检验

本书的数据来源于 2015～2018 年在河南省新型职业农民培训机构中培训的新型职业农民群体，调查内容包括产品市场情况特征、政府扶持政策特征、基础设施情况特征三个方面。该调查从 2674 位新型职业农民中抽取 700 位发放调研问卷，回收有效问卷 686 份，样本回收率为 98.29%。剔除失效样本后获得有效样本 560 份，有效样本率为 81.40%。以 SPSS22.0 软件进行相关统计描述与分析。

得到所需数据后，需要对问卷进行信度、效度检验，以此来验证问卷指标体系设计是否科学。信度检验即为内部一致性检验，α 系数为信度的检验指标。将数据导入到 SPSS 软件后得到 α 系数值为 0.706。由 α 系数的检验标准可知，该指标体系可信，即该指标体系具有较好的内部一致性。KMO 检验与 Bartlett 球度检验即为建构效度检验，将数据导入 SPSS 软件后所得结果如表 8.1 所示。表 8.1 中 KMO = 0.759 大于经验值 0.6，且 Bartlett 球度检验的显著性水平为 0，即该指标体系具有较好的有效性。

表 8.1　　　　　　　　　　　KMO 与 Bartlett 检验

取样足够度的 Kaiser-Meyer-Olkin 度量		0.759
Bartlett 的球形检验	近似卡方	1511.888
	df	171
	Sig.	0.000

8.3.2 变量设定

在模型指标的选取上，基于前人的研究并结合本书的目的，以新型职业农民持续务农意愿作为因变量。将主要解释变量分为三个维度，即产品市场情况特征（含产品市场、情况特征）、政府扶持政策特征（含政府支持、金融支持、技术指导）及基础设施情况特征变量（含基础设施、资源丰裕度、运输服务系统）。同时，以受访者个体基本特征、职业评价及农业生产经营特征三个方面作为控制变量开展实证研究。变量指标的说明和统计描述如表 8.2 所示。

1. 被解释变量

在具体实证模型中，选取"您是否愿意一直从事农业"作为因变量来表示新型职业农民能持续务农意愿，取值为 0 或 1（愿意一直从事农业，定义 $y=1$；不愿意一直从事农业，定义 $y=0$）。

表 8.2 变量及描述性统计分析（$n=560$）

变量	变量类型	变量名称	定义与赋值	平均值	标准差	预期方向
因变量		持续务农意愿	您是否愿意一直从事农业：是 =1；否 =0	0.684	0.465	
自变量	产品市场情况特征变量	市场需求	产品（或者服务）市场需求：非常大 =5；比较大 =4；一般 =3；比较小 =2；非常小 =1	3.746	0.831	+
		发展前景	产品（或者服务）未来发展前景：非常好 =5；比较好 =4；一般 =3；比较差 =2；非常差 =1	3.918	0.850	+
	政府扶持政策特征变量	政府支持	从事的农业项目获得政府支持情况：是 =1；否 =0	0.577	0.495	+
		金融扶持	从事的农业项目获得财政补助政策、信贷资金担保、农业保险等相关金融政策扶持情况：是 =1；否 =0	0.650	0.477	+
		技术指导	政府部门宣讲农业技术情况：是 =1；否 =0	0.620	0.486	+
	基础设施情况特征变量	基础设施	当地交通、通讯、水电设施：非常好 =5；比较好 =4；一般 =3；比较差 =2；非常差 =1	3.661	0.934	+
		资源丰裕度	当地是否有丰富的原材料：是 =1；否 =0	0.768	0.423	+
		运输服务系统	当地运输服务系统是否完善：是 =1；否 =0	0.813	0.391	+
控制变量	个体基本特征变量	性别	女 =0；男 =1	0.814	0.389	+
		年龄	20 岁以下 =1；20~30 岁 =2；31~40 岁 =3；41~50 岁 =4；50 岁以上 =5	3.343	0.889	+
		收入	2017 年家庭总收入：$[0, 1)$ =1；$[1, 5)$ =2；$[5, 10)$ =3；$[10, 20)$ =4；20 及以上 =5	2.936	1.095	+
		受教育程度	未上过学 =1；小学 =2；初中 =3；高中或中专 =4；大专及以上 =5	3.789	0.774	−

变量	变量类型	变量名称	定义与赋值	平均值	标准差	预期方向
控制变量	职业评价特征变量	社会认可度	认为新型职业农民受人尊重：不适合 = 1；适合 = 2；非常适合 = 3	2.596	0.617	+
		个人匹配度	适合做新型职业农民：不适合 = 1；适合 = 2；非常适合 = 3	2.813	0.454	+
		社会关系	与其他新型职业农民、农业专业合作社社员关系良好：不适合 = 1；适合 = 2；非常适合 = 3	2.761	0.493	+
	农业生产经营特征变量	土地流转	是否参与土地流转：是 = 1；否 = 0	0.707	0.456	+
		雇用劳动力	从事的农业项目是否雇用劳动力：是 = 1；否 = 0	0.875	0.331	+
		合作社	是否加入农业合作社或合作组组织：是 = 1；否 = 0	0.677	0.468	+

资料来源：问卷调查统计。

2. 解释变量

自变量选择产品市场情况、政府扶持政策、基础设施情况三个维度测度。就产品市场情况而言，以市场需求、发展前景测度新型职业农民产品或服务的市场情况；就政府扶持政策而言，以政府支持、金融扶持、技术指导的情况测度受访者可获得的政策支持网络；就基础设施情况而言，以基础设施、资源丰裕度、运输服务系统作为受访者当地基础设施情况测度指标。

3. 控制变量

不同类型新型职业农民农业生产经营特征的需求不同，生产所需的投资也不尽相同。因此不同类型的农业生产经营特征对其持续务农意愿的具体影响可能不一样，在进行分析时需对农业生产经营特征变量进行控制。

控制变量主要包括受访者个体基本特征、职业评价及农业生产经营特征三个方面。第一，受访者个体基本特征。包括受访者的性别、年龄、收入、受教育程度。新型职业农民是进行农业持续经营的决策者，其个人特征对其持续务农意愿有重要影响；第二，职业评价。包括社会认可度、个人匹配度及社会关系。新型职业农民的职业评价是指其对农民职业进行评估后所形成的，因此不同类型的职业评价会影响其持续务农意愿；第三，农业生产经营特征。包括土地流转、雇用劳动力、合作社（见表8.2）。

8.3.3　模型构建

对多个自变量进行 Logistic 回归分析时，为减少数据处理误差，主要应用 Logistic 回归模型和层次分析法（AHP）两种研究方法。其中 Logistic 回归模型根据调查数据解算出不同因素的客观影响；层次分析法（AHP）则很好反映各因素对新型职业农民持续务农意愿的主观影响，使其影响要素结构关系更加清晰[1]。运用二元 Logistic 模型找出营商环境影响新型职业农民持续务农意愿的因素，估计各影响因素对新型职业农民持续务农意愿的作用效果并得出各影响因素的权重；运用层次分析法（AHP）进行稳健性检验，构建营商环境对新型职业农民持续务农意愿影响的层次结构，直观地展现出营商环境对新型职业农民持续务农意愿影响因素的构成，并确定各影响因素的具体最终权重，以期为决策者制定操作性强的优化营商环境政策提供科学的参考依据，从而增强新型职业农民的持续务农意愿。

1. 二元 Logistic 模型

营商环境对新型职业农民持续务农意愿影响，是指营商环境以何种模式影响新型职业农民持续务农意愿，即自己是否愿意一直从事农业。根据上述分析，营商环境对新型职业农民持续务农意愿有多种影响因素，但新型职业农民是否愿意一直从事农业的主观概率，最终只有"愿意"和"不愿意"两个结果。每一位新型职业农民根据自身条件和理性判断，在综合分析各种影响因素基础上做出最优选择，选择愿意或不愿意一直从事农业，也就是二元决策问题。因此选择二元 Logistic 模型，从而确定营商环境对新型职业农民持续务农意愿的影响因素。建立的 Logistic 回归模型基本形式如下：

$$P_i = F\left(\alpha + \sum_{j=1}^{k} \beta_j x_j\right) = \frac{1}{1 + exp\left[-\left(\alpha + \sum_{j=1}^{k} \beta_j x_j\right)\right]} \quad (8.1)$$

对式（8.1）取对数，得到建立的 Logistic 回归模型线性表达式：

$$\ln\left(\frac{P_i}{1 - P_i}\right) = \beta_0 + \beta 1 x_1 + \beta 2 x_2 + \cdots + \beta_j x_j + \cdots + \beta_k x_k + \varepsilon$$

$$(8.2)$$

其中，P_i 代表新型职业农民愿意一直从事农业的概率。$x_j(j = 1, 2, 3, \cdots, k)$ 表示营商环境对新型职业农民持续务农意愿的影响因素。β_0 为常数，$\beta_j(j = 1, 2, \cdots, k)$ 表示自变量的回归系数，可通过最大似然估计法得到，ε 为随机误差。

2. 层次分析法

层次分析法（AHP）主要思想是将一个复杂的无结构问题分解为它的各个组成部分（或要素），建立层次模型；然后根据某一准则，对这些要素逐对比较得出相对重要性并建立判断矩阵；再通过数学方法得到该层元素对于该准则的权重值；最后计算得到各层次要素对于总目标的组合权重并据此选择最优化方案，也就是一种将定性与定量分析相结合的多目标决策优化方法。将 AHP 方法应用于本研究，可以对这个问题中的每个指标进行详细的分解以及细化，使得复杂系统的评价思维过程数学化，让评判的过程更加的定量化且系统化。

8.4 实证检验

本书试图建立一个营商环境对于新型职业农民持续务农意愿的计量分析模型。通过集中在 2015～2018 年在河南省主要的新型职业农民培训机构（河南农业大学、河南省团校、夏邑县农广校）培训过的新型职业农民群体的抽样调查，在模型中纳入了产品市场情况特征、政府扶持政策特征及基础设施情况特征变量。利用二元 Logistic 模型和层次分析法（AHP）检验营商环境对新型职业农民持续务农意愿的影响，以期立足于营商环境角度，为促进政府提高新型职业农民持续务农意愿制定政策措施提供建议。

8.4.1 营商环境对新型职业农民持续务农意愿影响的基准回归

根据调查数据，回归前检验的各变量的方差膨胀因子（VIF 值）均小于 2，即模型不存在多重共线性问题。从模型的回归结果来看，模型的卡方值是 191.372，所对应的概率值为 0.000，Nagelkerke R^2 是 0.406， - 2 倍的对数似然值为 507.365。为弥补 Nagelkerke R^2 与 - 2 倍的对数似然值适用性不足的问题，另选取 Hosmer-Lemeshow 检验结果作为模型拟合优度的检验指标。结果表明，模型的显著性概率 P = 0.879 > 0.05，模型拟合通过检验。这说明模型的整体拟合效果较好，可以通过回归结果来分析和判断自变量作用的方向和大小。设想营商环境影响新型职业农民持续务农意愿的 18 个变量全部放入模型进行回归，得到初始估计结果。然后将不显著变量剔除，直至剩余变量在 10% 统计显著性水平上显著，得到最终结果。回归结果如表 8.3 所示。

表 8.3　　营商环境对新型职业农民持续务农意愿影响因素的基准回归结果

变量	变量类型	变量名称	初始模型		最终模型		共线性统计量	
			估计系数	标准误	估计系数	标准误	容忍度	VIF
自变量	产品市场情况	市场需求	0.152	0.170	—	—	0.655	1.527
		发展前景	0.435 **	0.168	0.539 ***	0.140	0.594	1.684
	政府扶持政策	政府支持	0.666 ***	0.236	0.598 ***	0.226	0.842	1.187
		金融扶持	0.742 ***	0.234	0.703 ***	0.227	0.881	1.135
		技术指导	0.595 ***	0.229	0.579 **	0.224	0.891	1.122
	基础设施情况	基础设施	0.670 ***	0.146	0.586 ***	0.137	0.742	1.348
		资源丰裕度	0.877 ***	0.269	0.790 ***	0.254	0.806	1.240
		运输服务系统	-0.485	0.298	—	—	0.788	1.269
控制变量	个体基本特征	性别	0.154	0.282	—	—	0.956	1.046
		年龄	0.093	0.128	—	—	0.936	1.068
		收入	0.174	0.114	—	—	0.805	1.242
		受教育程度	0.001	0.151	—	—	0.88	1.127
	职业评价	社会认可度	0.505 ***	0.190	0.488 ***	0.184	0.803	1.245
		个人匹配度	0.791 ***	0.292	0.686 ***	0.248	0.653	1.532
		社会关系	-0.398	0.264	—	—	0.699	1.430
	农业生产经营特征	土地流转	0.238	0.243	—	—	0.912	1.097
		雇用劳动力	0.140	0.343	—	—	0.831	1.204
		合作社	-0.305	0.267	—	—	0.796	1.257
常数			-8.641	1.285	-8.180	0.966		
-2Log likelihood			507.365		519.668			
Nagelkerke R^2			0.406		0.384			
Hosmer-Lemeshow			3.750		10.417			
Lemeshow Sig.			0.879		0.237			

注：*、** 和 *** 分别为变量在 10%、5% 和 1% 的统计水平上显著。

由表 8.3 可得，大部分变量的作用方向与其预期方向一致。发展前景、政府支持、金融扶持、技术指导、基础设施以及资源丰裕度 6 个因素对新型职业农民持续务农意愿有显著影响。其中，政府支持、金融扶持、技术指导、基础设施以及资源丰裕度满足在 1% 的统计水平上显著性检验；发展前景满足在 5% 的统计水平上显著性检验。回归结果表明，市场需求、运输服务系统、性别、年龄、收入、受教育程度、社会关系、土地流转、雇用劳动力、合作社等 12 个变量，对新型职业农民持续务农意愿没有呈现出统计学意义上的显著性。可能的原因是，根据调查显示，目前新型职业农民的经营模式主要包括从事种植业、畜禽业和水产业等第一产业产品为主的生产加工服务的经营模式；从事农业机械经营服务的经营模式方式等。此类生产经营模式决定市场上有着较多相同或类似的产品或者服务，即其产品或服务的市场需求程度较大，但不足以推动收入水平的稳步增长，从而市场需求对因变量的解释作用不大。运输服务系统是集货物运输资讯、运输物流的一站式运输服务网络。目前，虽农村交通运输综合信息服务平台不断建设完善，然而调研地区河南省平台运营正在建设发展，平台作用有待发挥，对当前新型职业农民持续务农意愿影响较小。因此，运输服务系统是否完善对新型职业农民的持续稳定经营意愿不产生显著影响。从受访者性别结构来看，81.4% 为男性，并且在实际农业经营过程中也以男性为主，从而性别对新型职业农民持续务农意愿影响较小。从受访者年龄结构来看，青壮年新型职业农民占主导地位。青壮年更愿意投入更多精力开创个人前景，因此对因变量作用不显著。因变量为新型职业农民持续务农意愿，是个体主观上对农业职业的选择，个体基本特征、社会关系以及农业生产经营特征不足以与个体产生内在联系，因此其影响均不显著。

对营商环境对新型职业农民持续务农意愿的影响因素进行 Logistic 回归分析，得到自变量与因变量之间的相关性。通过计算标准化回归系数后进行归一化处理，确定各影响因素的权重。如表 8.4 所示。

表 8.4　　营商环境对新型职业农民持续务农意愿影响因素权重

目标层	准则层	指标层	标准回归系数	权重	位序
营商环境对新型职业农民持续务农意愿影响	产品市场情况	市场需求	0.0696	0.0408	8
		发展前景	0.2039	0.1195	3
	政府扶持政策	政府支持	0.1816	0.1064	5
		金融扶持	0.1953	0.1144	4
		技术指导	0.1594	0.0934	6
	基础设施情况	基础设施	0.3450	0.2021	1
		资源丰裕度	0.2043	0.1197	2
		运输服务系统	−0.1045	0.0612	7
	控制变量	个体基本特征	已控制	已控制	—
		职业评价	已控制	已控制	—
		农业生产经营特征	已控制	已控制	—

二元 Logistic 模型回归结果显示，政府支持、金融扶持、技术指导、基础设施以及资源丰裕度与新型职业农民持续务农意愿呈正相关，且 P 值小于 1%，具有统计学意义；发展前景与新型职业农民持续从事农业意愿呈正相关，且 P 值小于 5%，具有统计学意义，权重值从大到小排序为基础设施、资源丰裕度、发展前景、金融扶持、政府支持、技术指导、运输服务系统、市场需求。

8.4.2 稳健性检验

为了使研究结论更具准确性与科学性，对基准回归进行了一系列调整，共进行了两种稳健性检验。从被解释变量新型职业农民持续务农意愿的其他测量方式和模型替换为很好反映各因素对新型职业农民持续务农意愿客观影响的 R-OLS 模型以及主观影响的层次分析法（AHP）三个角度，进一步验证营商环境对新型职业农民持续务农意愿的影响。

1. 营商环境对新型职业农民代际传递务农意愿的影响

替换被解释变量，采用是否愿意你的子女从事农业可以看作是持续务农意愿。因此将被解释变量替换为"您是否愿意你的子女从事农业"重新回归，愿意其子女从事农业，定义 y = 1；不愿意其子女从事农业，定义 y = 0。稳健性检验结果如表 8.5 所示。从检验结果来看，替换被解释变量，营商环境仍能显著促进新型职业农民持续务农意愿。将稳健性检验的回归结果与基准回归结果相对比，核心解释变量发展前景、政府支持、金融扶持、技术指导、基础设施、资源丰裕度的回归系数的符号和显著性基本一致。说明基准回归的结果是稳健可靠的，营商环境确实能显著提高新型职业农民持续务农意愿。

表 8.5　营商环境对新型职业农民代际传递务农意愿影响因素的回归结果

变量名称	估计系数	标准误
市场需求	− 0.050	0.207
发展前景	0.480 **	0.205
政府支持	1.727 ***	0.295
金融扶持	2.251 ***	0.289
技术指导	1.068 ***	0.276
基础设施	0.737 ***	0.183
资源丰裕度	1.082 **	0.331
运输服务系统	− 0.562	0.352

变量名称	估计系数	标准误
个体基本特征控制变量	已控制	已控制
职业评价控制变量	已控制	已控制
农业生产经营特征控制变量	已控制	已控制
-2Log likelihood	359.897	
Nagelkerke R^2	0.583	
Hosmer-Lemeshow	6.025	
Lemeshow Sig.	0.644	

注：*、** 和 *** 分别为变量在 10%、5% 和 1% 的统计水平上显著。

2. 营商环境对新型职业农民持续务农意愿的 R-OLS 回归

使用稳健性 OLS 模型检验营商环境对新型职业农民持续务农意愿的影响。稳健性检验结果如表 8.6 所示。从检验结果来看，替换客观影响模型，营商环境仍能显著影响新型职业农民持续务农意愿。将稳健性检验的回归结果与基准回归结果相对比，核心解释变量的回归系数的符号和显著性基本一致。说明基准回归的结果稳健可靠，营商环境确实能显著影响新型职业农民持续务农意愿。

表 8.6　　　　　　　　　R-OLS 模型稳健性检验结果

变量名称	估计系数	标准误
市场需求	0.022	0.024
发展前景	0.065 **	0.026
政府支持	0.097 **	0.039
金融扶持	0.121 ***	0.040
技术指导	0.109 ***	0.038
基础设施	0.095 ***	0.019
资源丰裕度	0.165 ***	0.045
运输服务系统	-0.093	0.047
个体基本特征控制变量	已控制	已控制
职业评价控制变量	已控制	已控制
农业生产经营特征控制变量	已控制	已控制
Prob > F/chi^2	0.000 ***	
Pseudo R-squared	0.304	

注：*、** 和 *** 分别为变量在 10%、5% 和 1% 的统计水平上显著。

3. 营商环境对新型职业农民持续务农意愿的 AHP 分析

（1）构建营商环境对新型职业农民持续务农意愿影响因素的层次结构（见图 8.2）。

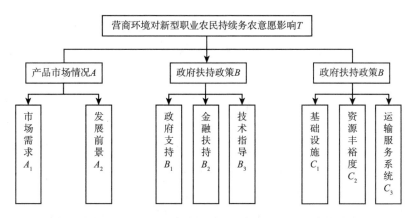

图 8.2 营商环境对新型职业农民持续务农意愿影响因素的层次结构

（2）综合权重。通过问卷收集，以及课题组成员及相关专家学者分析，在此基础上对问卷分值进行几何平均，确定最终的判断矩阵。再通过方根法对运用软件 Matlab 对判断矩阵进行运算，从而确定营商环境对新型职业农民持续务农意愿各项指标的权重大小。最终结果如表 8.7 所示。

表 8.7 指标的综合权重排序

准则层	权重	指标层	单排序权重	综合权重	位序
产品市场情况 A	0.1958	市场需求 A_1	0.3333	0.0653	5
		发展前景 A_2	0.6667	0.1305	4
政府扶持政策 B	0.3108	政府支持 B_1	0.6608	0.2054	2
		金融扶持 B_2	0.2081	0.0647	6
		技术指导 B_3	0.1311	0.0408	7
基础设施情况 C	0.4934	基础设施 C_1	0.5498	0.2713	1
		资源丰裕度 C_2	0.3681	0.1816	3
		运输服务系统 C_3	0.0821	0.0405	8

从表 8.7 可以看出，基础设施情况对新型职业农民持续务农意愿的影响非常明显。层次分析法（AHP）计算出的各因素综合权重值从大到小排序为基础设施、政府支持、资源丰裕度、发展前景、市场需求、金融扶持、技术指导、运输服务系统。所得结论与二元 Logistic 模型回归结果及实际情况大致相符。

8.5　小结

8.5.1　相关结论

基于560份河南省新型职业农民问卷调查数据，通过构建二元Logistic模型和层次分析法（AHP），重点分析了营商环境对新型职业农民持续务农意愿的影响。

二元Logistic回归分析结果表明，在控制个体基本特征、职业评价、农业生产经营特征的影响后，产品市场情况、政府扶持政策和基础设施情况对新型职业农民持续务农意愿具有显著影响。就产品市场情况而言，具有较乐观产品或服务发展前景的新型职业农民更可能选择持续务农；政府扶持政策方面，政府支持、金融扶持、技术指导同新型职业农民持续务农意愿具有显著正相关关系；就基础设施情况而言，拥有较完善的基础设施与丰裕的原材料将显著增强新型职业农民的持续务农意愿。职业评价方面，新型职业农民的社会认可度和个人匹配度同样具有显著正向促进作用。社会认可度和个人匹配度越高，新型职业农民持续务农意愿更强烈。层次分析法（AHP）结果表明，第一，各准则相对于目标层所占权重从大到小的排序为：基础设施情况、政府扶持政策、产品市场情况；第二，所有8个二级指标按照计算所得的权重值从大到小排序为基础设施、政府支持、资源丰裕度、发展前景、市场需求、金融扶持、技术指导、运输服务系统。

8.5.2　政策建议

通过对河南省新型职业农民务农稳定性的调查，我们发现新型职业农民作为农业现代化发展的主要经营主体，调动新型职业农民的积极性，使其更愿意从事农业生产经营活动可以有效促进整体行业的发展。为了营造更好的营商环境，使新型职业农民更好地成长和发展，提出以下几点对策建议。

1. 加强宣传引导工作

首先，全省各地要加强对"新型职业农民"这一职业的认同感。不能仅仅停留在"农民只是一种身份"这一认识，尽快完成从传统农民向新型职业农民的过渡和转变；其次，要加强对新型职业农民的培育意义和政府扶持政策的宣传。既可以通过网络、报纸等媒介宣传相关政策，也可以通过信息化平台加强宣传与传播，提高新型职业农民的农业生产积极性和参与的主动性；最后，在宣传中广泛传播相关先进事迹，并给予相应的肯定和奖励。给大家树立"新型职业农民也可以带来富裕，可以促进现代化农业的发展"这种理念，为培育新型职业农民营造出良好的氛围。

2. 畅通农产品销售市场

探索和利用"互联网＋"模式。以农业优势资源为依托，联接各个生产环节，形成"农业内部紧密协作、循环利用、一体化发展"的经营方式。采用"订单收购＋分红"的方式，与周边企业签订产品购销合同，创新企农利益连接机制。树立地域特色品牌，政府通过明确产业规划，引导走差异化路线。加强农村市场中介组织建设，精准面向市场需求。提升产权交易的市场化程度，积极落实"还权赋能"方针，建立区域内统一的产权交易平台。

3. 建立精准化的农业扶持政策

扩大金融通路，提升政府对农业专项融资的支持力度。开通涉农融资"绿色通道"，鼓励金融机构开展产品与服务创新，进一步规范民间借贷。完善政策体系，研究制定专业技术人员培养和流动制度，配套相应激励政策，引导潜在的农业经营者、创业者和管理者来到乡村、建设乡村。建立农业技术培训常态化机制，由政府主导、企业组织面向个体农户，鼓励新型农业经营体系发展壮大。因地制宜打出一套适应本区域农业规模化、集约化、组织化和社会化发展的"组合拳"。

4. 整合优势资源和技术

将优势资源和相关农业技术聚合在一起，共同营造良好的营商环境，推动新型职业农民的务农稳定性。首先，尽力有效保护自然资源，完善有关农村水土资源保护的法律法规。如将耕地和河流的保护与农业补贴政策结合起来，使耕地和河流等自然资源得到有效的保护和利用，提高土地的使用能力；其次，加强农村教育，努力培养人才资源。在加强农村正规教育的同时，也要加强农业职业教育，增强新生代农民对新型职业农民这一职业的认识，培养他们对农村和从事农业活动的感情。同时可以将各农业院校聚集在一起，发挥各自的资源优势，为新型职业农民储备人才；再次，加强对农民的专业技能培训，使其掌握更多的生产技术和经验，从而能从事具有较高附加值的农业生产活动；最后，积极研发农业科学技术并加强推广，使新型职业农民尽快将农业现代化科学技术和创新技术应用于实际，提高生产效率。

5. 加快农村现代基础设施建设

优化乡村基础设施，推动自然村通硬化路，加强村组连通和村内道路建设，推进农村水源保护和供水保障工程建设，升级改造农村电网，提升农村宽带网络水平，强化运行管护。推动建设高标准粮田，强化田间工程和抗灾能力建设，提高耕地地力，加强灾害监测预警体系建设。优化基本公共服务，全面推进"就业、社保、教育助学、卫生健康、文化体育、法律援助"六项便民服务落地。美化乡村环境，大力推进城镇化建设，持续开展美丽乡村清洁卫生工作。

第9章　新型职业农民务农稳定性
影响因素的综合分析[*]

9.1　引言

农业现代化发展，农民是主体，人才是关键。为夯实农业现代化发展基础，建设新型农业农村人才队伍强调加快推进新型职业农民教育培训、加强对新型职业农民政策扶持，把新型职业农民培育成农业现代化建设的主导力量。新型职业农民是推进"农业发展、农民增收、农村稳定"的中坚力量。新型职业农民是否能持续从事农业生产经营活动，是农业现代化发展保持动力供给的关键。随着新型职业农民教育培训工作的持续开展，吸引了一大批农民工、大学生、退役士兵和科技研发推广员等返乡下乡到农村创业创新。截至2018年底，新型职业农民总人数超过1700万人，其中返乡下乡到农村创新创业人员占比约45.88%，达780万人①。

随着新型职业农民队伍不断壮大、培育工作不断深入，"谁来种地""支持谁"等农业发展问题已得到初步解答，"怎么留住人""怎么支持"成为当前发展亟待解决的问题。如果所培育的新型职业农民没能从事农业生产，则失去了培育新型职业农民的价值；相反，如果培育的新型职业农民能持续稳定地成为农业现代化职业经营者和引导者，就能实现农业现代化高质量发展。但如何使得新型职业农民固农，尤其是返乡创业人员，使其能够持续稳定地从事农业生产经营活动，营造农业农村现代化职业经营"生态"，为农业现代化发展带来更多的劳动力要素等现代化生产要素，是

---

* 本章内容已经发表在《湖南农业大学学报》（社会科学版）2019年第8期。

① 中国人大网，http://www.npc.gov.cn/npc/c30834/201908/d4d4b0163a3d43bfb3a2d8cbf5848626.shtml，2019 – 08 – 23。

现阶段农业发展所面临的核心问题。

从一定程度上看，新型职业农民持续务农意愿表明了其持续从事农业生产经营活动行为的倾向程度。分析研究新型职业农民持续务农意愿是理解其复杂稳定务农行为的关键。当前，中国正处在进一步推进农业可持续发展的关键时期。新型职业农民已然强势兴起，并在农业现代化发展建设中日益发挥着重要的作用。在此背景下，系统全面地梳理新型职业农民发展现状，研究影响其持续务农意愿的主要因素，对于完善新型职业农民政策支持体系和加快推进"科教兴农""新型职业农民固农"的农业可持续发展意义重大。因此利用一手调研数据，围绕持续务农意愿对影响意愿形成的因素做一个实证研究十分必要。围绕这一主题，基于对 677 名新型职业农民的调查进行实证分析，以期提出能够维持和提升新型职业农民持续务农意愿的政策启示。

9.2　文献梳理与理论架构

9.2.1　文献综述

迄今尚无直接以新型职业农民持续务农意愿为研究内容的学术论文或著作，而与之间接相关的文献资料则有很多。经梳理，与本书研究主题最接近且较具代表性的研究大体可归纳为以下四类：

1. 对成为新型职业农民的职业选择问题的研究

已有研究发现，大多数人对成为新型职业农民的职业选择意愿不高。当前，有相当比例的返乡新生代农民工出于对前工作职业声望低、职业层次低等因素的考虑而被动选择返回家乡务农（龚文海，2015）。对于农村劳动力而言，影响其不愿意成为新型职业农民的原因主要包括两方面：一方面是受其对农业农村固有认知的影响，大多数新生代农民工认为农业收入少、干农活辛苦（方华等，2012）；另一方面受资源禀赋和政策条件的限制约束，将近60%的农村劳动力不愿意成为新型职业农民（钟涨宝等，2016）。此外，通过对 992 名新型职业农民调研发现，仅有17.40%的新型职业农民希望自己的子女成为新型职业农民，从事农业生产经营活动；而82.60%的受访新型职业农民希望自己的子女从事非农工作（吴易雄等，2017）。研究发现提升新型职业农民职业吸引力的关键，是使从事该职业的人得到符合全社会发展水平的收益报酬（陈池波等，2013）。虽然已有研究证实新型职业农民培育具有正向收益效应（李宝值等，2019），但受生产成本不断增大、融资难度加大、市场风险波动较大以及政府补助效果甚微等因素的影响，新型职业农民增收面临着非常多的阻碍（朱启臻等，2016）。

2. 对农户持续务农积极性问题的研究

农户持续务农积极性即为农户持续从事农业生产经营活动的热情程度。它直接关系到农业现代化发展质量，且与国家粮食安全息息相关。影响农户持续务农积极性的主要因素包括农地产权制度、市场价格、政策导向、劳动力转移、基础条件等因素（刘顺国，2009；李宁等，2017）。

首先，产权制度界定了经济活动参与组织或个人的利益，其最终目的是为不同行为主体提供行为准则以及行为边界（姚洋等，2002），进而对经济活动产生重要影响。对于不发达国家而言，明晰的土地产权制度，可使得农业全要素生产率提高 82.50%（Chen，2017）。近年来，中国农地产权制度变革以及土地承包期延长等政策制度，通过排他性约束手段减少了土地要素的不确定性，稳定了农户农地经营预期，提高了其持续务农的积极性（李宁等，2017）。农地确权激励了规模农户对土地流转的参与和耕地生产保护性行为，提高了其持续务农的积极性（沈琼等，2020；胡新艳等，2018；周力等，2019）。一方面土地流转租金为农户提供了资产性收入，为农户创业提供了可能（Blanchflower and Oswald，1998；Mccormick and Wahba，2001）；另一方面土地流转增大了交易能力突出的农户规模经营的可能性，促使其成为追求利益最大化的新型农业经营主体（蔡颖萍等，2016）。这些因土地转入而扩大经营规模的农户，被认为是未来农业规模化发展的中坚力量（贺雪峰等，2015）。土地流转作为农户配置土地资源的重要方式，可以降低农地细碎化程度、促进农户适度规模经营、提高农业生产效率，进而能够提高农户收入，达到减贫效果（Deininger and Jin，2004；陈训波等，2011；陈海磊等，2014；冒佩华等，2015）。此外，通过土地流转而改善规模经济性，可以有效激励农户进行长期生产投资，采纳化肥减量、培肥土壤等绿色农业生产技术（邰亮亮等，2011；Gao et al.，2018；贾蕊等，2018；张建等，2019）。

其次，农产品价格波动风险是农户在农业生产经营过程中所遇到的主要风险（许庆等，2008）。而价格因素是影响农户持续务农积极性的重要因素之一（周清明，2009；龙方等，2012；靳庭良，2013）。农产品价格受国内市场价格和国际市场价格的双重约束，波动性较大。早期在粮食收购数量被强制决定的背景下，农户持续务农积极性受收购价格的影响不明显（Sicular，1988）。随后，1985 年统购政策取消，1993 年粮食购销价格实行"随市就价"，以及 2000 年之前中国农业生产商品化率较低等情况的发生，逐渐加剧农户对粮食价格的不敏感性（陈志刚，2006；Byrd，1989）。随着农产品最低收购价格政策逐渐演变为市场定价、价补分离的目标价格政策后，农业产品市场价格变动风险加剧，价格变动直接影响到农户收益，进而对农户持续务农积极性产生影响。为确保农户收益，国家进行了不同类型的政策尝试。一方面国家出台多层次的农业补贴政策，调节农户粮食种植的决策行为，提高其持续务农的积极性（袁宁等，2013；谭智心等，2014）；另一方面国家出台托市收购政策，稳定农产品价格和农户收入。然而受农产品价格长期下行压力的影响，引致挤出效应（郑风田，2015）。

最后，新型农业经营主体在"三权分置"改革初期被寄予厚望，期望其通过土地流转成为规模经营主体，来改变传统农户小规模经营的状况（钟真，2018）。然而实践证明，通过农地流转形成新型农业经营主体替代传统农户，来解决农业规模化经营的问题，不仅时间成本较高，还会因"非家庭经营"恶化小农户的生存环境，挤压其经济发展空间，引发诸多现实问题（贺雪峰等，2018；尚旭东等，2015）。由此，国家意识到对新型农业经营主体社会化服务功能的强化。

3. 对农业劳动力要素经济效率（配置效率、生产效率）问题的研究

针对农业劳动力要素的配置效率而言，收入是影响农业劳动力要素配置的关键性因素。农业产出收益的绝对程度和非农就业预期价格差异是引致农业劳动力迁移的动力，其比值决定了农业劳动力结构的转变（李宁等，2017）。随着非农产业、劳动力市场以及城市公共服务水平的发展和提升，大量农业劳动力进行了非农就业转移（钟甫宁，2016；王有兴等，2018）。非农就业成为农村劳动力提高收入的重要途径（冒佩华等，2015）。由于非农就业的不稳定性以及土地社会保障的功能属性，农村劳动力配置更多表现为兼业性，即兼顾农业与非农产业的劳动时间投入（纪月清等，2016；杨涛等，1991；陆文聪等，2011）。

农业要素生产效率是度量主体在既定生产技术水平下对投入到农业领域生产要素的实际使用程度（Farrell，1957）。人地紧张的农耕国情，导致我国农业早期发展呈现出内卷化趋势。即通过高度密集的劳动力投入实现耕作精细度与复杂度的提升，以此消解劳动力的增长并避免经营收入的降低（黄宗智，1986）。农业劳动力内卷导致劳动力要素投入规模效益的边际贡献率递减。随着农业经营外部环境尤其是农业土地市

的逐步放开，学界关于农地使用排他性的增强对劳动力要素生产效率的影响有两种观点：一种观点认为受禀赋效应的影响，农地使用权排他性的增强会固化原有农地的配置状态并且会减弱劳动力配置结构的合理性（罗必良，2013），进而抑制农业生产效率的提升；另一种观点认为农地使用权排他性的增强可以促进土地集约经营的实现。而集约经营效益能对农业劳动力产生生产性激励，实现劳动力要素配置效率的增长（盖庆恩等，2020）。

4. 对意愿和行为关系问题的研究

首先，就外显意愿与行为关系的研究而言，学术界关于二者对应关系的探索性分析研究主要有两种观点：第一种观点认为意愿与行为两者属直接关系。即意愿对实际行为有预测作用，意愿可以直接指引实际行为的发生。该观点对应的理论模型为"态度—行为"模型（Attitude-Behavior Consistency，ABC）。该模型表示意愿是行为的潜在表示，行为是意愿的外在反映。即意愿本身包含着行为的潜在意向，可以直接通过意愿对行为进行预测（章志光，1998；Feather，1988）。然而通过实证调查研究发现，陈述性意愿只能对行为选择起到预测作用，即意愿与行为之间存在着显著的差异（靳明等，2008）；且意愿与行为的直接相关程度非常低，其相关系数约为 0.30 ~ 0.50，甚至低于 0.30（Wallace et al.，2005；Wicker，1969）。第二种观点认为意愿与行为两者属间接关系。即意愿与行为均受到多种因素影响且存在差异，两者之间有中介变量在起作用。此观点对应"态度—中介—行为"理论模型。该模型由理性行为理论模型和计划行为理论模型组成。其中理性行为理论认为意愿不能直接转化为行为，而是通过行为意图发挥作用（Ajzen，1988）；计划行为理论则由理性行为理论发展而来，主张个体行为意图受感知行为的约束，即意愿并非可用于预测行为的唯一因素（Ajzen，1988；Payne et al.，2008）。然而随着行为研究理论不断发展，个体行为除了受主观因素的影响，其他越来越多的影响因素被发现。如"态度—情境—行为"理论（Attitude-Context-Behavior）认为个体行为是在态度和外界环境综合作用下发生的；人际行为理论（Theory of Interpersonal Behavior，TIB）认为个体行为受意愿和习惯在外部条件调解下的共同影响而产生。

其次，随着学界探索研究的不断深入，提出了"内隐意愿"这一新概念。内隐意愿是个体无意识、自动的、难以被察觉的、不可被控制的即刻反映（Parra et al.，2011）。伴随着新概念的提出，不少研究开始关注"内隐意愿—外显意愿与行为关系"这一前沿理论。研究发现，内隐意愿受其他因素影响较小，与外显意愿相比具有更强的稳定性；内隐意愿和外显意愿双重作用于行为决策的理论比内隐意愿单一作用于行为决策的理论更全面且预测某种环境下个体行为决策的有效性更强（Kam，2007；魏知超等，2009）。

9.2.2　理论框架

基于计划行为理论和供求理论，运用理论分析和实证分析探究影响新型职业农民持续务农意愿的因素。将影响新型职业农民持续务农意愿的因素分为四大类：一是行为态度。包括职业声誉满意度、职业自我评价、市场预期感知；二是主观行为规范。包括政府农业项目支持、政府农业补贴扶持、政府土地流转政策扶持、雇工成本、涉农政策变动、技术获取、职业兴趣认知；三是知觉行为控制。包括风险承受评估和风险防范认知；四是个人、家庭层级及土地流转层面因素。其中个体层级涵盖年龄和性别两个方面，家庭层级包括土地经营面积该因素，土地流转市场层面包括一般农民土地供给。

将基于计划行为理论依次探讨行为态度、主观行为规范和知觉行为控制的形成过程，整合以个人、家庭层级因素及土地供给层面的因素，尝试构建新型职业农民持续务农意愿形成路径的整合模型，如图9.1所示。

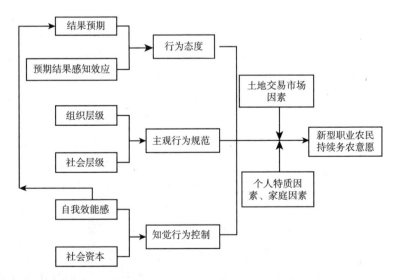

图9.1　基于计划行为理论的新型职业农民持续务农意愿整合模型

资料来源：作者整理。

9.3 变量、数据与模型

9.3.1 数据来源

课题组所用数据来源于在河南省主要新型职业农民培训机构进行调研所收集的数据。本次调研从 2019 年 3 月开始，到 2019 年 9 月结束。调研分为两个阶段：第一阶段（2019 年 3 月~4 月）为预调研阶段。课题组与多个新型职业农民进行了面对面的访谈和问卷调查，然后对此次调查问卷的内容进行了修改和完善；第二阶段（2019 年 5 月~9 月）为正式调研阶段。为了尽可能多地获取新型职业农民相关数据，课题小组选取 2015 ~ 2018 年在河南农业大学、河南省团校、夏邑县农广校参与过培训的新型职业农民群体为调研对象。正式调研阶段采用分层抽样设计，并依据学号采用随机抽样原则对 700 位新型职业农民进行问卷调研，以提高样本的随机性和代表性。通过调研了解关于受访新型职业农民基本情况、持续务农意愿、生产经营风险、生产要素获取、营商环境五方面的具体情况。调研过程中对抽样新型职业农民进行了问卷调查。所有问卷由调查者采用一对一访谈形式或者被调查者协同、调查者协助的方式进行。

9.3.2 变量设定

在模型指标的选取上，基于前人的研究并结合本书的目的，以新型职业农民持续务农意愿作为因变量。将主要解释变量分为三个维度，即行为态度、主观行为规范和直觉行为控制，再在各个维度下对影响指标进行细分。变量指标的说明和统计描述如表 9.1 所示。

表 9.1 变量说明描述性统计

变量类型	变量名称	变量含义及赋值	均值	标准差
被解释变量	持续务农意愿	不愿意 = 0；愿意 = 1	0.947	0.225
行为态度	职业声誉满意度	对新型职业农民是否受人尊重的看法：不符合 = 1；一般 = 2；非常符合 = 3	2.561	0.642
	职业自我评价	对自己做新型职业农民的看法：不适合 = 1；一般 = 2；非常适合 = 3	2.856	0.398
	市场预期感知	对自己经营的产品未来发展前景的预期：非常差 = 1；比较差 = 2；一般 = 3；比较好 = 4；非常好 = 5	3.970	0.864

变量类型	变量名称	变量含义及赋值	均值	标准差
主观行为规范	政府农业项目支持	自己所经营的农业项目是否获得当地政府的支持：否=0；是=1	1.435	0.496
	政府农业补贴扶持	当地政府针对新型职业农民是否出台补贴扶持政策：否=0；是=1	0.407	0.492
	政府土地流转政策扶持	当地政府针对新型职业农民是否出台土地流转扶持政策：否=0；是=1	0.398	0.490
	雇工成本	是否因劳动力市场雇工工资上涨造成所经营的农业项目损失：否=0；是=1	0.303	0.460
	涉农政策变动	是否因国家或地方出台农业相关政策变动造成所经营的农业项目损失：否=0；是=1	0.085	0.279
知觉行为控制	技术获取	通过电视或互联网等媒体获得技术的情况：没有=0；有=1	0.429	0.495
	职业兴趣认知	对自己做新型职业农民所持有的兴趣认知：喜欢农业=6；了解农业，有经验=5；能挣钱=4；当地有优惠政策=3；没有合适的非农项目=2；家人劝说=1	5.051	1.368
	风险承受评估	可承担的投入损失：10%以下=1；[10%，30%)=2；[30%，50%)=3；[50%，100%)=4；100%及以上=5	3.494	1.135
	风险防范认知	通过购买保险以防范自然灾害、病虫害和市场波动的情况：没有=0；有=1	0.675	0.469
控制变量	性别	女=0；男=1	0.852	0.355
	年龄	20岁以下=1；21~30岁=2；31~40岁=3；41~50岁=4；51岁以上=5	3.394	0.876
	ln土地面积_win	以实际土地经营面积为基准进行取对数并缩尾处理	4.717	1.239

资料来源：问卷调查统计。

1. 被解释变量

如前文所述，利用样本新型职业农民是否愿意一直从事农业生产经营活动表征其持续务农意愿。具体在计量模型中，将实际样本中愿意一直从事农业生产经营活动的新型职业农民赋值为1，表示其有持续务农意愿；反之赋值为0，表征其没有持续务农意愿。

2. 解释变量

主要解释变量分为三类：行为态度、主观行为规范和直觉行为控制。

（1）行为态度。根据阿杰恩（Ajzen，1991）、盖特伍德（Gatewood et al.，2002）、徐磊等（2019）研究结论，本书设计影响新型职业农民持续务农意愿行为态度的因素变量。共设三个测量题项，包括从结果预期的社会声誉预期、自我评价以及预期结果感知效用层面来考察新型职业农民持续务农意愿的行为态度因素。具体包括新型职业农民对其职业社会声誉满意度的测量、新型职业农民对其是否适合从事该职业的自我评价，以及对所生产农产品市场发展预期的感知效用。

（2）主观行为规范。依照阿杰恩（Ajzen，1988）的研究结论，本书设计了新型职业农民持续务农意愿的主观行为规范控制量表。共设五个测量题项，包括从组织层级和社会层级来考察新型职业农民持续务农意愿的主观行为规范因素。具体包括其所从事的农业项目是否获得政府支持、当地政府针对新型职业农民出台补贴扶持政策情况、当地政府针对新型职业农民出台土地流转扶持政策情况、劳动力市场上雇工成本变动以及国家或地方出台农业相关政策变动。

（3）知觉行为控制。根据阿杰恩（1991）等的研究结论，设计了新型职业农民持续务农意愿的知觉行为控制因素量表。共设置四个测量题项，包括从社会资本以及自我效能感来考察新型职业农民持续务农意愿的知觉行为控制因素。具体包括受访新型职业农民通过电视或互联网等媒体获得技术情况、对其农业经营活动所持有的兴趣认知、对其能够承受的投入损失比例以及具体农业自然灾害、病虫害和市场波动风险的防范认知。

3. 控制变量

新型职业农民个体特征，包括性别、年龄两个变量；家庭层面特征包括家庭经营土地面积变量。由于本书所指的农业经营为狭义范畴上的农业，主要以种植业为主。所以家庭经营土地面积为家庭种植类土地总面积。此外，在进行检验和计量分析前，为缩小变量量纲、减弱模型的异方差问题，首先对家庭经营土地面积取自然对数并进行缩尾处理，原数值单位为亩。

9.3.3　模型构建

持续务农意愿在问卷中以询问"您是否愿意一直从事农业生产经营活动"来测度。重点关注行为态度、主观行为规范和知觉行为控制以及个人、家庭层级的因素对新型职业农民持续务农意愿的影响。据此构建的实证模型如下：

$$Willingness_{farming} = \eta_0 + \gamma_1 X_i + \gamma_i \, Control_j + \mu_i \qquad (9.1)$$

在式（9.1）中，因变量为新型职业农民持续务农意愿$Willingness_{farming}$，X_i表示行为态度、主观行为规范和知觉行为控制等解释变量，$Control_j$代表新型职业农民个体特征和家庭特征等控制变量。η_0、γ_1和γ_i为待估参数，μ_i为随机扰动项。新型职业农民是否愿意持续从事农业生产经营活动，是一个复杂的决策过程，受到诸多因素影响。但面对问询，新型职业农民的持续务农意愿可以简单分为愿意（$D_i = 1$）与不愿意（$D_i = 0$）两种，即新型职业农民持续务农意愿是二分类变量。因此利用二项分布的 Probit 模型对式（9.1）进行估计。假设行为态度、主观行为规范和知觉行为控制等解释变量X_i以及控制变量$Control_j$都包括在向量χ_j中，则"$y = 1$"发生的概率满足如下表达式：

$$P(y = 1 \mid \chi_j) = \Phi(c_j + \beta_j \chi_j) + \mu_j = \int_{-\infty}^{c_j + \beta_j \chi_j} \varphi(t)\,\mathrm{d}t + \mu_j \qquad (9.2)$$

在式（9.2）中，y是虚拟变量，$y = 1$时表示新型职业农民有持续务农意愿；$y = 0$表示新型职业农民无持续务农意愿。χ_j表示模型j的解释变量向量。Φ为累计标准正态分布函数。c_j为常数项，β_j为待估计的系数向量，μ_j为随机误差项。

9.4　新型职业农民持续务农意愿统计特征分析

9.4.1　样本新型职业农民持续务农意愿

调查表明，样本新型职业农民持续务农意愿是比较强烈的。绝大多数新型职业农民（占93.06%）愿意持续农业生产经营活动，不愿意持续务农的主要是因为农业风险太大（占38%）。已有研究表明，当从业者依据自身职业兴趣选择与其相匹配的职业时，其个体才能会得到极大程度的发挥，进而提高其工作效率和工作成果（Nauta，2010）。调查结果与该结论保持一致。分析调研数据发现，54.21%的新型职业农民因为喜欢农业以及对农业感兴趣而选择了农业；出于对农业了解和有过农业项目经验而选择从事农业的占16.84%；仅从经济角度考虑从事农业生产经营的只占11.08%。

在不愿意持续农业生产经营的个体中，44.68%的个体是因为没有好的非农项目可做，而"非主动"地选择了从事农业生产经营活动。这种现象表明根据个人兴趣和偏好等非经济因素选择从事农业职业的新型职业农民其经营稳定性更高，同时也表明当前农业项目在盈利能力上并不具备竞争力。因此新型职业农民从事农业生产经营活动可能会面临盈利挑战，甚至会导致部分个体放弃从事农业事业。

进一步考察了新型职业农民的职业认同情况。调查数据显示，新型职业农民对自身职业认同度较高，84.19%的受访者认为自己适合成为新型职业农民；大部分受访者认为新型职业农民能够受到周围人的尊重且能够与其他新型职业农民保持良好的关系。然而，仅有52.29%的受访者对新型职业农民的社会保障水平感到满意。当前，国家关于新型职业农民并没有出台明确的政策扶持办法，有关新型职业农民的政策扶持主要来自地方政府的财政支出。而当前地方政府出台的政策扶持文件存在内容流于形式，真正对新型职业农民支持水平低，以及政策扶持对新型职业农民指向性较弱的问题（吕雅辉等，2020）。此外，与其他职业的"五险一金"形成鲜明对比，我国农村没有完善的社会保障体系。对于新型职业农民而言，其在经营过程中投入了大量的资金、技术和智力要素，一旦实际产出受到市场以及各种因素的不利影响，可能会导致他们面临基本的生存难题。

9.4.2 样本新型职业农民代际务农意愿

调查表明，愿意让自己子女从事农业事业的新型职业农民占62.19%。从农业经营项目传承情况看，48.00%的受访新型职业农民愿意让自己的儿女在自己退休时接手管理自己的项目；41.36%的新型职业农民选择聘请职业经理人来管理自己的农业项目产业。这些数据表明，新型职业农民与传统农民有着很大的区别。新型职业农民对农业职业的认可度更高，因此希望自己的农业项目得到更好的传承与发展。

同时，传统农民更多地认为农民与其他职业之间在职业地位上存在着根本差别。传统农民认为农民身份只是对自我的一种整体和静态的规定，而其他职业是人们的所有物（卢荣善，2006）。而从调查数据看，已有相当比例的新型职业农民愿意让自己的子女从事农业生产经营活动。说明新型职业农民对农业有更大的职业偏好和兴趣，也表明新型职业农民的职业吸引力在不断增强。

9.5 实证检验

使用调研数据，应用 STATA15.1 软件对所收集的 508 份调研问卷数据进行了有关新型职业农民持续务农意愿的 Probit 模型回归，最终检验结果如表 9.2 所示。在回归之前先通过方差膨胀因子（VIF）的检验方法来检验自变量之间是否存在多重共线性。从检验结果来看，变量的方差膨胀因子值均处在合理范围内，VIF 值最大为 1.28，最小为 1.03，说明模型不存在严重的多重共线性问题。

表 9.2　新型职业农民持续务农意愿影响因素的 Probit 模型估计结果

变量	模型 1		模型 2		模型 3		模型 4	
	回归系数	边际效应	回归系数	边际效应	回归系数	边际效应	回归系数	边际效应
职业声誉满意度	0.407 *** (3.029)	0.034	0.509 *** (3.620)	0.039	0.394 ** (2.207)	0.022	0.493 *** (2.635)	0.028
职业自我评价	0.715 *** (3.720)	0.060	0.824 *** (3.949)	0.064	0.653 *** (3.015)	0.037	0.660 *** (3.169)	0.037
市场预期感知	0.426 *** (3.439)	0.035	0.492 *** (3.791)	0.038	0.493 *** (3.235)	0.028	0.522 *** (3.072)	0.029
政府农业项目支持			0.230 (0.974)	0.017	0.361 (1.246)	0.021	0.361 (1.229)	0.020
政府农业补贴扶持			-0.730 *** (-2.842)	-0.056	-1.338 *** (-4.082)	-0.077	-1.473 *** (-4.140)	-0.083
政府土地流转政策扶持			0.137 (0.545)	0.011	0.471 * (1.706)	0.027	0.593 ** (2.172)	0.033
雇工成本			0.030 (0.121)	0.002	-0.509 * (-1.754)	-0.029	-0.535 * (-1.791)	-0.030
涉农政策变动			-0.468 (-1.407)	-0.036	-0.798 * (-1.753)	-0.046	-0.986 ** (-2.234)	-0.055
技术获取					0.784 ** (1.993)	0.045	0.778 * (1.912)	0.044

变量	模型1		模型2		模型3		模型4	
	回归系数	边际效应	回归系数	边际效应	回归系数	边际效应	回归系数	边际效应
职业兴趣认知					0.314*** (4.677)	0.018	0.296*** (4.480)	0.017
风险承受评估					0.289** (2.505)	0.017	0.345** (2.486)	0.019
风险防范认知					0.802*** (2.679)	0.046	0.794** (2.557)	0.045
性别							0.320 (1.001)	0.018
年龄							0.183 (1.111)	0.010
ln 土地面积_win							0.225* (1.959)	0.013
常数项	-2.822*** (-4.352)		-3.549*** (-4.135)		-5.498*** (-4.603)		-7.674*** (-4.290)	
Prob > chi^2	0.000***		0.000***		0.000***		0.000***	
Pseudo R^2	0.238		0.293		0.491		0.512	

注：括号中数字是稳健估计的 t 值；***、**、* 分别表示在1%、5%、10%的显著性水平上显著。

由于 Probit 模型的回归系数没有实际经济意义，所以选择计算出自变量的边际效应。此外，为了保证模型的稳健性，逐一加入各类变量。从模型1到模型4逐步加入行为态度、主观行为规范变量、知觉行为控制变量以及个人、家庭层级的控制变量。为控制模型扰动项异方差、自相关以及异常值可能的影响，对所有回归都采用了稳健估计。从模型1到模型4的整体显著性来看，四个模型整体显著性都较高。在逐步加入变量的过程中，伪 R^2 值逐步提高，核心解释变量的影响程度逐步提高。说明没有加入其他变量是低估了其影响效果，因此有必要对变量进行控制。

Probit 模型分析结果表明，职业声誉满意度、职业自我评价、市场预期感知、政府土地流转政策扶持、技术获取、职业兴趣认知、风险承受评估、风险防范认知、家庭经营土地面积对新型职业农民持续务农意愿均存在显著的正向影响。其中职业声誉满意度、职业自我评价、市场预期感知以及职业兴趣认知在1%的水平上显著（见表9.2），且系数分别为0.493、0.660、0.522、0.296；政府土地流转政策扶持、风险承受评估和风险防范认知在5%的水平上显著（见表9.2）；技术获取及家庭土地经营面积在10%的水平上显著（见表9.2）。而政府农业补贴扶持、雇工成本及涉农政策变动对新型职业农民持续务农意愿则存在着显著的负向影响。其中政府农业补贴扶持在1%的水平上显著；涉农政策变动在5%的水平上显著；雇工成本在10%的水平上显著。

分析实证结果可知，新型职业农民持续务农意愿受到行为态度、主观行为规范、知觉行为控制以及土地经营面积的影响，其中新型职业农民行为态度的影响最显著。

9.5.1 新型职业农民行为态度因素与持续务农意愿

新型职业农民行为态度对其持续务农意愿有显著的影响。从表9.1中可知，新型职业农民行为态度因素的三个观测变量为职业声誉满意度、职业自我评价以及市场预期感知。实证结果显示，新型职业农民行为态度因素的三个观测变量均在1%的显著性水平上显著，表明职业声誉满意度、职业自我评价以及市场预期感知对新型职业农民持续务农意愿有显著的正向影响。

职业声誉满意度和职业自我评价两个变量均是"非经济"因素变量。职业声誉满意度对新型职业农民持续务农意愿的显著影响，能反映出在新型职业农民培育不断深入和相关扶持政策不断完善的背景下，新型职业农民逐渐成为一种"体面"的职业；职业自我评价变量显示出新型职业农民对自身职业选择的认可度较高，也间接反映出新型职业农民的职业认可度和职业吸引力在逐渐增强。

9.5.2 新型职业农民主观行为规范因素与持续务农意愿

新型职业农民主观行为规范对其持续务农意愿有显著的影响。从表9.1中可知，新型职业农民主观行为规范因素的五个观测变量为政府农业项目支持情况、政府农业补贴扶持情况、土地流转扶持政策、雇工成本以及涉农政策变动。实证结果显示，新型职业农民主观行为规范因素的四个观测变量对新型职业农民持续务农意愿有显著的影响。其中政府农业补贴扶持对新型职业农民持续务农意愿有显著的负向影响，且在1%的显著性水平上显著；政府土地流转政策扶持和涉农政策变动对新型职业农民持续务农意愿有显著的影响，且均在5%的显著性水平上显著；雇工成本对新型职业农民持续务农意愿有显著的负向影响，且在10%的显著性水平上显著。

9.5.3 新型职业农民知觉行为控制因素与持续务农意愿

知觉行为控制对新型职业农民持续务农意愿有显著的正向影响。从表9.1中可知，新型职业农民知觉行为控制因素的四个观测变量为技术获取、职业兴趣认知、风险承受评估以及风险防范认知。实证结果显示，新型职业农民知觉行为控制因素的四个观测变量均对新型职业农民持续务农意愿有显著的正向影响，其中技术获取在10%的显著性水平上显著；职业兴趣认知在1%的显著性水平上显著；风险承受评估以及风险防范认知在5%的显著性水平上显著。

技术获取和职业兴趣认知对新型职业农民持续务农意愿有正向影响效果，能够体现出新型职业农民"爱农业、懂技术"的属性特点，即依托职业情怀进行职业选择。技术获取体现出新型职业农民善于运用现有通讯路径获取技术要素，提高了技术获取的便捷度和广泛性；职业兴趣认知表征出新型职业农民强烈的职业认同感，将自身职业当作一种获得和占有"所有物"。风险承受评估和风险防范认知对新型职业农民持续务农意愿的正向影响，能够体现新型职业农民"善经营"的特点。新型职业农民作为一个积极的市场参与者，会主动采取措施规避农业经营活动中的风险。同时较高的农业经营风险损失承受度，能够提高其市场适应能力，增强其市场活性。

9.6 小结

基于700份新型职业农民调研问卷，运用统计分析并建立Probit模型，探究了影响新型职业农民持续务农意愿的因素。研究发现，新型职业农民的行为态度和主观行为规范是影响持续务农意愿的重要因素，其对其持续务农意愿均有显著的正向影响。其中，行为态度因素和主观行为规范因素具体包括职业声誉满意度、职业自我评价、市场预期感知以及职业兴趣认知等因素。其次，政策保障是影响持续务农意愿的关键。实证结果显示政府农业补贴扶持、土地流转政策扶持和涉农政策变动对新型职业农民持续务农意愿有显著影响；而政府农业补贴扶持和涉农政策变动对其持续务农意愿有显著的负向影响。这说明当前政府农业补贴扶持项目可能处于探索阶段，并没有真正触及新型职业农民的"痛点"，且这进一步说明了农业保障政策是影响新型职业农民务农稳定性的关键。再者，经营风险是影响持续务农意愿的重要挑战。模型回归得到的风险防范认知对新型职业农民持续务农意愿的显著影响佐证了这一点。此外在风险承受评估方面，由本次调研数据可得，50.19%的受访新型职业农民能够承受投入占比50.00%以下的损失。显示出新型职业农民较传统农民有相对较高的风险承受能力，但仍凸显出新型职业农民整体风险厌恶度较高。如何化解或分解经营风险是提高新型职业农民持续务农意愿的关键。最后，技术获取渠道多元化是提高持续务农意愿的机会。通过实证分析可知，技术获取是影响新型职业农民持续务农意愿的显著因素。同时本次调研中发现，新型职业农民技术获取渠道更加多元化，获取方式更加多样化。技术获得的便捷性增强了新型职业农民的持续务农意愿，因此拓宽技术获取渠道是提升新型职业农民持续稳定务农的可行性尝试。

本书启示我们，新型职业农民的职业认同以及社会认同对新型职业农民持续务农意愿有着重要的影响。增强新型职业农民培育的层次性，能够进一步提升新型职业农民的职业认同感，且新型职业农民培育层次性的增强可以通过加大投入力度、畅通教育渠道以及完善农村实用人才带头人培育三个路径实现。其次，健全新型职业农民扶持政策，提升新型职业农民职业保障性和职业吸引力。实证结果表明农业补贴扶持政策、土地流转扶持以及涉农政策变动对新型职业农民持续务农意愿的显著影响，突出了政策保障的重要性，也反映出当前政策指向性较弱、政策实施效果差强人意以及保障性政策不完善等问题。健全新型职业农民扶持政策，一方面需要加强对政策扶持主体——新型职业农民的指向性，通过提高政策的针对性来增强新型职业农民的职业保障性和职业吸引力；然后需要推动国家层面出台新型职业农民全面扶持政策，涵盖人才激励、规模经营项目、金融信贷、财政补贴以及品牌扶持等方面；同时也需要地方政府以国家出台的相关政策为导向，因地制宜地推出地方新型职业农民具体扶持政策。

再者，完善市场监管机制能够从一定程度上降低或分解新型职业农民所面临的由农业市场经济波动带来的不同程度的社会风险压力。其相关措施主要包括两个方面：一方面政府可以通过制度化、规范化市场监督管理机制，对市场形成规则约束体系；另一方面需要各级地方政府细化落实相关市场监督管理机制，确保当地农业交易市场的有序、高效运作。

此外，还可以通过新型职业农民培育渠道，加强新型职业农民对市场风险的认识和理解，引导新型职业农民更加深刻地去了解市场特征。最后，拓宽技术获取渠道，提高新型职业农民生产效率，增加经营收入，增强其务农稳定性。拓宽新型职业农民技术获取渠道的措施包括两个方面：一方面可以在新型职业农民培育过程中，通过开展有针对性的技术培训来充分满足其技术需求；另一方面可以通过线下平台搭建、组织建设以及线上媒介渠道的开通来增大新型职业农民技术获取的可能性。例如搭建各类示范园区平台来吸引新型职业农民以及农业龙头企业向示范园区聚集，利用新媒体和传统媒体双媒介进行农业技术知识的传播与推广等。

第10章　地权稳定对新型职业农民的
保护性投资行为的影响分析[*]

10.1　引言

加强农地保护是保障粮食安全、促进农地资源可持续利用的基础，耕地质量水平直接影响农业产业结构、耕地产出能力及农产品质量安全（李明秋等，2014）。近年来，中央发布的各类政策文件多次提及保护农地资源、提升农地质量以及农业生态治理，大力推进耕地数量、质量、生态"三位一体"保护。然而目前我国整体农地质量状况堪忧，保护和提升农地质量任重道远。1988～1997年，我国土壤有机质平均含量为25.7g/kg。而2009～2018年土壤有机质含量均值下降至24.3g/kg，降幅达5.4%^①；1978～2018年，我国农用化肥施用量增加了5.4倍，而同期农作物播种面积仅增加10.52%；2018年我国化肥施用强度是国际公认的安全上限的1.36倍。农药的真正有效用量不到40%，60%～70%的农药通过径流进入土壤或水体，造成污染（杨滨键等，2019）。化肥与农药的过量使用，会导致土地板结及农地资源退化等一系列生态问题，严重破坏了农业生产的基础条件，给保障粮食安全、促进农业可持续发展等方面带来了巨大隐患。迫切需要加强对农地资源的保护，遏制农地资源退化的趋势。农业经营主体是耕地保护和利用的主要决策者，其生产经营和投资决策行为对耕地质量影响显著。耕作主体的农地利用和管理实践在很大程度上决定着农地质量的潜在变化趋势（张连华等，2020）。因此，农地质量保持和提升的关键在于激励耕作主体对农地进行持续、有效的保护。

---

[*] 本章内容已经发表在《甘肃行政学院学报》2020年第6期。
^① 资料来源：《我国耕地质量主要性状30年变化情况报告》。

在当前我国新型城镇化深入发展的背景下，鼓励那些有长期稳定务农意愿的农户适当扩大经营规模，成长为新型职业农民，成为实施乡村振兴的生力军。近年来，在党中央的部署下，各地区积极引导扶持经营型新型职业农民的发展，现已取得初步成效。2012年中央首次在"一号文件"中提出培育新型职业农民之后，农业农村部、财政部启动实施国家新型职业农民培育计划。中央财政每年投入数十亿元支持各地培育高素质农民，基本实现农业县全覆盖，重点培育产业扶贫带头人、新型农业经营服务主体经营者、返乡入乡创新创业者和专业种养加能手。新型职业农民队伍规模不断扩大。2020年，全国新型职业农民总量已突破2254万人。其中，50%的新型职业农民为务工返乡人员、退伍军人、科技研发推广人员、大中专毕业生等新生力量。超过50%的新型职业农民为规模经营农户，家庭土地平均经营规模为140亩。新型职业农民的农业生产经营人均纯收入达到3.30万元，相当于同期城镇居民人均可支配收入（4.24万元）的78%，是农村居民人均可支配收入（1.60万元）的2.06倍。27.76%的新型职业农民的农业生产经营纯收入大于等于同期城镇居民人均可支配收入。经营型新型职业农民经营的农地以转入地为主，地权稳定性并不确定，其农地质量保护行为可能受地权稳定性制约而无法获取未来长期收益（李兆亮等，2019）。因此，地权稳定性的强弱会对新型职业农民的农地质量保护行为决策产生较大影响。那么由此产生的问题是，地权稳定性对新型职业农民的农地质量保护行为会产生怎样的影响？其影响机制是什么？对这些问题的回答不仅是现阶段促进农业经营主体保护农地质量的关键问题，也是促进我国农业可持续发展所必须回答的问题。

农业经营主体能否在农地利用中不断加大对农地保护性投资的力度，是农地质量保护的关键之所在（李明秋等，2014）。国内外学者对农业经营主体农地投资行为的潜在影响因素研究已经取得丰硕成果，包括农户个人特征、家庭特征、农户认知、地块特征、政策干预等（陈美球等，2008；马贤磊，2009；苏柳方等，2019）。在我国"二权分置"的农地制度安排下，新型职业农民通过土地流转获得其发展所需的农地资源，是基于众多农地流转合约形成的"土地租赁型"新型经营主体（刘灵辉等，2019），因此，除上述因素外，地权稳定性对新型经营主体的农地保护性投资积极性的影响尤为重要。学者研究发现，产权稳定能促进农户的农地投资行为（Li et al.，1998；仇焕广等，2017），地权不稳定的作用和对农户投资征收一种随机税一样（Besley，1995；姚洋，1998），不稳定的地权意味着农民很难对承包地建立起长期稳定的预期，使得农民的投资积极性降低。一方面农民不愿意对农地进行保护性投资（朱民等，1997）；另一方面农民更加倾向于在有限的地权期限内通过增加化肥、农药的使用来掠夺农地生产力（孔祥建，2009）。但也有学者发现地权稳定性对农地投资的影响并不显著，增加非农就业机会、稳定新型职业农民对投资的预期才是促进农户进行农业投资的关键（钟甫宁和纪月清，2009；许庆和章元，2005）。

综合分析现有研究成果，以往研究多从传统小农户的地权稳定性与农地保护性投资行为入手。但一方面经营性新型职业农民是通过流转土地经营权进行土地规模经营，在拥有的土地权能方面与小农户有很大的差别；另一方面经营性新型职业农民农业生产的规模化、市场化程度更高，更加重视农地的生产要素功能，迫切需要在有限的经营期内获得经济回报。因此，新型职业农民的农地利用行为与传统小农户有所不同，以往针对小农户的研究结论能否适用于新型职业农民有待进一步验证。同时，还需要对地权稳定性对新型职业农民农地保护性投资行为的影响机制进行分析，以期在大规模农地流转背景下，探索促进新型职业农民农地质量保护行为的有效路径，充分发挥新型职业农民在保护农地资源方面的作用。鉴于此，以武汉和郎溪 620 户新型经营主体调研数据为基础，系统分析了地权稳定性对新型职业农民农地保护性投资行为的影响，并尝试构建中介效应模型，分析地权稳定性发挥作用的影响机制。

10.2　理论分析与研究假设

农地保护性投资是农业经营者为了保持农地的长期生产力、维护农地资源的可持续利用能力而针对农地进行的与特定地块相连的投入（马贤磊，2009；苏柳方等，2019）。新型职业农民是不同于普通农民的新型农业经营组织形态。他们根据市场需求，以利润最大化为目标从事专业化农业生产经营。通过有偿的土地流转，获得了农地经营权，并按照流转合同的约定在一定期限内利用农地。这就决定了新型职业农民农地利用行为主要受市场回报的引导。也就是说，新型职业农民作为理性生产者，在没有经济利益的情况下不会积极地保护农地（李成龙等，2020）。产权理论认为，明晰、稳定的产权能对产权主体产生激励或约束，影响经济主体的行为决策。长期稳定的农地产权可以促使农户为了更长久地利用农地和带来更高的效益而不断对农地实施保护性投资。对新型职业农民来说，稳定的农地产权是实现市场回报的保障，也是其进行农地投资的基础。只有签订正式的、长期的契约后，才能在一定程度上拥有长期稳定的农地经营权，这样经营者才能放心对转入地进行平整，改善其原有的土壤条件及耕作条件。基于此，提出研究假设1：

H1：提高农地经营权稳定性有助于促进新型职业农民对农地进行保护性投资。

除了直接影响之外，地权稳定性还可能通过一系列的中介机制间接影响新型职业农民的农地保护性投资行为。经济主体的行为选择一般取决于两个方面，即"想不想去做"和"能不能做到"（李兆亮等，2019）。也就是说取决于行为主体的主观态度是否积极和客观条件能否满足。对应到新型职业农民的农地保护性投资行为决策，则取决于新型职业农民对农地进行保护性投资的态度和进行投资的能力。稳定的农地经营权需要激发新型职业农民保护农地资源的主观能动性，并将其内化为积极的农地保护态度和能力，才能进一步影响其农地保护性投资行为。

长期稳定的农地经营权可以激发新型职业农民对保护农地资源的主观能动性，增强其农地保护性投资态度。新型职业农民拥有的农地经营权并非是基于集体经济成员身份天然享有的农地权利。若农地经营权期限过短，新型职业农民在主观上认为现阶段对农地进行的保护性投资可能无法在将来成为投资受益者，因此会降低投资的意愿；而长期稳定的农地经营权意味着新型职业农民可以在较长时期内对其经营项目的未来发展进行规划。如果现在对农地进行平整改良、施用农家肥等保护性投资，自己可以因为保护农地资源而实现自家农场的可持续生产，从而激发新型职业农民的主观能动性，使新型职业农民在主观上愿意保护农地资源，刺激新型职业农民对农地进行保护性投资。此外，新型职业农民在其生产经营过程中可以不断考察农地保护性投资的作用效果，如果效果良好则会进一步增强新型职业农民保护农地资源的态度。基于此，提出研究假设2：

H2：长期稳定的农地经营权能够增强新型职业农民农地保护性投资态度，促进新型职业农民保护农地资源。

长期稳定的农地经营权可以提高新型职业农民的信贷可得性，增强其农地保护性投资能力。由于经营性新型职业农民是规模经营主体，发展过程中土地流转、地块整理、购买农资和雇工等环节都需要大量资金，仅靠内源融资已经远远不能满足其发展需要。又缺乏有效的融资渠道，很难从正规金融机构获得信贷支持（郭熙保等，2018）。并且对农地的保护性投资如平整改良农地、施用农家肥、兴修灌溉设施、使用绿肥种植等大多是资金偏向型投资，对新型职业农民的资金要求较高。近年来我国一直在探索实施农地经营权抵押贷款，着力解决农业生产经营主体抵押担保物不足的问题。地权稳定有利于降低产权风险，提高制度信任在商业银行风险控制中的重要性，使土地更容易成为被金融机构接受的有效抵押品（米运生等，2015）；有利于新型职业农民利用农地获得投资资本，进而有效增强家庭农场对农地进行保护性投资的能力。基于此，提出研究假设3：

H3：长期稳定的农地经营权能够提高新型职业农民的信贷可得性，增强其农地保护性投资能力，促进家庭农场保护农地资源。

10.3 数据来源、变量选择与描述统计

10.3.1 数据来源

本书所用数据来源于2017年7月课题组对湖北省武汉市和安徽省郎溪县部分新型经营主体开展的实地调研。调研地区包含安徽郎溪9个乡镇，湖北武汉的江夏区、东西湖区、蔡甸区、汉南区、黄陂区和新洲区共6个涉农大区、56个乡镇；调研对象为获得资格证书的新型职业农民。调研以问卷调查为主，并结合入户访谈形式进行。调研问卷共分为12部分，内容包括家庭拥有的劳动、资本、土地以及技术等基本生产要素情况；也包含了新型职业农民的农产品生产、储存、加工与销售等生产经营情况；还涉及到新型职业农民参与农业合作社、农业风险与防范等情况。调研共获得样本629份，在删除存在缺失值和异常值的样本后，共得到有效样本620份。

10.3.2 变量选取

1. 被解释变量

已有研究表明，农地保护性投资是指与特定地块相连的如平整改良土地、施用有机肥、土壤污染治理等对农地质量有长期影响的投资（马贤磊，2009；苏柳方等，2019）。参照最近的相关研究成果，选取了使用"是否对土地进行过平整、改良或改造等改善土地质量相关措施"以及"改善土地质量投资额"来表征新型职业农民对农地进行保护性投资，作为回归模型的被解释变量。

2. 核心解释变量

将新型职业农民农地经营权的稳定性作为核心解释变量。稳定的农地经营权意味着土地上的产出或收入流能够归新型职业农民所有。已有文献一般选用土地是否调整以及调整频率、土地确权登记、农地流转期限等作为地权稳定性的代理变量（俞海等，2003；仇焕广，2017）。新型职业农民经营的农地以转入农地为主。现阶段我国农地流转虽然逐步走向正规化，但采取口头约定方式的农地流转仍然不在少数。以合约类型衡量农地经营权稳定性存在一定缺陷。而且，在实际调研与农场主进行交流时发现，尽管多数新型职业农民均表示在流转农地时签订了正式的书面合同，但此合同大多为流转双方自己针对流转期限、租金等问题进行简单的约定，新型职业农民自身对于地权稳定性的认识更加倾向于经营权期限的长短。因此，在借鉴前人研究成果及考虑现实因素的基础上，选择以"农地经营权期限"作为衡量家庭农场农地经营权稳定性的指标，指的是新型职业农民在流转农地时与农地转出方约定的流转期限。

3. 中介变量

选用新型职业农民农地保护性投资的行为态度和行为能力作为农地经营权稳定性影响家庭农场农地保护性投资行为的内在传导机制。第一，新型职业农民农地保护性投资的行为态度，即是否愿意对农地进行保护性投资，在问卷中的问题设置为"您是否愿意对流转农地进行平整、改良和在流转地上建立灌溉设施或其他基础设施"。第二，新型职业农民农地保护性投资的行为能力，用新型职业农民"信贷获取情况"来衡量。一方面是新型职业农民是否获得了信贷支持；另一方面是新型职业农民具体获得的信贷总规模。

4. 控制变量

学者研究还发现，除地权稳定性以外，农户特征、经营规模、地块特征等也是影响农地保护性投资的关键因素（陈美球等，2008；John et al.，1998；Brauw，2013）。选取的控制变量主要包括新型职业农民个人特征、农场经营特征以及区域特征三个方面：

第一，新型职业农民个人特征。包括农场主年龄、性别、文化程度。新型职业农民是生产经营的决策者，其个人特征对农地保护性投资行为有重要影响。

第二，新型职业农民农场经营特征。包括农场经营规模、家庭劳动力数量、是否为示范性农场、加入合作社、遭遇过自然灾害、遭遇重大动植物疫情、购买农业保险、参加新型职业农民培训、经营类型特征等。经营类型特征设置为虚拟变量。不同类型的新型职业农民对农地的需求不同，生产所需的投资也不尽相同，因此不同类型的新型职业农民对农地进行保护性投资的具体行为可能不一样。

第三，区域特征。设定为虚拟变量。调查对象为武汉和郎溪两地的家庭农场。由于两地资源禀赋差别较大，因此在进行分析时对地区变量进行了控制。

10.3.3 描述统计

本书所用变量的定义及描述性统计结果如表 10.1 所示。根据变量的统计特征来看，被调查新型职业农民的农地保护性投资现状比较理想，进行农地保护性投资的家庭农场占比较高。65.4% 的新型职业农民对农地进行了平整、改良或改造等农地保护性投资，平均每户农地保护性投资额为 18.569 万元。样本新型职业农民平均农地经营权期限为 11.945 年。农场主平均年龄为 48.709 岁，男性居多，文化程度以初高中为主（75%）。平均经营规模为 2.803 公顷，67.7% 的新型职业农民的农场是示范性家庭农场，其中省级、市级、县级示范性农场分别占比 39.5%、80.7%、52.3%，加入合作社的农场仅占 39.5%，有 80.7% 的新型职业农民参与过新型职业农民的培训。2016 年武汉和郎溪两地均遭受暴雨袭击，绝大多数经营项目均受到自然风险的影响，占比 90.9%，但购买农业保险合同的新型职业农民仅有 42.5%。

表 10.1 变量名称及含义

变量类型	变量名称	变量含义及赋值	均值	标准差
被解释变量	是否对农地进行保护性投资	是否对农地进行保护性投资：是 = 1，否 = 0	0.654	0.476
	保护性投资额	农地保护性投资额；单位：万元	18.569	48.502
核心解释变量	经营权期限	农地流转年限；单位：年	11.945	8.120
中介变量	投资态度	是否愿意对流转农地进行平整、改良和在流转地上建立灌溉设施或其他基础设施：是 = 1，否 = 0	0.844	0.363
	信贷支持	是否获得亲戚、非金融机构或金融机构资金支持：是 = 1，否 = 0	0.648	0.478
	信贷规模	从亲戚、非金融机构及金融机构获得的资金总额；单位：万元	26.844	67.385

变量类型	变量名称	变量含义及赋值	均值	标准差
农场主特征	年龄	农场主实际年龄；单位：岁	48.709	7.649
	性别	男 =1，女 =0	0.856	0.352
	文化程度	从未上过学 =1，小学 =2，初中 =3，高中、技校与中专 =4，大专和职高 =5，本科及以上 =6	3.605	0.945
经营项目特征	经营规模	经营的耕地、水面、林地等面积之和①；单位：公顷	2.803	0.819
	家庭劳动力	参与农场劳动的家庭劳动力数量（劳动力是指有劳动能力的人，不以年龄为标准，但在校学生除外）；单位：人	2.619	1.112
	示范农场	是否为示范农场：是 =1，否 =0	0.677	0.468
	加入合作社	是否参与农民专业合作社：是 =1，否 =0	0.395	0.490
	自然灾害	是否遭遇气候、地质、环境变化等自然灾害：是 =1，否 =0	0.909	0.288
	重大动植物疫情	是否发生过重大动植物疫情：是 =1，否 =0	0.105	0.307
	农业保险	是否购买了农业保险：是 =1，否 =0	0.425	0.495
	参加培训	是否参与过新型职业农民的培训：是 =1，否 =0	0.807	0.395
	粮食种植类	是 =1，否 =0	0.150	0.357
	种植类	是 =1，否 =0	0.326	0.469
	养殖类	是 =1，否 =0	0.173	0.379
	种养结合类	是 =1，否 =0	0.352	0.478
区域特征	地区	武汉 =1，郎溪 =0	0.542	0.499

注：①回归时对数据进行了标准化处理，在原始数值的基础上加1后取对数。

10.4 模型构建与结果分析

10.4.1 模型构建

1. 基准回归模型

为考察地权稳定性对新型职业农民农地保护性投资行为的影响，建立的计量模型如下：

$$Y_i = \alpha_0 + \beta_0 X_i + \sum_{j=1}^{17} \gamma_j K_i^j + \varepsilon_i \qquad (10.1)$$

式（10.1）中，被解释变量 Y_i 为第 i 个新型职业农民的农地保护性投资行为，分别用新型职业农民是否进行农地保护性投资以及农地保护性投资额表示，具体选用指标为是否对农地进行平整、改良或改造和对农地平整改良投资额表示。等号右侧为影响农地保护性投资的解释变量。其中，X_i 为表征地权稳定性的关键解释变量，指的是新型职业农民的农地经营权期限。K_i 为控制变量，主要包含新型职业农民特征、项目经营特征和区域特征 3 个方面。α、β、γ 为待估参数；ε 为随机误差项。

新型职业农民的农地保护性投资行为决策包括是否对农地采取平整、改良或改造措施，以及具体的农地平整改良投资额。因此，首先检验经营权稳定性对新型职业农民是否平整、改良或改造农地的影响。考虑到被解释变量为二元离散型变量，使用 Logit 模型进行估计，并计算出了自变量的边际效应；其次，检验经营权稳定性对新型职业农民农地平整改良投资额的影响。考虑到部分新型职业农民没有对土地进行平整、改良或改造，即平整改良农地投资额为 0，模型的被解释变量"平整改良农地投资额"在 0 处估计存在"左截尾"。为避免 OLS 估计造成的不一致问题，采用 Tobit 模型估计地权稳定性对新型职业农民平整改良农地投资额的影响，并计算出自变量的条件边际效应。Tobit 模型设定如下：

$$y_i^* = x_i'\beta + \mu_i, \mu_i \sim N(0, \sigma^2) \qquad (10.2)$$

$$y_i = \begin{cases} y_i^*, & y_i^* > 0 \\ 0, & y_i^* \leqslant 0 \end{cases} \qquad (10.3)$$

y_i^* 为潜变量。当 y_i^* 大于 0 时，新型职业农民实际的平整改良农地投资额 y_i 等于 y_i^*。否则 y_i 等于 0；同时假设扰动项 μ_i 服从均值为 0，方差为 σ^2 的正态分布。模型回归系数 β 反映的是自变量对潜变量 y_i^* 的影响，因此在基准回归的基础上进一步计算出了自变量的条件边际效应。

2. 影响机制分析

稳定的农地经营权是促进新型职业农民对农地进行保护性投资的重要因素，在推动新型职业农民农地质量保护方面作用显著。但地权稳定性影响新型职业农民农地保护性投资行为的内在作用机制是怎样的？本书认为长期稳定的农地经营权能增强新型职业农民对农地进行保护性投资的态度和进行投资的能力，促进新型职业农民保护农地资源。为了验证上述影响机制，借鉴温忠麟等（2004）提出的中介效应检验程序，采用层级回归方法，分别建立自变量对因变量、自变量对中介变量、自变量和中介变量对因变量的回归模型。具体模型如下所示：

$$Y_i = \alpha_1 + \beta_1 X_i + \gamma_1 K_i + e_1 \qquad (10.4)$$

$$M_{ij} = \alpha_2 + \beta_2 X_i + \gamma_2 K_i + e_2 \qquad (10.5)$$

$$Y_i = \alpha_3 + \beta_3 X_i + \lambda_3 X_i + \gamma_3 K_i + e_3 \qquad (10.6)$$

其中，Y_i 为第 i 个新型职业农民的农地保护性投资行为，分别用新型职业农民是否进行农地保护性投资以及农地保护性投资额表示；M_{ij} 为中介变量，表现为新型职业农民对农地进行保护性投资的态度和进行投资的能力；X_i 为新型职业农民的农地经营权期限；K_i 为控制变量；α、β、λ、γ 为待估参数；e 为随机误差项。式（10.4）用来验证地权稳定性对新型职业农民农地保护性投资行为的影响；式（10.5）用来验证地权稳定性对新型职业农民农地保护性投资的行为态度和投资能力的影响；式（10.6）用来验证提高新型职业农民农地保护性投资的行为态度和投资能力是地权稳定性促进家庭农场保护农地资源的重要影响机制。

10.4.2　基准结果分析

表10.2显示了地权稳定性对家庭农场农地保护性投资行为的基准回归结果。列（1）（3）（5）（7）为变量的回归系数；列（2）（4）（6）（8）为变量的边际效应。地权稳定性影响新型职业农民是否进行农地保护性投资的回归结果见表10.2（1）~（4）列；地权稳定性影响新型职业农民农地保护性投资额的回归结果见表10.2（5）~（8）列。为保障研究设计的合理性和有效性，在进行模型回归之前先对变量进行了多重共线性检验。VIF值最大为3.4，说明模型不存在严重的多重共线性问题。

表10.2　地权稳定性影响新型职业农民农地保护性投资行为的估计结果

变量	是否投资				投资额			
	（1）	（2）	（3）	（4）	（5）	（6）	（7）	（8）
经营权期限	0.048 ** (0.019)	0.017	0.038 ** (0.019)	0.013	1.775 *** (0.455)	0.874	1.089 ** (0.526)	0.541
年龄			−0.015 (0.020)	−0.005			0.201 (0.506)	0.100

变量	是否投资				投资额			
	(1)	(2)	(3)	(4)	(5)	(6)	(7)	(8)
性别			0.503 (0.405)	0.168			5.785 (10.921)	2.873
文化程度			−0.030 (0.161)	−0.010			−2.953 (4.758)	−1.466
经营规模			0.283 (0.190)	0.094			22.520 *** (5.106)	11.181
家庭 劳动力			0.126 (0.126)	0.042			−0.928 (3.493)	−0.461
示范农场			0.393 (0.300)	0.131			6.597 (8.947)	3.276
加入 合作社			0.250 (0.295)	0.083			2.475 (8.409)	1.229
自然灾害			0.824 * (0.487)	0.153			10.615 (13.962)	5.271
重大动植 物疫情			0.039 (0.466)	0.013			−16.353 (12.754)	−8.120
农业保险			−0.005 (0.308)	−0.002			−19.170 ** (8.970)	−9.518
参与培训			−0.156 (0.358)	−0.052			10.324 (9.962)	5.126
农场经营 类型	已控制	已控制	已控制	已控制	已控制	已控制	已控制	已控制
地区	已控制	已控制	已控制	已控制	已控制	已控制	已控制	已控制
常数项	0.088 (0.232)		−1.953 (1.452)		−22.306 *** (6.888)		−96.890 ** (39.836)	
Prob > chi^2	0.012 **		0.000 ***		0.000 ***		0.000 ***	
Pseudo R^2	0.022		0.124		0.006		0.031	

注：括号内为稳健标准误，*** 、** 和 * 分别表示在1%、5%和10%的显著性水平上显著。

在第（1）列和第（5）列中，仅引入农地经营权期限变量。农地经营权期限系数分别在5%和1%的置信水平上显著为正。在不控制其他变量的情况下，稳定的农地经营权对新型职业农民农地保护性投资行为有显著的促进作用。在第（3）列和第（7）列中，进一步引入农场主特征、农场经营特征等控制变量，并控制了区域特征。在逐步加入控制变量的过程中，模型的整体显著性水平逐步提高，核心解释变量的影响程度降低，说明没有对其他变量进行控制时高估了核心解释变量的影响效果，因此有必要对控制变量进行控制。从回归结果来看，模型中核心解释变量"经营权期限"回归系数均显著为正，表明地权稳定性越高越能促进新型职业农民对农地进行保护性投资，验证了假设1。

从控制变量的估计结果来看，经营规模和农业保险也对新型职业农民的农地保护性投资行为有影响。对于那些已经对农地进行保护性投资的新型职业农民来说，显然其经营规模越大，农地保护性投资额就会越多。购买农业保险一方面意味着该新型职业农民将部分资金用于购买保险，限制了其在农地上的保护性投资额；另一方面购买农业保险是防范化解农业风险的重要举措，使新型职业农民在面对农业风险时多了一层保障，因而不愿意增加对农地的保护性投资。此外从回归结果来看，示范类农场在对农地的保护性投资方面并没有表现出与非示范性农场有明显的差异。

10.4.3　内生性讨论

本研究的重点是地权稳定性对新型职业农民农地保护性投资行为的影响。需要注意的是，可能存在一个或多个变量同时影响地权稳定性和对新型职业农民农地的保护性投资行为；而且流转土地的期限并非随机变量。而是在存在其他影响因素的条件下，在多个因素共同作用下新型职业农民选择的结果。无论是存在遗漏解释变量还是样本存在"自选择"问题，都表明模型可能存在内生性问题。也就是说估计结果可能是有偏的，需要对模型的内生性问题进行检验。选取"本区（乡镇）其他新型职业农民的平均经营权期限"作为经营权期限的工具变量。一方面，本区（乡镇）其他新型职业农民的平均经营权期限反映了该地区农地经营权期限的具体状况，新型职业农民的项目经营权期限选择显然与该地区的整体状况密切相关；另一方面，本区（乡镇）其他新型职业农民的农场平均地权期限并不直接影响其农地保护性投资行为。在使用工具变量法进行回归之前需要先进行内生性检验。使用的检验方法为在异方差稳健下的杜宾－吴－豪斯曼（DWH）检验。其原假设为"所有解释变量均为外生变量"，即不存在内生变量。检验结果显示，地权稳定性对是否进行农地保护性投资（$Chi^2 = 0.134$，$p = 0.715$）以及农地保护性投资额（$Chi^2 = 1.591$，$p = 0.207$）的内生性检验均不能拒绝原假设。说明模型内生性问题并不严重，不需要使用工具变量法进行回归，可以直接使用基准回归的结果。

10.4.4 稳健性检验

为了对实证结果进行稳健性检验，对基准回归进行了一系列调整，共进行了两种稳健性检验。第一，替换被解释变量，采用无公害新技术或施用农家肥等绿色生产方式均可以看作是对农地进行保护性投资。因此将被解释变量替换为"是否采用无公害新技术或施用农家肥"重新回归；第二，使用分位数回归模型分析地权稳定性对新型职业农民不同农地保护性投资额水平的影响程度。稳健性检验结果如表10.3所示，从检验结果来看，无论是替换变量还是替换模型，地权稳定性均能显著促进新型职业农民对农地进行保护性投资，改善农地质量。从分位数回归结果来看，随着新型职业农民农地保护性投资额分位数的增加，经营权期限的分位数回归系数逐渐增加，"0.25分位数"和"0.5分位数"的系数估计值显著为正。说明地权稳定性对新型职业农民农地保护性投资额的正向影响存在异质性，对低投资水平和中等投资水平的新型职业农民有显著的正向影响；对高投资水平的新型职业农民影响不显著。

表10.3　地权稳定性对新型职业农民农地保护性投资行为影响的稳健性检验结果

变量	替换被解释变量		R-OLS	分位数回归模型		
	回归系数	边际效应		Q25	Q50	Q75
经营权期限	0.052 * (0.029)	0.010	0.597 * (0.347)	0.277 ** (0.121)	0.593 * (0.312)	0.786 (0.532)
年龄	− 0.003 (0.023)	− 0.001	0.428 * (0.250)	0.056 (0.095)	0.079 (0.190)	0.379 (0.413)
性别	− 0.689 (0.615)	− 0.129	− 7.471 (8.779)	− 0.282 (2.326)	− 0.419 (9.029)	− 21.304 (22.591)
文化程度	0.482 ** (0.208)	0.090	− 1.179 (3.145)	1.056 (1.423)	2.428 (2.314)	0.949 (3.990)
经营规模	0.029 (0.265)	0.005	16.851 *** (5.455)	3.141 * (1.867)	5.171 (3.619)	14.543 ** (6.673)
家庭劳动力	0.142 (0.148)	0.027	− 1.987 (2.877)	− 0.194 (0.719)	0.031 (1.976)	− 0.760 (3.516)
示范农场	0.615 * (0.350)	0.115	0.086 (4.950)	− 0.669 (2.102)	0.642 (4.169)	6.046 (8.571)
加入合作社	1.094 ** (0.431)	0.204	− 1.547 (7.154)	1.472 (1.671)	2.038 (4.359)	− 1.461 (7.608)

变量	替换被解释变量		R-OLS	分位数回归模型		
	回归系数	边际效应		Q25	Q50	Q75
自然灾害	0.547 (0.531)	0.102	3.525 (7.159)	1.103 (3.285)	1.745 (11.569)	14.748 (18.413)
重大动植物 疫情	0.169 (0.524)	0.032	-13.001 (8.218)	-0.092 (2.817)	-4.806 (6.615)	-10.743 (12.693)
农业保险	-0.025 (0.386)	-0.005	-14.768 ** (6.141)	-1.910 (1.844)	-4.037 (5.072)	-16.138 * (8.288)
参与培训	-0.311 (0.428)	-0.058	12.253 ** (5.954)	-0.588 (2.161)	0.373 (5.326)	9.954 (7.583)
农场经营类型	已控制	已控制	已控制	已控制	已控制	已控制
地区	已控制	已控制	已控制	已控制	已控制	已控制
常数项	-1.523 (2.001)		-53.118 *** (18.584)	-16.670 (10.087)	-27.251 (19.792)	-21.228 (40.063)
Prob > F/chi^2	0.000 ***		0.000 ***			
Pseudo R^2	0.184		0.173			

注：括号内为稳健标准误，*** 、** 和 * 分别表示在 1% 、5% 和 10% 的显著性水平上显著。

10.4.5 影响机制分析

在基准回归的基础上通过应用中介效应模型进一步探究地权稳定性对新型职业农民农地保护性投资行为的作用机制，回归结果如表 10.4 和表 10.5 所示。表 10.4 报告了新型职业农民农地保护性投资态度的中介作用。首先检验了地权稳定性对新型职业农民农地保护性投资行为的直接影响（列（2）和列（5））。结果表明稳定的农地经营权能显著促进新型职业农民的农地保护性投资行为；然后检验了地权稳定性对新型职业农民农地保护性投资态度的影响（列（1））。结果显示稳定的农地经营权能显著增强新型职业农民的投资态度。列（4）和列（6）同时将经营权期限和投资态度纳入模型。加入中介变量后，经营权期限仍在 5% 的显著性水平下正向影响新型职业农民的农地保护性投资行为。说明投资态度在地权稳定性对农地保护性投资行为的影响中发挥了部分中介效应，长期稳定的农地经营权能够通过增强新型职业农民的农地保护性投资态度来促进其投资行为，验证了研究假设 2。

表 10.4 影响机制检验结果（一）

变量	投资态度	是否投资			投资额		
	（1）	（2）	（3）	（4）	（5）	（6）	（7）
经营权期限	0.037* (0.020)	0.037* (0.019)		0.036* (0.019)	1.111** (0.525)		1.178** (0.511)
投资态度			0.963** (0.387)	0.838** (0.397)		29.231** (12.785)	24.683** (12.483)
控制变量	已控制	已控制	已控制	已控制	已控制	已控制	已控制

注：括号内为稳健标准误，***、**和*分别表示在1%、5%和10%的显著性水平上显著。

表 10.5 报告了新型职业农民农地保护性投资能力的中介作用。从是否获得信贷支持以及信贷规模两个方面考察新型职业农民的农地保护性投资能力。从表 10.5 的回归结果可知，长期稳定的农地经营权有效增加了新型职业农民获得信贷支持的概率以及信贷规模，获取信贷支持有效促进了新型职业农民的农地保护性投资行为。列（5）和列（8）的结果显示，加入中介变量之后，农地经营权期限仍然显著为正。但我们可以发现，地权稳定性对新型职业农民是否进行农地保护性投资和投资额的影响路径不同。地权稳定性只能通过影响新型职业农民获得信贷支持的概率进而影响新型职业农民是否对农地进行保护性投资，但是可以同时通过影响新型职业农民获得信贷支持的概率以及信贷规模来影响其农地保护性投资额。总的来看，信贷可得性是地权稳定性影响新型职业农民农地保护性投资行为的重要影响渠道，验证了研究假设 3。综合理论分析与实证检验结果，建立了一个地权稳定性对新型职业农民农地保护性投资行为的影响路径图（见图 10.1）。

表 10.5 影响机制检验结果（二）

变量	投资能力		是否投资			投资额		
	信贷支持 （1）	信贷规模 （2）	（3）	（4）	（5）	（6）	（7）	（8）
经营权期限	0.027** (0.013)	0.485* (0.016)	0.037* (0.019)		0.036* (0.019)	1.111** (0.525)		1.178** (0.511)
投资能力								
信贷支持				0.634* (0.327)	0.604* (0.331)		14.808* (8.633)	15.278* (8.627)
信贷规模				0.001 (0.003)	0.001 (0.002)		0.148*** (0.054)	0.147*** (0.053)
控制变量	已控制	已控制	已控制	已控制	已控制	已控制	已控制	已控制

注：括号内为稳健标准误，***、**和*分别表示在1%、5%和10%的显著性水平上显著。

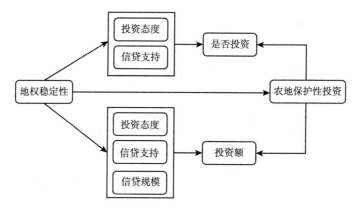

图 10.1 地权稳定性对新型职业农民农地保护性投资行为的影响路径

10.5 小结

10.5.1 研究结论

长期以来，我国农业生产经营主体对农地的保护性投资明显不足。传统的掠夺式农业生产方式已经严重破坏了我国的农业生态环境，阻碍了我国农业生产向高质量发展方向转型。新型职业农民要想成为引领农业现代化发展的理性主体，必须在生产过程中克服传统农业生产方式的局限，为带动农业绿色发展转型升级发挥引领作用（蔡荣等，2019）。基于 620 户武汉和郎溪的新型职业农民调研数据，构建计量模型，实证分析了地权稳定性对新型职业农民农地保护性投资的影响，并识别出了投资态度和投资能力两种中间传导机制。研究发现地权稳定能显著促进新型职业农民的农地保护性投资行为，主要通过强化新型职业农民对农地进行保护性投资的态度和信贷获取能力发挥作用。地权稳定性对新型职业农民农地保护性投资行为的正向影响存在异质性，对低投资水平和中等投资水平的新型职业农民有显著的正向影响；对高投资水平的新型职业农民影响不显著。从影响路径上来看，地权稳定性对新型职业农民是否进行农地保护性投资和投资额的影响路径有所不同，地权稳定性能够通过增强新型职业农民的农地保护性投资态度来提升其投资概率及投资额。但在实际投资能力方面，地权稳定性只能通过影响新型职业农民获得信贷支持的概率进而影响新型职业农民是否对农地进行保护性投资，但是可以同时通过影响新型职业农民获得信贷支持的概率以及信贷规模来影响其农地保护性投资额。

10.5.2　政策启示

农地资源退化已经严重威胁到了我国的粮食生产安全和农业生态环境，保护和改善农地资源是促进农业可持续发展的重中之重。现阶段，在以"三权分置"为主要变革方向的新一轮农村土地制度改革过程中，保障农地经营权的稳定性，对促进基于众多农地流转合约构建的土地租赁型新型经营主体的农地保护性投资十分重要。依法保障新型职业农民农地经营权的稳定性是促进新型职业农民增加对农地的投资、保护农地资源、实现可持续发展的基础。一方面，可以从客观上强化农地经营权的法律保护，促进建立完善的农地经营权流转市场。通过规范的农地流转机制对农地流转的方式、租金、用途等进行约束，促进普通农户与新型职业农民签订长期稳定的流转合约，以促进新型职业农民对农地进行保护性投资；另一方面，可以从主观上增强新型职业农民的农地保护意识，加强耕地保护政策方面的宣传教育。通过电视、广播及网络等方式多方位宣传，提升新型职业农民保护农地资源的主观意识，促进其进行农地保护性投资。此外，信贷支持在地权稳定性对农地保护性投资行为的影响中发挥了明显的中介效应；经营规模、农业保险等因素也对新型职业农民的农地保护性投资行为有显著影响。说明仅仅通过延长农地经营权期限来促进新型职业农民对农地保护性投资的效果是有限的，必须与其他措施相配合，特别是要强化对新型职业农民金融保险方面的支持政策。

受制于资源的有限性以及数据采集的困难性，本书分析所用数据仅为武汉和郎溪两地620户新型职业农民的调研数据。武汉和郎溪是我国两大典型新型经营主体发展示范地区。虽然具有一定的代表性，但我国幅员辽阔，各地自然条件、经济发展水平等差异较大，研究结果的全国适用性有待进一步考证。后续可以进一步扩大研究地区。此外，新型职业农民流入的农地可能并非来自一个农户，从地块层面进行研究能更加清楚地考察经营权稳定性对新型职业农民农地保护性投资的影响。但调研数据缺乏对具体地块的调查，没有针对具体地块进行分析。这也是后续研究需要更进一步讨论的内容。

第 11 章　研究结论与展望

11.1　研究结论

当前，我国农业农村发展已进入新的历史阶段，农业的主要矛盾、发展的主要任务、改革的主攻方向都在发生改变。我国农业发展已经具备了由增产导向转向提质导向的物质基础和社会条件。新形势下推进现代农业规模化、集约化、专业化发展，要求培育出与之相适应的高素质现代农业从业者队伍。他们要爱农业、懂技术、善经营，要努力成为发展农业新产业新业态的先行者、应用新技术新装备的引领者、创办新型农业经营主体的实践者。2017 年全国新型职业农民总量已突破 1500 万人。新型职业农民的人均农业经营纯收入达到 2.78 万元，27.7% 的新型职业农民人均农业经营纯收入超过城镇居民人均可支配收入。新型职业农民的培育取得了一定的成就。

习近平总书记在党的十九大报告中指出三农问题是关系国计民生的根本性问题，必须始终把解决好三农问题作为全党工作的重中之重。在全面建成小康社会的决胜阶段，实施乡村振兴战略。该战略是今后解决三农问题、全面激活农村发展新活力的重大行动。乡村振兴的关键在于人才，乡村振兴的质量取决于农民素质的高低。2012 年开始进行的新型职业农民工作把农民从身份属性转型为了职业属性。农民身份的打破有利于人力资源在农业经济中发挥重要作用，强化新型职业农民的职业属性有助于促进农民的全面发展，释放农民的经济效能。新型职业农民是高素质、懂技术、爱农业、善经营的新时代农民，是农业现代化建设的主力军，是乡村振兴战略实施的中坚力量。培养新型职业农民本质上就是农民实现职业化的过程，职业化的新型职业农民必将在乡村振兴中发挥举足轻重的作用。

在乡村振兴与农业高质量发展大背景下，当前新型职业农民培育更多的关注点不仅仅在于新型职业农民数量的扩张。在我国劳动力红利即将消失的情况下，关注新型职业农民的发展质量，提升新型职业农民的收入水平和务农稳定性也是新常态下的必然要求。新型职业农民务农稳定性是反映新型职业农民培育质量、职业竞争力的关键指标。务农稳定性一方面能够反映新型职业农民具有适应现代农业发展的特征；另一方面是农民成为有吸引力职业的体现。基于此，对新型职业农民务农稳定性展开系统的研究，得出的结论如下：

11.1.1　新型职业农民在现代农业及乡村振兴中发挥着重要作用

中央出台了一系列的文件以促进新型职业农民培育工作的顺利实施。"十三五"规划指出，新型职业农民逐渐过渡为现代农业的建设者，是实施乡村振兴战略的中坚力量和主体。习近平总书记强调我们要培养一批"爱农业、懂技术、善经营"的新型职业农民，让农业成为有奔头的产业，让农民成为体面的职业。

结合《2017年全国新型职业农民发展报告》，可以得出以下结论：第一，新型职业农民年龄结构正在优化，受教育程度逐步提升。从数量上看，截至2017年，全国新型职业农民总量已突破1500万人；从年龄上看，45岁及以下的新型职业农民占54.35%；从学历上看，高中及以上文化程度的新型职业农民占30.34%。这说明，经过五年的发展，新型职业农民质量得到了显著的提升。第二，新型职业农民组织化程度高、带动能力强。49.69%的新型职业农民或加入农民合作社，或与农业企业建立联系；68.79%的新型职业农民对周边农户起到辐射带动作用，平均每个新型职业农民可带动30户农民。通过运用现代化的技术、装备与理念，新型职业农民已成为农业农村经济发展和乡村人才振兴的突出亮点。第三，新型职业农民呈现出来源多元化程度高、规模化经营程度高、互联网利用程度高、农业经营纯收入比较高的特点。2017年新型职业农民的人均农业经营纯收入达到2.78万元，27.7%的新型职业农民人均农业经营纯收入超过城镇居民人均可支配收入。

11.1.2　要素获取影响了新型职业农民务农性意愿和行为

通过建立二元Logistic模型，分析要素获取能力对新型职业农民务农稳定性的影响。研究发现，要素获取能力对新型职业农民自己一直从事农业意愿的影响不明显；农业情感和家庭去年总收入对新型职业农民自己一直从事农业的意愿有显著正向影响。说明对农业情感越强、家庭收入情况越好，新型职业农民更愿意一直从事农业。在影响新型职业农民愿意其子女从事农业意愿的因素中，个人特征方面，身体状况和农业情感有显著影响。具体来说，身体状况越好、对农业情感越强的新型职业农民，越愿意其子女从事农业；家庭特征方面，家庭从事农业劳动力数量和家庭总收入情况对持续务农意愿有显著影响。家庭从事农业劳动力数量越多、家庭收入越高，新型职业农民越愿意持续务农；要素获取方面，当前经营土地总面积、雇用劳动力困难程度和贷款行为通过了显著性检验。当前经营土地总面积越大、雇用劳动力困难程度越低、有贷款行为的新型职业农民，更愿意让子女从事农业帮助经营。

地权稳定能显著促进新型职业农民的农地保护性投资行为，主要通过强化新型职业农民对农地进行保护性投资的态度和信贷获取能力发挥作用。地权稳定性对新型职业农民农地保护性投资行为的正向影响存在异质性，对低投资水平和中等投资水平的新型职业农民有显著的正向影响；对高投资水平的新型职业农民影响不显著。从影响路径上来看，地权稳定性对新型职业农民是否进行农地保护性投资和投资额的影响路径有所不同。地权稳定性能够通过增强新型职业农民的农地保护性投资态度来提升其投资概率及投资额。但在实际投资能力方面，地权稳定性只能通过影响新型职业农民获得信贷支持的概率进而影响新型职业农民是否对农地进行保护性投资，但是可以同时通过影响新型职业农民获得信贷支持的概率以及信贷规模来影响其农地保护性投资额。

因此，在多元化就业选择时代，如何吸引和培育新型职业农民，首先考虑的是要尊重农民的职业意愿，在培育中坚持重点培育导向。根据实证结果，对农业有深厚感情的人最容易持续经营农业甚至鼓励自己的子女也从事农业。识别这类人群，然后为其提供新型职业农民成长条件和平台，是推动新型职业农民培育、促进新型职业农民持续经营的重要手段；其次，要让职业农民与从事其他职业人员一样能够较稳定地获得职业收益。实证结果显示，收入是影响新型职业农民持续务农的重要因素。一方面要构建新型农业经营体系，另一方面政府主动提供新型职业农民培训，提升农民职业技能，从而提高农民收入；最后，新型职业农民培育离不开政府的支持。政府应推出配套政策，通过政策的激励和扶持，提升农民从事农业的信心并真正得到较高的职业收益，才能激励新型职业农民扎根农村发展现代农业。

11.1.3　农业风险对新型职业农民务农稳定性意愿产生影响

农业风险会对农民的农业收入产生直接影响，也能够通过影响农户农业生产方式的选择进而对农户增收产生束缚。选取新型职业农民的务农稳定性作为被解释变量。具体选取问卷中新型职业农民是否愿意让子女从事农业、新型职业农民自己是否愿意一直从事农业作为被解释变量。同时，为了使结果符合二元选择模型的使用条件，将愿意让子女都从事农业、让女儿从事农业和让儿子从事农业合并为愿意让子女从事农业，取值为1；不愿意让子女从事农业取值为0。解释变量主要选取新型职业农民的个体特征变量和农业风险相关变量。其中，新型职业农民的个体特征变量主要有年龄、性别、受教育程度、在成为新型职业农民之前的工作、身体状况和从事农业经营的年限；农业风险变量主要选取了假如被迫放弃从事农业项目可能的原因（选取非农项目更赚钱、身心劳累，自己干不动了、缺乏持续经营的资金）、放弃农业项目所能接受的投入损失比例、造成损失的原因、为从事农业项目购买的保险情况、是否加入农业合作社或合作组之类的组织以及相关部门有没有对农业灾害和市场波动做过预防的工作。

通过对新型职业农民的调查得到的数据进行回归分析，研究影响新型职业农民经营稳定性的因素。为了使研究更加全面，本书不仅分析了新型职业农民是否愿意让子女从事农业，也研究了新型职业农民自己是否愿意一直从事农业。得到的结论如下：（1）个体特征变量中，年龄变量对新型职业农民是否愿意让自己的子女从事农业呈现显著的正相关性；身体状况变量同被解释变量的关系为负相关；其他变量不存在显著的相关关系。风险变量中，因非农项目更赚钱而可能放弃农业、因气候、地质、环境变化而遭受损失、涉农政策变动、已购农业保险类型、相关部门对农业灾害和市场波动的预防工作对新型职业农民是否愿意让自己的子女从事农业呈现显著的负相关性。（2）年龄和性别变量对新型职业农民是否愿意继续从事农业存在显著的相关性。其中年龄变量为显著的正向影响因变量；性别变量为显著的负向影响因变量。因非农项目更赚钱而可能放弃农业、因涉农政策变动而遭受损失以及相关部门对农业灾害和市场波动的预防工作对因变量产生稳健的负向影响。因缺乏持续经营的资金而可能放弃农业稳健地正向影响新型职业农民继续从事农业的意愿。

因此，政府部门应当做好农业自然灾害预防工作，加强农村生产基础设施的建设，完善水利设施和道路设施，从而提升农业部门对自然灾害的应对能力和处理效率；进一步健全和完善现有的农业保险体系，加强对农业保险的宣传，建立农产品市场波动监控处理机制，实行农产品价格保护机制。

11.1.4　营商环境是新型职业农民务农稳定性的关键因素

对于农村农业而言，营商环境也是推动农村农业向前发展的重要因素之一。良好的营商环境可以为农村农业的发展提供稳定的保障，有利于提高农业生产力，增加农业主体和市场的活力，进而带动新型职业农民的发展。近几年，我国一直很重视"三农"问题。强调乡村振兴，注重乡村产业发展，其中也包括对创造良好营商环境的重视。2018年12月中央农村工作会议提到了有关农村营商环境建设的内容：要全面深化农村改革，进一步深化农村土地制度改革，创新农业经营方式，完善农业支持保护制度。要强化乡村规划引领，实施村庄基础设施建设工程，加快补齐农村人居环境和公共服务短板。2019年4月国务院关于乡村产业发展情况的报告中也提到关于农村农业营商环境的内容：加大政策扶持，围绕促进农村产业融合、农村创新创业等，制定实施一系列涉及财政税收、科技创新、人才保障等方面的支持政策措施。推进农村改革，深化农产品收储制度、农村土地制度改革、农村集体产权制度以及"放管服"等改革，激活要素、市场和主体，促进乡村产业发展，营造创业氛围，加强乡村基础建设，推进公共服务向农村延伸。由此可见，国家对农村建设的营商环境十分重视。

在分析调查问卷和查阅相关文献后，采用农业补贴政策、土地政策、基础设施建设和农业教育培训环境四个指标构成影响新型职业农民务农稳定性的营商环境指标体系。通过实证分析，我们发现整体上营商环境对新型职业农民务农稳定性产生了一定的影响，起到了一定的推动作用。所选择的四个营商环境指标，回归结果发现其对新型职业农民成长的影响不太显著。其中，农业补贴政策和基础设施建设已经具有显著的积极推动作用；土地流转政策目前还未产生良好的积极影响；农村教育培训环境对新型职业农民务农稳定性已产生正向的推动作用，但影响不够显著。因此对新型职业农民而言，农村农民的营商环境还需要进一步地提高和完善，才能更好地推动新型职业农民的成长和发展。

通过对河南省新型职业农民务农稳定性的调查，我们发现一些政府扶持政策及社会服务保障制度有利于创造良好的营商环境，调动新型职业农民的积极性，使其更愿意从事农业生产经营活动，从而促进这个行业的发展。现在，新型职业农民作为农业现代化发展的主要经营主体，为了营造更好的营商环境,使新型职业农民更好地成长和发展,提出以下对策建议:一是加强宣传引导工作;二是规范土地流转制度;三是整合优势资源和技术;四是加大政策扶持力度。

11.2　研究展望

党的十九大报告指出我国要实施乡村振兴战略,要培养造就一批"懂农业、爱农村、爱农民"的三农工作队伍。新型职业农民是发展现代农业、实施乡村振兴战略的重要支撑,为乡村振兴解决了人才方面的问题。结合新型职业农民目前研究现状,未来研究可能会关注以下几个方面:

一是新型职业农民教育培训体系的构建。教育培训体系涉及多方面的内容:如培育对象的选择、培训内容、培训方式等。在培训对象选择方面,精准选择培训对象,做到对现有专业大户、家庭农场主的重点培训及农业院校大中专毕业生、返乡农民工等潜在农民的重点筛选;在培训内容方面,教学内容应充分结合农民的需求,以市场需求为导向,考虑当地农业发展现状、农业产业特色、资源禀赋,做到因材施教,且对接农业行业新发展,如结合现代信息技术,向职业农民讲解智慧农业、休闲农业、信息农业等高科技农业生产体系;在培训方式方面,目前的培训方式还是更侧重于理论讲授。虽然部分地方也有实践教学环节,但由于农业生产的特点及农民事务的繁多,教学效果并不显著。随着现代化信息技术的不断发展,可以尝试将在线教育手段运用到新型职业农民培育工作中,构建线上线下混合式教学手段。结合线上教学与传统课堂教学的优势,从师资配备、在线资源建设、课堂线上线下教学设计、多元化评价体系等几个方面着手创新教学模式。

二是乡村振兴与农业现代化对新型职业农民素质的新要求。现代化农业是多维度密集型产业,集合资金、人才、技术等多种生产要素。现代农业对农民技术技能和综合素质提出了更高的要求。然而就现阶段我国农业人口的人力资源开发情况看,农村人才素质远远不能满足现代农业发展要求,农民的综合素质和技术技能无法为农业现代化发展提供支撑。乡村振兴战略提出"产业兴旺、生态宜居、乡风文明、治理有效、生活富裕"等内容。这就要求新型职业农民要关注农业产业全价值链,如三产融合、农业供给侧改革、农旅结合等主题。因此,构建新型职业农民胜任素质模型,对新型职业农民胜任素质进行量化研究很有必要。如对新型职业农民的文化层次、技能要求、职业道德等方面做出界定。

三是乡村振兴与精准扶贫下的农民职业教育改革。长期以来，由于城乡二元体制的存在，城乡基础设施和生活质量之间存在巨大差距，使得农民在社会中的认可程度太低，农民特别是农村青壮年劳动力对其职业认同程度低。新型职业农民培育实际上就是要吸引年轻一代农民回到农村，从事农业生产、经营活动，填补农业接班人的缺口危机。然而，目前农村职业教育吸引性不足。随着乡村振兴战略的不断实施，农业产业对高素质人才的需要更加迫切，做好农民职业教育这一工作尤为重要。农村职业教育受众群体是农村地区的居民，理应主动承担起人才培养这一重任。政府先后出台的关于职业教育的政策文件也说明了要办好职业教育的决心，职业教育政策的红利正在持续释放。而且在脱贫攻坚关键期，乡村振兴与教育扶贫被频繁提起。新型职业农民在带动周边农户增收方面作用显著，未来关于新型职业农民职业教育改革的研究会更加深入。

四是新型职业农民培育配套措施的建设。新型职业农民培育工作具有明显的公益性、基础性、社会性，需要农业部、教育部、财政部等各个主体发挥合理作用，需要各种制度体系的保障和协同。在培育资金方面，考虑到新型职业农民队伍建设是一个长期的、渐进的过程，对其投入应保持长久合理增长。从当前实际投入水平看，新型职业农民培育经费投入相对不足。2017年新型职业农民培育经费投入约占GDP的0.0018%，人均培育经费支出为1500元左右。资金投入相对不足，在一定程度上制约着新型职业农民培育发展规模，同时也使得部分地区将新型职业农民培育视为一次性教育，难以对培育对象实施持续连贯的深度培育；在农业保险方面，整合现有的政策性保险和商业保险，支持保险机构针对新型职业农民农业生产开展农业保险险种创新，积极探索适合新型职业农民的农业保险险种，完善农业保险体系，扩大农业保险的覆盖面，切实提高对新型职业农民的保障水平，增强新型职业农民的抗风险能力；在土地流转方面，新型职业农民需要适度规模的土地，则必须通过土地流转等政策来营造新型职业农民的成长环境。近年来，国家陆续出台一系列政策来规范土地流转制度，如推进农村土地"三权分置"、鼓励土地流转等，完善土地承包政策，推进农村农业改革。各地市积极鼓励通过转包、转让、出租、互换等多种形式进行土地流转，引导农村土地承包经营权向新型职业农民倾斜，同等条件下土地承包经营权流转时优先考虑新型职业农民；在基础设施建设方面，党和国家现在对农村建设高度重视，农村的基础设施条件也在不断改善和提升。各省积极对农村危房进行改造，持续开展农村"低电压"

综合治理，同时修建公路、铁路，改善农村交通、通讯条件和运输服务系统，提升农村生活环境质量，推进新型职业农民的成长；在社会保障方面，受城乡二元经济体制的影响，我国农村社会保障体系的建设较落后，农民更多地依赖土地的"社会保障"功能。为新型职业农民务农稳定性创造好的营商环境，不仅要关注基础设施等"硬"件建设，也要完善农村医疗、保险等"软"件建设。如探索建立完善的农村养老、医疗等保险体系，加强社会救助、社会福利体系的建设等。

附录　新型职业农民务农稳定性调查问卷

问卷编号：_____被调查者姓名：_____调查员：_____

调查地点：_____省（自治区/直辖市）_____市（县/区）_____乡（镇）_____村

调查时间：_____年_____月_____日

一、基本信息

1. 您的年龄

①20 岁以下；②20～30 岁；③31～40 岁；④41～50 岁；⑤51～60 岁；⑥60 岁以上

2. 您的性别

①男；②女

3. 您的受教育程度

①未上过学；②小学；③初中；④高中或中专；⑤大专及以上

4. 在成为新型职业农民之前，您从事什么工作？

①普通农民；②村干部；③务工人员；④公务员；⑤事业单位职工；⑥企业单位管理者或职工；⑦个体工商业者；⑧军人；⑨学生；⑩其他：_____

5. 您的身体状况

①健康；②比较健康；③一般；④较差；⑤非常差

6. 您是哪种类型的新型职业农民？

①生产经营型；②专业技能型；③社会服务型；④尚未获得新型职业农民证书

7. 您家从事农业的劳动力有_____人

①1 人；②2 人；③3 人；④4 人；⑤5 人；⑥6 人及以上

8. 您家去年总收入是以下哪个范围？

①1 万元以下；②1 万～5 万元；③5 万～10 万元；④10 万～20 万元；

⑤20 万 ~ 50 万元；⑥50 万元以上

二、稳定务农的意愿与职业认同

9. 您从事农业经营有_____年？

①5 年以下；②5 ~ 10 年；③11 ~ 20 年；④21 ~ 30 年；⑤30 年以上

10. 您从事农业项目最重要的原因是什么？

①喜欢农业；②了解农业，对农业项目有经验；③我从事的农业项目能赚钱；④没有合适的非农业项目可以做；⑤家人的劝说；⑥当地农业项目有优惠政策；⑦其他原因，请填写_____

11. 您愿意一直从事农业吗？

①愿意；②不愿意

（若选择①，请跳转到 13；如果选择②，请接着做 12）

12. 如果您不愿意，为什么？

①干农业太辛苦，身心劳累；②干农业风险太大；③农村生活环境不如城市，想去城市发展；④农业赚钱相对少，有较好的非农项目可以去做；⑤家人不支持自己持续从事农业；⑥子女在城市，想和子女生活在一起；⑦其他原因，请填写_____

13. 假如您被迫放弃从事的农业项目，迫使您放弃的原因将是：（可多选）

①出现亏损；②自然灾害；③非农项目更赚钱；④身心劳累，自己干不动了；⑤缺乏持续经营的资金；⑥其他原因，请填写_____

14. 考虑到您的投入情况，农业项目损失达到什么程度，您将放弃：

①损失低于投入的 10%（含）；②损失达到投入的 10% ~ 30%（含）；③损失达到投入的 30% ~ 50%（含）；④损失达到投入的 50% ~ 100%（含）；⑤损失超过投入的 100%

15. 您是否愿意您的子女从事农业？

①愿意让子女都从事农业；②让女儿从事农业；③让儿子从事农业；④不愿意子女从事农业

16. 假如您的农业项目做得很好，等到您要退休了，您打算让谁来管理您的产业？

①让子女接班；②让妻子接班；③让除了妻子、子女外的直系亲人接班；④让非直系亲朋接班；⑤聘请职业经理人来管理产业；⑥在市场上出售给其他人

17. 您如何看待新型职业农民？

（请您认真读懂每道题目的意思，然后根据该句话与您实际情况相符合的程度，在右边是否符合的选项中划√，除非您认为其他4个选项都确实不符合您的真实想法，否则请尽量不要选择"一般"选项。）

题目	完全不符合	基本不符合	一般	基本符合	完全符合
A. 我认为新型职业农民受人尊重					
B. 我适合做新型职业农民					
C. 我与其他新型职业农民、农业专业合作社社员关系良好					
D. 我对新型职业农民相关的社会保障水平感到满意					

三、农业风险及其影响

18. 您从事的农业项目是否遭遇过一定程度的损失？

①没有，项目一直有盈利；②有损失，最严重的损失达到10万元及以下；③有损失，最严重的损失达到20万元及以下；④有损失，最严重的损失达到30万元及以下；⑤有损失，最严重的损失达到40万元及以下；⑥有损失，最严重的损失达到50万元及以下；⑦有损失，最严重的损失达到50万元以上

19. 造成损失的主要原因是什么？（可以多选）

①气候、地质、环境变化；②重大动植物疫情；③农产品价格波动；④土地流转合同违约；⑤工资大幅上涨；⑥销售合同违约；⑦农产品销售不出去；⑧主要农业投入品（化肥或饲料等）价格；⑨涉农政策变动；⑩其他（请具体说明）：_____

20. 您了解农业风险预报信息的途径是（可以多选）

①村委会电话、广播、到户通知；②村民相互传播才知道；③根据天气预报自己判断；④完全不知道就发生了；⑤其他：_____

21. 为防范自然灾害、病虫害和市场波动等情况，您会采取哪些措施提前应对？（可多选）

①不采取任何措施；②购买农业保险；③增加生产资料的投资；④增加储蓄、减少支出；⑤进行多样化经营；⑥进行其他经营如外出打工等；⑦其他（请具体说明）：_____

22. 遭受风险后，您应对损失的途径为（可多选）

①动用自己的积蓄；②向亲友借款；③向银行（或信用社）贷款；

④变卖部分固定资产；⑤寻求政府救济；⑥农业保险赔款；⑦其他（请具体说明）：_____

23. 您为您从事的农业项目购买了哪些农业保险？

①政策性保险；②商业性保险；③没有购买保险

24. 您是否加入农业合作社或合作组之类的组织？

①是；②否

25. 您认为该组织对您应对农业风险有没有帮助？

①非常有帮助；②有点帮助；③一般；④基本无帮助；⑤完全无帮助

26. 相关部门有没有对农业灾害和市场波动做过预防的工作？

①有过而且非常全面；②有过但只是一部分；③偶尔做过；④从来没有

四、要素获取情况

27. 您当前经营土地总面积____亩

28. 您家是否参与了土地流转？

①土地流入；②土地流出；③没有土地流转

29. 土地流转过程是否困难？

①是；②否

30. 您的农业项目是否雇用劳动力？

①是；②否

（若选择②，请跳转至32）

31. 雇用劳动力的主要来源？（可多选）

①本村；②本乡（镇）外村；③本县（市）外乡（镇）；④本省外县（市）；⑤外省

32. 雇用劳动力有困难吗？

①非常困难；②困难；③一般；④容易；⑤非常容易

33. 是否有技术服务的需求？

①是；②否

34. 您是通过什么样的途径获得技术的？（可多选）

①政府机构宣讲及农技人员；②主动咨询；③龙头企业或者合作社；④电视和互联网等媒体；⑤邻居朋友；⑥其他

35. 农业生产过程中是否存在资金短缺的情况？

①是；②否

36. 解决资金短缺的途径主要有哪些？（可多选）

①亲友借款；②政府补贴；③信用社贷款；④商业银行；⑤其他

37. 有没有贷款行为？

①是；②否

38. 贷款来源主要是？

①金融机构（信用社、商业银行）；②非金融机构（个人、非金融企业）

39. 从金融机构贷款是否容易？

①非常困难；②困难；③一般；④容易；⑤非常容易

五、营商环境

40. 您的产品（或者服务）市场需求大吗？

①1万元以下；②1万~5万元；③5万~10万元；④10万~20万元；⑤20万~50万元；⑥50万元以上；⑦非常大；⑧比较大；⑨一般；⑩比较少；⑪非常少

41. 目前本省市场上有与您的产品（或者服务）相同或类似的吗？

①非常多；②比较多；③基本没有；④比较少；⑤非常少

42. 您认为您的产品（或者服务）未来发展前景如何？

①非常好；②比较好；③一般；④比较差；⑤非常差

43. 您从事的农业项目是否获得政府的支持？

①是；②否

44. 当地政府针对新型职业农民出台了哪些方面的扶持政策？（可以多选）

①土地流转政策；②财政补助政策（比如耕地地力保护补贴、农机购置补贴、生产者补贴等）；③信贷资金担保；④农业保险；⑤技术指导；⑥其他

45. 您周围的人获得新型职业农民资格认定证书的情况如何？

①非常多；②比较多；③基本没有；④比较少；⑤非常少

46. 当地仓储产品、设备成本如何？

①非常低；②比较低；③一般；④比较高；⑤非常高

47. 当地交通、通讯、水电设施是否良好？

①非常好；②比较好；③一般；④比较差；⑤非常差

48. 当地是否有丰富的原材料？

①是；②否

49. 当地运输服务系统是否完善？

①是；②否

参考文献

[1] 白旭. 农业农村现代化背景下新型职业农民培育问题及解决路径 [J]. 中国农业文摘 – 农业工程, 2021, 33 (4): 63 – 67.

[2] 蔡荣, 汪紫钰, 钱龙, 杜志雄. 加入合作社促进了家庭农场选择环境友好型生产方式吗? ——以化肥、农药减量施用为例 [J]. 中国农村观察, 2019 (1): 51 – 65.

[3] 蔡颖萍, 杜志雄. 家庭农场生产行为的生态自觉性及其影响因素分析——基于全国家庭农场监测数据的实证检验 [J]. 中国农村经济, 2016 (12): 33 – 45.

[4] 曹先磊, 吴伟光, 张颖. 农户扩大毛竹林经营意愿及其影响因素分析——基于中国毛竹主产区农户的调查数据 [J]. 湖南农业大学学报 (社会科学版), 2016, 17 (5): 14 – 19.

[5] 曾福生, 夏玉莲. 农地流转与新型农民培育研究——基于多项式分布滞后模型的实证分析 [J]. 农业技术经济, 2014 (6): 14 – 21.

[6] 陈池波, 韩占兵. 农村空心化、农民荒与职业农民培育 [J]. 中国地质大学学报 (社会科学版), 2013, 13 (1): 74 – 80 + 139.

[7] 陈海磊, 史清华, 顾海英. 农户土地流转是有效率的吗? ——以山西为例 [J]. 中国农村经济, 2014 (7): 61 – 71 + 96.

[8] 程国强. 我国粮价政策改革的逻辑与思路 [J]. 农业经济问题, 2016, 37 (2): 4 – 9.

[9] 陈景红. 现代农业建设中新型职业农民培育机制构建研究——以河南省为例 [J]. 中国农机化学报, 2018, 39 (2): 111 – 114.

[10] 陈美球, 冯黎妮, 周丙娟, 邓爱珍. 农户耕地保护性投入意愿的实证分析 [J]. 中国农村观察, 2008 (5): 23 – 29.

[11] 陈太义, 王燕, 赵晓松. 营商环境、企业信心与企业高质量发展——来自 2018 年中国企业综合调查 (CEGS) 的经验证据 [J]. 宏观质量研究, 2020, 8 (2): 110 – 128.

［12］陈锡文．中国农业政策展望［OL］．http：//finace．sina．com．cn，2014 - 06 - 14．

［13］陈锡文．中国经济大讲堂［OL］．http：//tv．cctv．com，2018 - 1 - 4．

［14］陈训波，武康平，贺炎林．农地流转对农户生产率的影响——基于DEA方法的实证分析［J］．农业技术经济，2011（8）：65 - 71．

［15］陈志刚．农地产权结构与农业绩效［M］．北京：中国大地出版社，2006．

［16］仇焕广，刘乐，李登旺，张崇尚．经营规模、地权稳定性与土地生产率——基于全国4省地块层面调查数据的实证分析［J］．中国农村经济，2017（6）：30 - 43．

［17］翟黎明，夏显力，孙养学．农户参与新型职业农民培训意愿及影响因素分析——对陕西关中四市的调查［J］．职业技术教育，2016，37（21）：55 - 59．

［18］翟雨，杨锦秀．新型职业农民培育政策实施效果研究——基于四川省农业与农民的双视角［J］．中国西部，2020（1）：39 - 47．

［19］董福荣，李萍．广东人力资本与产业结构的互动关系分析［J］．中国人力资源开发，2009（3）：72 - 76．

［20］范亚红．互联网背景下江苏新型职业农民利益联结稳定性研究［D］．南京：南京农业大学，2019．

［21］方华，刘洋．新生代农民工将来都不愿意从事农业吗——基于六省份新生代农民工调查的分析［J］．农业技术经济，2012（10）：96 - 103．

［22］方伟，韩伯棠，王栋．科技人力资源密度与区域经济发展的关系研究［J］．科研管理，2007（S1）：132 - 136 + 147．

［23］付晨曦，陈昭玖．农户子女继续务农意愿因素的实证分析——基于江西省的数据［J］．南方农机，2018，49（2）：177 - 178．

［24］盖庆恩，程名望，朱喜，史清华．土地流转能够影响农地资源配置效率吗？——来自农村固定观察点的证据［J］．经济学（季刊），2020，20（5）：321 - 340．

［25］郜亮亮，杜志雄，谭洪业．家庭农场的用工行为及其特征：基于全国监测数据［J］．改革，2020（4）：148 - 158．

［26］郜亮亮，黄季焜．不同类型流转农地与农户投资的关系分析［J］．中国农村经济，2011（4）：9 - 17．

[27] 龚文海. 新生代农民工职业农民意愿研究——基于个人特征、外出务工特征的分析 [J]. 农业经济问题, 2015, 36 (11): 41 – 48 + 111.

[28] 郭熙保, 龚广祥. 信贷市场对家庭农场农地流入决策的影响 [J]. 社会科学战线, 2018 (8): 70 – 77.

[29] 国务院: 《国务院关于乡村产业发展情况的报告》, 载《中国人大网》, http://www.npc.gov.cn/npc/xinwen/2019 – 04/21/content_2085626. htm, 2019 – 4 – 21.

[30] 国务院办公厅: 《关于完善农村土地所有权承包权经营权分置办法的意见》, http://www.xinhuanet.com/politics/2016 – 10/30/c_1119815168. htm, 2016 – 10 – 30.

[31] 韩楠, 刘玉红, 刘艳娟. 我国乡村发展驱动因素与区域差异分析 [J]. 中国农业资源与区划, 2021, 42 (4): 40 – 48.

[32] 韩占兵. "新生代农民"分层次务农意愿研究 [J]. 华东经济管理, 2014, 28 (2): 34 – 40.

[33] 杭大鹏, 向朝阳. 2017 年全国新型职业农民发展报告 [M]. 北京: 中国农业出版社, 2018.

[34] 郝天军, 胡若哲, 吴秀云, 杜家方, 解金辉. 河南省新型职业农民培训现状及存在问题分析 [J]. 中国农业文摘 – 农业工程, 2018, 30 (5): 53 – 55 + 60.

[35] 贺书霞, 冀涛. 农户经营风险与土地适度规模经营的实现 [J]. 兵团党校学报, 2019 (1): 68 – 72.

[36] 贺雪峰, 印子. "小农经济"与农业现代化的路径选择——兼评农业现代化激进主义 [J]. 政治经济学评论, 2015, 6 (2): 45 – 65.

[37] 贺雪峰, 桂华, 夏柱智. 地权的逻辑 3: 为什么说中国土地制度是全世界最先进的 [M]. 北京: 中国政法大学出版社, 2018.

[38] 胡军, 余庆明. 现代农业常见经营模式与新型职业农民培育 [J]. 四川农业科技, 2015 (10): 68 – 69.

[39] 胡新艳, 陈小知, 米运生. 农地整合确权政策对农业规模经营发展的影响评估——来自准自然实验的证据 [J]. 中国农村经济, 2018 (12): 83 – 102.

[40] 黄丽敏. 农村土地流转与新型城镇化进程的相互促进发展 [J]. 农业与技术, 2019, 39 (7): 175 – 176.

[41] 黄宗智. 略论华北近数百年的小农经济与社会变迁——兼及社

会经济史研究方法 [J]. 中国社会经济史研究, 1986 (2): 9 - 15 + 8.

[42] 黄宗智. 中国的隐性农业革命 [M]. 北京: 法律出版社, 2010.

[43] 霍生平, 刘鑫慧, 吴易雄. 新型职业农民培育云平台的构建及应用 [J]. 经济与管理, 2019, 33 (3): 52 - 58.

[44] 纪月清, 熊晶白, 刘华. 土地细碎化与农村劳动力转移研究 [J]. 中国人口·资源与环境, 2016, 26 (8): 105 - 115.

[45] 贾蕊, 陆迁. 土地流转促进黄土高原区农户水土保持措施的实施吗? ——基于集体行动中介作用与政府补贴调节效应的分析 [J]. 中国农村经济, 2018 (6): 38 - 54.

[46] 江激宇, 张士云, 李博伟, 丁志超. 种粮大户扩大农地规模意愿存在盲目性吗? [J]. 中国人口·资源与环境, 2016, 26 (8): 97 - 104.

[47] 金松青, Klaus Deininger. 中国农村土地租赁市场的发展及其在土地使用公平性和效率性上的含义 [J]. 经济学 (季刊), 2004 (3): 1003 - 1028.

[48] 金绍荣, 肖前玲. 新型职业农民培育: 地方政府的角色、困境及出路 [J]. 探索, 2015 (3): 108 - 112.

[49] 靳明, 赵昶. 绿色农产品消费意愿和消费行为分析 [J]. 中国农村经济, 2008 (5): 44 - 55.

[50] 靳庭良. 粮食主产区农户种粮意愿及其影响因素分析 [J]. 统计与决策, 2013 (17): 91 - 95.

[51] 康红芹, 官政. 新型职业农民培育中的累积优势研究 [J]. 现代远程教育研究, 2020, 32 (5): 60 - 69.

[52] 康红芹. 新型职业农民: 概念辨析与内涵新解 [J]. 当代职业教育, 2018 (5): 4 - 8.

[53] 孔韬. 乡村振兴战略背景下新型职业农民培育的困境与出路 [J]. 中国职业技术教育, 2019 (6): 80 - 85.

[54] 孔祥建. 地权稳定性与农业绩效、农户经营行为分析 [J]. 开发研究, 2009 (2): 58 - 62.

[55] 雷显凯, 罗明忠, 刘子玉. 互联网使用、风险偏好与新型职业农民生产经营效益 [J]. 干旱区资源与环境, 2021, 35 (5): 28 - 33.

[56] 李宝值, 杨良山, 黄河啸, 朱奇彪. 新型职业农民培训的收入效应及其差异分析 [J]. 农业技术经济, 2019 (2): 135 - 144.

［57］李成龙，周宏. 农户会关心租来的土地吗？——农地流转与耕地保护行为研究［J］. 农村经济，2020（6）：33－39.

［58］李广. 新型职业农民创新创业影响因素及对策［J］. 北京农业职业学院学报，2018，32（5）：70－74.

［59］林毅夫. 制度、技术与中国农业发展［M］. 上海：上海人民出版社，2010.

［60］李广. 新型职业农民引领乡村振兴的作用及路径［J］. 天津中德应用技术大学学报，2019（4）：116－119.

［61］李国祥，杨正周. 美国培养新型职业农民政策及启示［J］. 农业经济问题，2013，34（5）：93－97＋112.

［62］李敏，孙佳佳，张婷婷. 人力资本结构高级化对产业结构升级的影响研究——基于中国省级面板数据［J］. 工业技术经济，2020，39（8）：72－77.

［63］李明秋，李滢，牛海鹏，张梦琳. 基于农户决策行为的耕地质量保护机制探析［J］. 农业经济，2014（10）：84－86.

［64］李明贤，樊英. 粮食主产区农民素质及其种粮意愿分析——基于6个粮食主产省457户农户的调查［J］. 中国农村经济，2013（6）：27－37.

［65］李宁，何文剑，仇童伟，陈利根. 农地产权结构、生产要素效率与农业绩效［J］. 管理世界，2017（3）：44－62.

［66］李依然. 农民参与新型职业农民培训的意愿与行为研究——基于"一村一品一主体"模式［J］. 湖北农机化，2018（4）：46－49.

［67］李兆亮，罗小锋，丘雯文. 经营规模、地权稳定与农户有机肥施用行为——基于调节效应和中介效应模型的研究［J］. 长江流域资源与环境，2019，28（8）：1918－1928.

［68］梁成艾. "职业农民"概念的历史溯源与现代扩张——基于乡村振兴战略之视角［J］. 农村经济，2018（12）：123－128.

［69］刘合光，朱伟林. 中国农业农村改革成就、挑战与未来思路——中国农村改革40年暨中国农业科学院农业经济与发展研究所建所60周年学术报告会会议综述［J］. 农业经济问题，2019（2）：4－8.

［70］刘家富，余志刚，崔宁波. 新型职业农民的职业能力探析［J］. 农业经济问题，2019（2）：16－23.

［71］刘灵辉，李明玉. 家庭农场地权稳定性提升的实现策略——从土地租赁型过渡到土地产权型［J］. 中州学刊，2019（6）：43－49.

[72] 刘健，张宁．基于计划行为理论的高速铁路乘坐意向研究 [J]．管理学报，2014，11 (9)：1403 - 1410.

[73] 刘宁．新型职业农民生存发展能力结构研究——基于贵州省调研数据 [J]．人力资源，2019 (14)：8 - 9.

[74] 刘顺国．对农民种粮积极性的分析与思考 [J]．调研世界，2009 (8)：34 - 35 + 14.

[75] 刘亚奇．新型城镇化进程中新型职业农民培育问题研究 [D]．武汉：华中农业大学，2017.

[76] 龙方，彭澧丽，卜蓓，杨重玉．农民种粮意愿的影响因素分析——基于湖南省951户农户的调查 [J]．湖南科技大学学报（社会科学版），2012，15 (6)：85 - 88.

[77] 卢荣善．农业现代化的本质要求：农民从身份到职业的转换 [J]．经济学家，2006 (6)：64 - 71.

[78] 陆文聪，吴连翠．兼业农民的非农就业行为及其性别差异 [J]．中国农村经济，2011 (6)：54 - 62 + 81.

[79] 罗必良．产权强度、土地流转与农民权益保护 [M]．北京：经济科学出版社，2013.

[80] 罗明忠，雷显凯．非农就业经历对新型职业农民农业经营性收入的影响 [J]．广东财经大学学报，2020，35 (4)：103 - 112.

[81] 吕莉敏．乡村振兴背景下新型职业农民培育策略研究 [J]．职教论坛，2018 (10)：38 - 42.

[82] 吕莉敏．新型职业农民培育的政策变迁与趋势——基于2012 - 2017 年相关政策的分析 [J]．职教论坛，2017 (16)：26 - 31.

[83] 吕雅辉，张亮，王丽丽，张润清．新型职业农民培育政策保障研究——基于28个省101个项目县《新型职业农民扶持政策办法》文本分析 [J]．中国职业技术教育，2020 (3)：68 - 73.

[84] 吕雅辉，周瑾，张亮，赵邦宏．新型职业农民对子女继承农业意愿的影响因素研究 [J]．北方园艺，2016 (4)：202 - 206.

[85] 马贤磊．现阶段农地产权制度对农户土壤保护性投资影响的实证分析——以丘陵地区水稻生产为例 [J]．中国农村经济，2009 (10)：31 - 41 + 50.

[86] 马艳艳，李鸿雁．农户对新型职业农民培训的意愿响应及影响因素分析——以宁夏银北地区265户农户调查数据为例 [J]．西北人口，2018，39 (4)：99 - 104 + 111.

[87] 毛慧，周力，应瑞瑶．风险偏好与农户技术采纳行为分析——基于契约农业视角再考察 [J]．中国农村经济，2018 (4)：74-89.

[88] 冒佩华，徐骥．农地制度、土地经营权流转与农民收入增长 [J]．管理世界，2015 (5)：63-74+88.

[89] 米运生，郑秀娟，曾泽莹，柳松．农地确权、信任转换与农村金融的新古典发展 [J]．经济理论与经济管理，2015 (7)：63-73.

[90] 农业部．《"十三五"全国新型职业农民培育发展规划》（农科教发 (2017) 2号）．2017-01-09.

[91] 农业部：《财政部关于做好2017年中央财政农业生产发展等项目实施工作的通知》，http：//www. moa. gov. cn/govpublic/CWS/201706/t20170608_5665176. htm，2017-6-8.

[92] 任永泰，王婧，孙阿梦．区域农业经济发展水平与转变方式研究与评价 [J]．江苏农业科学，2018，46 (14)：334-339.

[93] 阮荣平，曹冰雪，周佩，郑风田．新型农业经营主体辐射带动能力及影响因素分析——基于全国2615家新型农业经营主体的调查数据 [J]．中国农村经济，2017 (11)：17-32.

[94] 尚旭东，朱守银．家庭农场和专业农户大规模农地的"非家庭经营"：行为逻辑、经营成效与政策偏离 [J]．中国农村经济，2015 (12)：4-13+30.

[95] 沈红梅，霍有光，张国献．新型职业农民培育机制研究——基于农业现代化视阈 [J]．现代经济探讨，2014 (1)：65-69.

[96] 沈琼，陈璐．新型职业农民持续经营意愿的影响因素及其层次结构——基于河南省调查数据的分析 [J]．湖南农业大学学报（社会科学版），2019，20 (4)：34-41.

[97] 沈琼，李家家．地权稳定促进了家庭农场的农地保护性投资吗——基于620户家庭农场的实证分析 [J]．甘肃行政学院学报，2020 (6)：111-123+128.

[98] 沈琼．新型职业农民持续务农的关键因素及面临的难题 [J]．社会科学家，2020 (9)：15-21.

[99] 宋琪，李德伦．乡村振兴背景下新型职业农民培育现状与路径分析 [J]．中国商论，2021 (20)：178-180.

[100] 宋妍．乡村振兴视野下新型职业农民成长机理与培训路径 [J]．天津中德应用技术大学学报，2021 (3)：123-127.

[101] 苏柳方，张瑞，陆岐楠，仇焕广．土地所有权认知与耕地保护

性投资 [J]. 农业现代化研究, 2019, 40 (4): 547-555.

[102] 孙敬水, 董亚娟. 人力资本与农业经济增长: 基于中国农村的 Panel data 模型分析 [J]. 农业经济问题, 2006 (12): 12-16+79.

[103] 孙群力, 陈海林. 我国地区营商环境的决定因素、影响效应和评价指数——基于 MIMIC 模型的研究 [J]. 财政研究, 2020 (6): 105-120.

[104] 孙宇, 肖洁. 美国农民职业教育的经验与启示 [J]. 现代化农业, 2019 (4): 49-50.

[105] 谭智心, 周振. 农业补贴制度的历史轨迹与农民种粮积极性的关联度 [J]. 改革, 2014 (1): 94-102.

[106] 田北海, 赵明华. 回流农民农业经营职业化的影响因素 [J]. 西北农林科技大学学报 (社会科学版), 2020, 20 (1): 92-101.

[107] 童洁, 李宏伟, 屈锡华. 我国新型职业农民职业化一般发展指数研究 [J]. 财经问题研究, 2018 (5): 75-81.

[108] 汪显金. 乡村振兴战略下的新型职业农民培养 [J]. 河北农机, 2021 (6): 32-33.

[109] 王登榜. 新型职业农民培育环境的优化策略探析 [J]. 职业教育研究, 2021 (8): 9-13.

[110] 王宏, 刘晓军, 王军. 构建新型职业农民风险防控制度的思考 [J]. 四川农业科技, 2019 (4): 64-65.

[111] 王洪丽, 孙君, 徐晓红, 杨印生. 农产品质量安全视域下的农业适度规模经营与新型职业农民——耦合机制与政策选择 [J]. 农业科技管理, 2017, 36 (6): 53-56.

[112] 王健, 李佳. 人力资本推动产业结构升级: 我国二次人口红利获取之解 [J]. 现代财经 (天津财经大学学报), 2013, 33 (6): 35-44+78.

[113] 王丽娟, 贾宝红, 信丽媛. 天津市农业绿色发展的驱动因素研究 [J]. 中国农业资源与区划, 2020, 41 (11): 56-63.

[114] 王佩, 康红芹. 生命历程理论视角下新型职业农民培育政策变迁 [J]. 现代远程教育研究, 2021, 33 (4): 74-81.

[115] 王睿文. 新时代背景下农村打造新型职业农民的困境与对策研究 [J]. 河南农业, 2021 (20): 63-64.

[116] 王韬远, 朱志国, 桂美根. 新型职业农民培训对农村经济的推动作用探索 [J]. 山东农业工程学院学报, 2019, 36 (12): 9-10+29.

[117] 王建英, 陈志钢, 黄祖辉, Thomas Reardon. 转型时期土地生产率与农户经营规模关系再考察 [J]. 管理世界, 2015 (9): 65 – 81.

[118] 王旭辉. 福建省科技人力资本、产业结构合理化与经济增长的关系 [J]. 地域研究与开发, 2021, 40 (1): 55 – 60.

[119] 王有兴, 杨晓妹. 公共服务与劳动力流动——基于个体及家庭异质性视角的分析 [J]. 广东财经大学学报, 2018, 33 (4): 62 – 74.

[120] 魏知超, 郭秀艳. 态度形成的内隐机制研究述评 [J]. 心理科学, 2009, 32 (1): 148 – 150.

[121] 温忠麟, 张雷, 侯杰泰, 刘红云. 中介效应检验程序及其应用 [J]. 心理学报, 2004 (5): 614 – 620.

[122] 翁文先. 农业从业者的收益风险及其防范策略研究 [J]. 安徽农业科学, 2010, 38 (22): 12138 – 12139.

[123] 吴渭, 刘永功. 基于风险社会理论视角的农业风险现代性反思 [J]. 安徽农业科学, 2017, 45 (25): 231 – 234 + 249.

[124] 吴易雄, 周芳玲. 新型职业农民农业经营状况及农业从业意愿分析——基于全国百村千民的实证分析 [J]. 经济问题, 2017 (5): 89 – 93.

[125] 吴易雄. 优化营商环境 助力乡村振兴 [N]. 长沙晚报, 2019 – 07 – 04 (010).

[126] 吴易雄. 基于二元 Logistic 模型的新型职业农民农业生产意愿的影响因素及其对策探析 [J]. 当代经济管理, 2016, 38 (11): 40 – 49.

[127] 王昶, 吕夏冰, 孙桥. 居民参与"互联网 + 回收"意愿的影响因素研究 [J]. 管理学报, 2017, 14 (12): 1847 – 1854.

[128] 吴易雄. 新型职业农民创业的决策机制及其影响因素分析 [J]. 统计与决策, 2017 (1): 110 – 113.

[129] 吴云勇, 林木西, 何丽双. 中国农民农业收入影响因素的综合分析——基于通径分析方法 [J]. 长白学刊, 2012 (5): 102 – 106.

[130] 西奥多·W. 舒尔茨. 改造传统农业 [M]. 梁小民译, 北京: 商务印书馆, 2006.

[131] 夏益国, 宫春生. 粮食安全视阈下农业适度规模经营与新型职业农民——耦合机制、国际经验与启示 [J]. 农业经济问题, 2015, 36 (5): 56 – 64 + 111.

[132] 谢中起, 索建华, 刘欢. 新型职业农民的环境道德养成: 内涵、基础与机制 [J]. 燕山大学学报 (哲学社会科学版), 2021, 22

(4)：91 - 96.

［133］徐辉，许泱，李红，常春华．新型职业农民培育影响因素及其精准培育研究——基于 7 省 21 县（市、区）63 乡（镇）的调研数据［J］．江西财经大学学报，2018（3）：86 - 94.

［134］徐磊，吴昕慧．钱还是面子？——粮农的职业农民意愿分析［J］．农林经济管理学报，2019，18（1）：12 - 20.

［135］许庆，田士超，徐志刚，邵挺．农地制度、土地细碎化与农民收入不平等［J］．经济研究，2008（2）：83 - 92 + 105.

［136］许庆，章元．土地调整、地权稳定性与农民长期投资激励［J］．经济研究，2005（10）：59 - 69.

［137］薛晴，陈会谦，孙秀芳．新时代新型职业农民的特征内涵及理论价值［J］．农业经济，2019（8）：72 - 74.

［138］闫景林，徐扬．人力资本红利与产业结构升级——基于中国 1997 - 2018 年 30 个省区面板数据的分析［J］．时代经贸，2020（12）：26 - 27.

［139］闫景林．科技人才对区域经济发展的影响——基于中国 2004 - 2018 年 30 个省区面板数据的分析［J］．长江技术经济，2020，4（S2）：147 - 148 + 182.

［140］颜廷武，张露，张俊飚．对新型职业农民培育的探索与思考——基于武汉市东西湖区的调查［J］．华中农业大学学报（社会科学版），2017（3）：35 - 41 + 150.

［141］杨滨键，尚杰，于法稳．农业面源污染防治的难点、问题及对策［J］．中国生态农业学报（中英文），2019，27（2）：236 - 245.

［142］杨璐璐．乡村振兴视野的新型职业农民培育：浙省个案［J］．改革，2018（2）：132 - 145.

［143］杨涛，蔡昉．论我国农户兼业行为与农业劳动力转移［J］．中国农村经济，1991（11）：43 - 50.

［144］杨月元，王小芳．集群对农业风险的双重影响：风险规避与风险放大［J］．农村经济与科技，2014，25（7）：55 - 57 + 85.

［145］姚洋．农地制度与农业绩效的实证研究［J］．中国农村观察，1998（6）：3 - 12.

［146］姚洋．制度与效率：与诺斯对话［M］．成都：四川人民出版社，2002.

［147］于文超，梁平汉．不确定性、营商环境与民营企业经营活力

[J]．中国工业经济，2019（11）：136－154．

[148] 于兴业，李天骄．农科大学生"领军型"职业农民的培育路径研究 [J]．继续教育研究，2021（7）：27－31．

[149] 俞海，黄季焜，Scott Rozelle，Loren Brandt，张林秀．地权稳定性、土地流转与农地资源持续利用 [J]．经济研究，2003（9）：82－91＋95．

[150] 袁丽静，杜秀平．营商环境与工业全要素生产率——基于中国省区 1994—2014 年工业行业面板数据的实证分析 [J]．哈尔滨商业大学学报（社会科学版），2018（5）：55－67．

[151] 袁宁．粮食补贴政策对农户种粮积极性的影响研究——基于农户问卷调查的实证研究 [J]．上海财经大学学报，2013，15（2）：63－70．

[152] 袁涛，周晋．农业现代化进程中新型职业农民培育问题研究 [J]．农家参谋，2019（12）：29．

[153] 张传洲，相龙慧．规避订单农业风险方法浅析——企业内部转移价格的应用 [J]．农场经济管理，2015（10）：29－31．

[154] 张国强，温军，汤向俊．中国人力资本、人力资本结构与产业结构升级 [J]．中国人口·资源与环境，2011，21（10）：138－146．

[155] 张建，诸培新，南光耀．不同类型农地流转对农户农业生产长期投资影响研究——以江苏省四县为例 [J]．南京农业大学学报（社会科学版），2019，19（3）：96－104＋158－159．

[156] 张连华，尤亮，霍学喜．市场激励、农地确权与农户农地质量保护行为 [J]．西北农林科技大学学报（社会科学版），2020，20（4）：99－110＋120．

[157] 张帅．遵化市新型职业农民成长影响因素及保障机制研究 [D]．秦皇岛：河北科技师范学院，2017．

[158] 张伟．2004—2017 年中央一号文件关于新型职业农民培育政策的演变分析 [J]．河南农业，2018（32）：6－8．

[159] 吕雅辉，张亮，王丽丽，张润清．新型职业农民培育政策保障研究——基于 28 个省 101 个项目县《新型职业农民扶持政策办法》文本分析 [J]．中国职业技术教育，2020（3）：68－73．

[160] 张艳华，刘力．农村人力资本对农村经济增长贡献的实证分析 [J]．中央财经大学学报，2006（8）：61－65．

[161] 张燕．大学生入职新型职业农民的意愿、机制与路径选择

[J]. 延安大学学报（社会科学版），2018，40（2）：82 – 86.

[162] 张燕媛，袁斌，陈超. 农业经营主体、农业风险与农业保险 [J]. 江西社会科学，2016，36（2）：38 – 43.

[163] 章志光. 社会心理学 [M]. 北京：人民教育出版社，1998.

[164] 赵洪丹，陈丽爽. 农业供给侧结构性改革背景下农业增长的影响因素研究——以吉林省四平市为例 [J]. 吉林师范大学学报（人文社会科学版），2018，46（6）：113 – 124.

[165] 赵金国，岳书铭. 农户规模经营意愿影响因素分析研究 [J]. 山东社会科学，2017（1）：116 – 121.

[166] 赵亮，张宁宁，张峭. 风险预期的农业投入 – 产出均衡及对收入稳定性的影响——基于 Lyaponof 稳定性定理 [J]. 中国农业大学学报，2015，20（1）：213 – 220.

[167] 赵培芳，李玉萍，姚晓磊. 大学生成为新型职业农民的意愿调查分析 [J]. 浙江农业科学，2015，56（6）：933 – 936.

[168] 郑风田. 我国粮食价格政策改革取向辨析——我国主粮价格前景展望 [J]. 价格理论与实践，2015（1）：15 – 17.

[169] 郑兴明，曾宪禄. 农科类大学生能成为新型职业农民的主力军吗？——基于大学生农村基层服务意愿的实证分析 [J]. 华中农业大学学报（社会科学版），2015（5）：97 – 102.

[170] 中央农村工作会议：《习近平对做好"三农"工作作出重要指示李克强提出要求》，载《新华网》http：//www. xinhuanet. com//politics/leaders/2018 – 12/29/c_1123926575. htm，2018 – 12 – 29.

[171] 钟甫宁，纪月清. 土地产权、非农就业机会与农户农业生产投资 [J]. 经济研究，2009，44（12）：43 – 51.

[172] 钟甫宁. 正确认识粮食安全和农业劳动力成本问题 [J]. 农业经济问题，2016，37（1）：4 – 9 +110.

[173] 钟涨宝，贺亮. 农户生计与农村劳动力职业务农意愿——基于301 份微观数据的实证分析 [J]. 华中农业大学学报（社会科学版），2016（5）：1 – 9 +143.

[174] 钟真. 改革开放以来中国新型农业经营主体：成长、演化与走向 [J]. 中国人民大学学报，2018，32（4）：43 – 55.

[175] 周保明，关明阳. 新型职业农民培养对农村经济发展的促进作用探微 [J]. 山西农经，2021（9）：70 – 71.

[176] 张红宇. 中国现代农业经营体系的制度特征与发展取向 [J].

中国农村经济, 2018 (1): 23 - 33.

[177] 周力, 王镱如. 新一轮农地确权对耕地质量保护行为的影响研究 [J]. 中国人口·资源与环境, 2019, 29 (2): 63 - 71.

[178] 周清明. 农户种粮意愿的影响因素分析 [J]. 农业技术经济, 2009 (5): 25 - 30.

[179] 周杉, 代良志, 雷迪. 我国新型职业农民培训效果、问题及影响因素分析——基于西部四个试点县 (市) 的调查 [J]. 农村经济, 2017 (4): 115 - 121.

[180] 周晓, 朱农. 论人力资本对中国农村经济增长的作用 [J]. 中国人口科学, 2003 (6): 21 - 28.

[181] 朱吉雨, 沈月琴, 朱臻, 宁可, 邱方明. 农户扩大经济林种植规模意愿及规模水平影响因素分析——以浙江省为例 [J]. 林业经济问题, 2016, 36 (2): 176 - 181.

[182] 朱凯歌. 营商环境对电子商务发展的影响研究 [D]. 杭州: 浙江工商大学, 2016.

[183] 朱丽娟. 借鉴国外职业农民培育研究思路刍议中国新型职业农民培育研究的路径 [J]. 世界农业, 2017 (12): 204 - 209.

[184] 佐斌. 社会心理学 [M]. 北京: 高等教育出版社, 2011.

[185] 朱文珏, 罗必良. 行为能力、要素匹配与规模农户生成——基于全国农户抽样调查的实证分析 [J]. 学术研究, 2016 (8): 83 - 92 + 177.

[186] 朱民, 尉安宁, 刘守英. 家庭责任制下的土地制度和土地投资 [J]. 经济研究, 1997 (10): 62 - 69.

[187] 朱奇彪, 米松华, 杨良山, 黄莉莉, 陆益. 新型职业农民及其产业发展影响因素分析——以浙江省为例 [J]. 科技通报, 2013, 29 (11): 218 - 223.

[188] 朱启臻, 胡方萌. 新型职业农民生成环境的几个问题 [J]. 中国农村经济, 2016 (10): 61 - 69.

[189] 朱启臻. 新型职业农民的内涵特征及其地位作用 [J]. 中国农业信息, 2013 (17): 16 - 18.

[190] Ajzen Icek. Attitudes Personality and Behavior [M]. Chicago: The Dorsey Press, 1988.

[191] Ajzen Icek. The theory of planned behavior [J]. Organizational Behavior and Human Decision Processes, 1991, 50 (2).

[192] Allan W. , Wicker. Attitudes versus Actions: The Relationship of Verbal and Overt Behavioral Responses to Attitude Objects [J]. Journal of Social Issues, 1969, 25 (4).

[193] Barry Mccormick, Jackline Wahba. Overseas Work Experience, Savings and Entrepreneurship amongst Return Migrants to LDCs [J]. Scottish Journal of Political Economy, 2001, 48 (2).

[194] Besley T. , "Property Rights and Investment Incentives" [J]. Journal of Political Economy, 1995, 103 (5): 903 –937.

[195] Brauw A. D. , Huang J. K. , Zhang L. X. , Rozelle S. , "The Feminisation of Agriculture with Chinese Characteristics" [J]. Journal of Development Studies, 2013, 49 (5): 689 –704.

[196] Kam C. D. , Implicit Attitudes, Explicit Choice: When Subliminal Priming Predicts Candidate Preference [J]. Political Behavior, 2007, 29 (3).

[197] Azevedo C. D. , Herriges J. A. , Kling C. L. , Combining Revealed and Stated Preferences: Consistency Tests and Their Interpretation [J]. American Journal of Agricultural Economics, 2003, 85 (3).

[198] Charles C. , Krusekopf. Diversity in Land-tenure Arrangements under the Household Responsibility System in China [J]. China Economic Review, 2002, 13 (2).

[199] Chen Chaoran. Untitled Land, Occupational Choice and Agricultural Productivity [J]. American Economic Journal: Macroeconomics, 2017, 9 (4).

[200] Chen L. , Chen Z. , Analysis on the Competency of New Professional Farmers and Its Influencing Factors [C] //IOP Conference Series: Earth and Environmental Science. IOP Publishing, 2020, 598 (1): 012040.

[201] Croson R. , Gneezy U. , Gender Differences in Preferences [J]. Journal of Economic Literature, 2009, 47 (2).

[202] Blanchflower D. G. , Oswald A. J. , What Makes an Entrepreneur? [J]. Journal of Labor Economics, 1998, 16 (1).

[203] Parra D. , Amatriain X. , Walk the talk analyzing the relation between implicit and explicit feedback for preference elicitation [J]. Nursing Standard Official Newspaper of the Royal College of Nursing, 2011, 14 (28).

[204] Daniel L. Stufflebeam, George F. Madaus, Thomas Kellaghan.

Evaluation Models: Viewpoints on Educational and Human Services Evaluation [M]. Kluwer Academic, Publisher, 2000.

[205] Elizabeth J. Gatewood, Kelly G. Shaver, Joshua B. Powers, William B. Gartner. Entrepreneurial Expectancy, Task Effort, and Performance [J]. Entrepreneurship Theory and Practice, 2002, 27 (2).

[206] Ethiopia, Wuletaw, Mekuria. Effectiveness of Modular Training at Farmers' Training Center: Evidence From [J]. American Journal of Rural Development, 2014 (2): 46 –52.

[207] Foster B. B., Seevers B. S., Women in Agricultural and Extension Education Committed to the Profession and Seeking Solution to Challenges [M]. Journal of Agricultural Education, 2003, Vol. 44 Issue 1: 31 –42.

[208] Gao L., W. Zhang Y. Mei, Sam A. G., Song Y., Jin S., Do Farmers Adopt Fewer Conservation Practices on Rented Land? Evidence from Straw Retention in China [J]. Land Use Policy, 2018, 79 (8).

[209] Hashemi Mohammad Kazem. Farmers' Perceptions of Safe Use of Pesticides: Determinants and Training Needs [J]. International Archives of Occupational and Environmental Health, 2012, (85): 57 –66.

[210] Heidrun Moschitz, Dirk Roep, Gianluca Brunori, Tails Tisenkopfs, Learning and Innovation Networks for Sustainable Agriculture: Processes of Co-evolution, Joint Reflection and Facilitation [M]. The Journal of Agricultural Education and Extension, 2015, Vol. 21 Issue 1.

[211] Ito J., Bao Z., Su Q., Distributional Effects of Agricultural Cooperatives in China: Exclusion of Smallholders and Potential Gains on Participation [J]. Food Policy, 2012, 37 (6).

[212] Jie Z. H. U., Cultivation of New Professional Farmers under the Background of "Internet +" [J]. Meteorological & Environmental Research, 2020, 11 (1).

[213] John L. P., and John M. K., "Determinants of farmers' indigenous soil and water conservation investment in semi-arid India" [J]. Agricultural Economics, 1998, 19 (1): 113 –126.

[214] Kung J. K. S., Liu S., Property Rights and Land Tenure Organization in Rural China: An Empirical Study of Institutions and Institutional Change in Transitional Economies [M]. Hong Kong : Social Sciences Division, 1996.

[215] James K. , Kung S. , Off-farm Labor Markets and the Emergence of Land Rental Markets in Rural China [J]. Journal of Comparative Economics, 2002, 30 (2).

[216] Klaus Deininger, Songqing Jin. The Potential of Land Rental Markets in the Process of Economic Development: Evidence from China [J]. Journal of Development Economics, 2004, 78 (1).

[217] Li G. , Rozelle S. , and Rrandt L. , "Tenure, Land Rights, and Farmer Investment Incentives in China" [J]. Agricultural Economics, 1998, 19 (1): 63 – 71.

[218] Li Jing, Yao Yang. Egalitarian Land Distribution and Labor Migration in Rural China [J]. Land Reform Land Settlement and Cooperatives, 2002 (1).

[219] Lucas R. E. , On the Mechanics of Economic Development [J]. Journal of Monetary Economic, 1988 (22): 3 – 41.

[220] Luo F. , Tian M. , Xia Q. L. et al. , Review and prospect of scale management of family farms with new professional farmers as the dominated [J]. Jiangsu Agricultural Sciences, 2018, 46 (2): 10 – 16.

[221] Margaret M. Nauta. The development, evolution and status of Holland's Theory of Vocational Personalities: Reflections and future directions for counseling psychology [J]. Journal of Counseling Psychology, 2010 (1).

[222] Michael J. , Farrell. The Measurement of Productive Efficiency [J]. Journal of the Royal Statistical Society, 1957, 120 (3).

[223] N. T. Feather. Values, Valences and Course Enrollment: Testing the Role of Personal Values within an Expectancy-valence Framework [J]. Journal of Educational Psychology, 1988, 80 (3).

[224] Payne B. K. , Burkley M. A , Why Do Implicit and Explicit Attitude Tests Diverge? The Role of Structural Fit [J]. Journal of Personality and Social Psychology, 2008, 94 (1).

[225] Bramwell S. G. , Effectiveness of On-Farm Classes for Addressing Farmer Training and Farmer Networking Needs [J]. Journal of the NACAA, 2018, Vol. 11 Issue 1.

[226] Sicular Terry. Plan and Market in China's Agricultural Commerce [J]. Journal of Political Economy, 1988, 2 (2).

[227] Schultz T. W. , Transforming Traditional Agriculture [M]. Yale

University Press, New Haven, 1964.

[228] Tony Lynch, Bert Jenkins, Annette Kilarr. The Professional Farmers [J]. Australian Journal of Social Issues, 2001, Vol. 36 Issue 2.

[229] Byrd W. A. , Plan and Market in the Chinese Economy: A Simple General Equilibrium Model [J]. Jouranal of Comparative Economics, 1989, 13 (2).

[230] Wallace S. D. , Paulson R. M. , Lord C. G. , Bond C. F. , Which Behaviors Do Attitudes Predict? Meta-analyzing the Effects of Social Pressure and Perceived Difficulty [J]. Review of General Psychology, 2005, 9 (3).

[231] Wu Z. Y. , Tan L. , Reflections on the Development of Rural E-commerce and the Cultivation of Professional Farmers in the Era of New Media [C] //Journal of Physics: Conference Series. IOP Publishing, 2020, 1601 (5): 052001.

[232] Yan T. , Zhang L. , Zhang J. , Study on Cultivation of New Professional Farmers——Based on the Survey of Dongxihu District of Wuhan City [J]. Journal of Huazhong Agricultural University (Social Sciences Edition), 2017.

[233] Yuan P. , Zhao X. , Zeng S. , Extenics based Innovation of New Professional Farmer Cultivation under the Strategy of Rural Vitalization [J]. Procedia Computer Science, 2019, 162: 131 –138.

图书在版编目（CIP）数据

中国新型职业农民务农稳定性研究／沈琼著. —— 北京：经济科学出版社，2022.7
国家社科基金后期资助项目
ISBN 978 - 7 - 5218 - 3680 - 6

Ⅰ.①中…　Ⅱ.①沈…　Ⅲ.①农民 – 稳定性 – 研究 – 中国　Ⅳ.①F323.6

中国版本图书馆 CIP 数据核字（2022）第 081071 号

责任编辑：白留杰　杨晓莹
责任校对：孙　晨
责任印制：张佳裕

中国新型职业农民务农稳定性研究
沈琼 著
经济科学出版社出版、发行　新华书店经销
社址：北京市海淀区阜成路甲 28 号　邮编：100142
教材分社电话：010 - 88191309　发行部电话：010 - 88191522
网址：www. esp. com. cn
电子邮箱：bailiujie518@ 126. com
天猫网店：经济科学出版社旗舰店
网址：http://jjkxcbs. tmall. com
固安华明印业有限公司印装
710×1000　16 开　13.75 印张　240000 字
2022 年 7 月第 1 版　2022 年 7 月第 1 次印刷
ISBN 978 - 7 - 5218 - 3680 - 6　定价：58.00 元
（图书出现印装问题，本社负责调换。电话：010 - 88191510）
（版权所有　侵权必究　打击盗版　举报热线：010 - 88191661
QQ：2242791300　营销中心电话：010 - 88191537
电子邮箱：dbts@ esp. com. cn）